K-공(空)철학

인문학+기술의 통합+최적화

번창 **정구철** 지음

기술독립군
techorchestra.kr

K-공(空)철학

인문학+기술의 통합+최적화

초판 1쇄 발행 | 2024년 7월 1일

지은이 | 정구철
펴낸이 | 정구철
발행처 | 기술독립군
주소 | 서울시 강남구 테헤란로33길 39(해성빌딩 2층)
전화 | 02) 6251-1001
이메일 | kcchung2277@naver.com

출판등록 | 제2021-000270호
디자인 | (주)우일미디어디지텍

ISBN 978-89-8250-164-4 (03810)
가격 | 27,000원

ㅏ맵

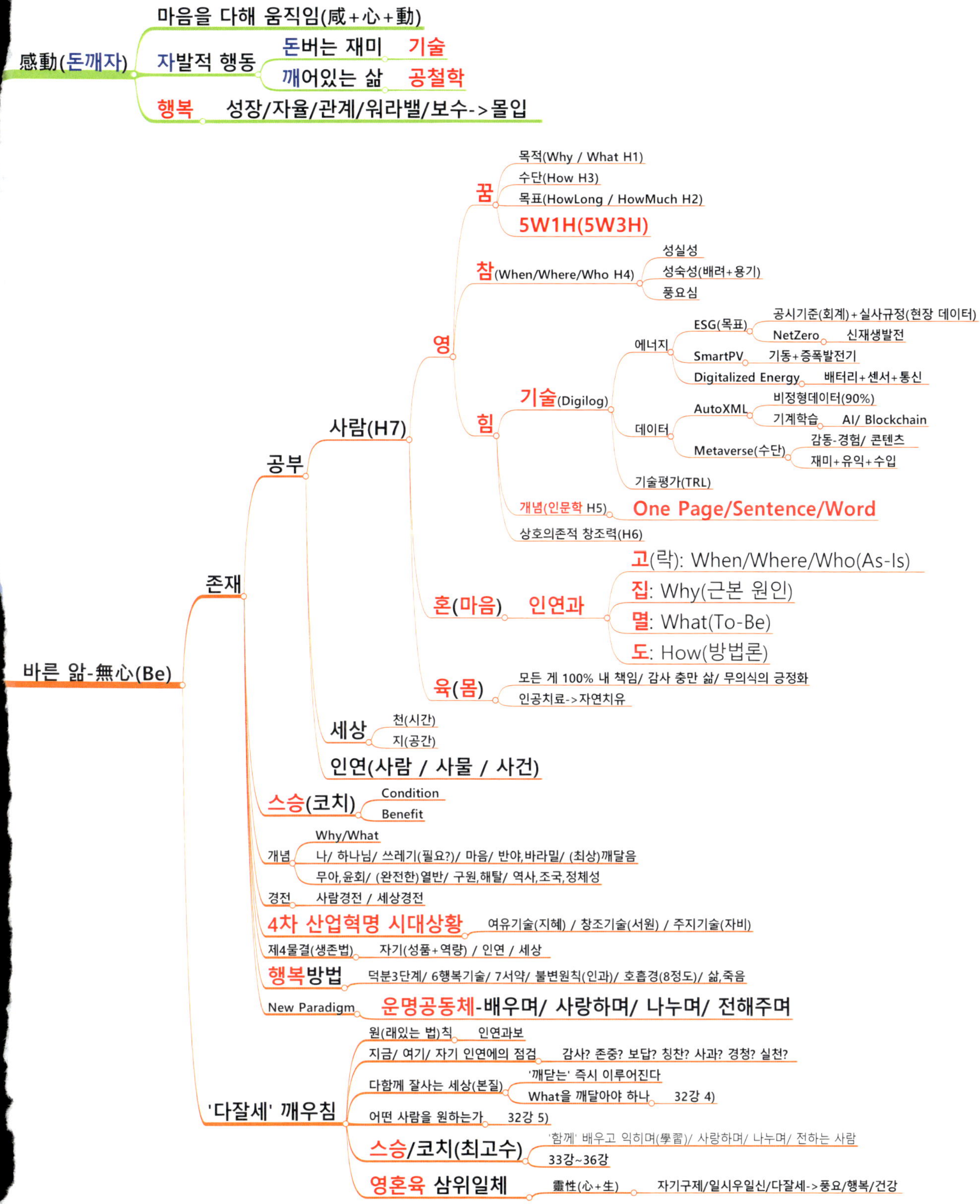

感動(돈깨자)
마음을 다해 움직임(咸+心+動)
자발적 행동
돈버는 재미
기술
깨어있는 삶
공철학
행복
성장/자율/관계/워라밸/보수->몰입
바른 앎-無心(Be)
존재
공부
사람(H7)
영
꿈
목적(Why / What H1)
수단(How H3)
목표(HowLong / HowMuch H2)
5W1H(5W3H)
참(When/Where/Who H4)
성실성
성숙성(배려+용기)
풍요심
힘
기술(Digilog)
에너지
ESG(목표)
공시기준(회계)+실사규정(현장 데이터)
NetZero
신재생발전
SmartPV
기동+증폭발전기
Digitalized Energy
배터리+센서+통신
데이터
AutoXML
비정형데이터(90%)
기계학습
AI/ Blockchain
Metaverse(수단)
감동-경험/ 콘텐츠
재미+유익+수입
기술평가(TRL)
개념(인문학 H5)
One Page/Sentence/Word
상호의존적 창조력(H6)
혼(마음)
인연과
고(락): When/Where/Who(As-Is)
집: Why(근본 원인)
멸: What(To-Be)
도: How(방법론)
육(몸)
모든 게 100% 내 책임/ 감사 충만 삶/ 무의식의 긍정화
인공치료->자연치유
세상
천(시간)
지(공간)
인연(사람 / 사물 / 사건)
스승(코치)
Condition
Benefit
개념
Why/What
나/ 하나님/ 쓰레기(필요?)/ 마음/ 반야,바라밀/ (최상)깨달음
무아,윤회/ (완전한)열반/ 구원,해탈/ 역사,조국,정체성
경전
사람경전 / 세상경전
4차 산업혁명 시대상황
여유기술(지혜) / 창조기술(서원) / 주지기술(자비)
제4물결(생존법)
자기(성품+역량) / 인연 / 세상
행복방법
덕분3단계/ 6행복기술/ 7서약/ 불변원칙(인과)/ 호흡경(8정도)/ 삶,죽음
New Paradigm
운명공동체-배우며/ 사랑하며/ 나누며/ 전해주며
'다잘세' 깨우침
원(래있는 법)칙
인연과보
지금/ 여기/ 자기 인연에의 점검
감사? 존중? 보답? 칭찬? 사과? 경청? 실천?
다함께 잘사는 세상(본질)
'깨닫는' 즉시 이루어진다
What을 깨달아야 하나
32강 4)
어떤 사람을 원하는가
32강 5)
스승/코치(최고수)
'함께' 배우고 익히며(學習)/ 사랑하며/ 나누며/ 전하는 사람
33강~36강
영혼육 삼위일체
靈性(心+生)
자기구제/일시우일신/다잘세->풍요/행복/건강

돈깨지

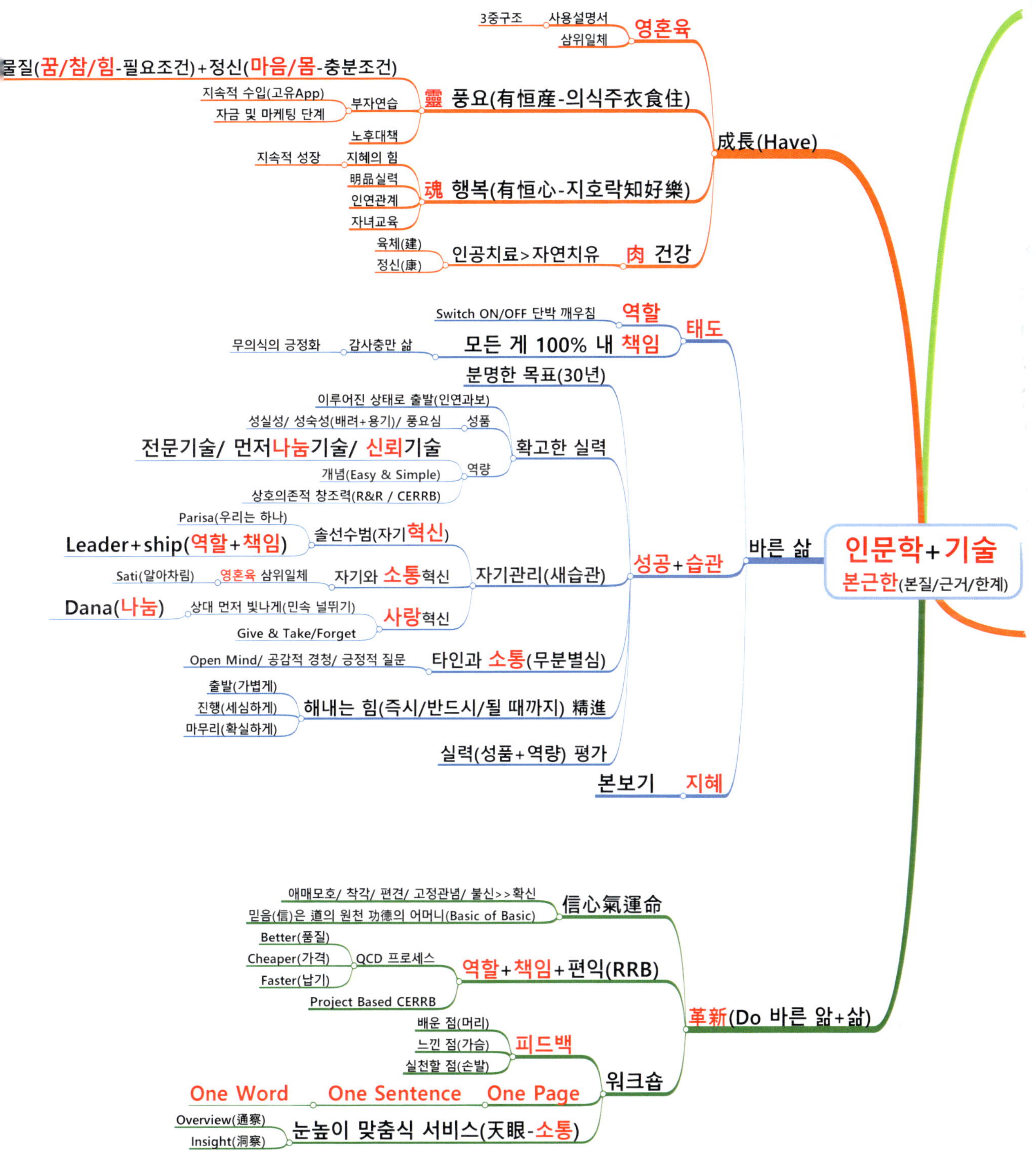
3중구조
사용설명서
삼위일체
영혼육
물질(꿈/참/힘-필요조건)+정신(마음/몸-충분조건)
지속적 수입(고유App)
자금 및 마케팅 단계
부자연습
노후대책
靈 풍요(有恒産-의식주衣食住)
지속적 성장
지혜의 힘
明品실력
인연관계
자녀교육
魂 행복(有恒心-지호락知好樂)
육체(建)
정신(康)
인공치료>자연치유
肉 건강
成長(Have)
Switch ON/OFF 단박 깨우침
역할
무의식의 긍정화
감사충만 삶
모든 게 100% 내 책임
태도
분명한 목표(30년)
이루어진 상태로 출발(인연과보)
성실성/ 성숙성(배려+용기)/ 풍요심
성품
전문기술/ 먼저나눔기술/ 신뢰기술
개념(Easy & Simple)
역량
상호의존적 창조력(R&R / CERRB)
확고한 실력
Parisa(우리는 하나)
Leader+ship(역할+책임)
솔선수범(자기혁신)
Sati(알아차림)
영혼육 삼위일체
자기와 소통혁신
자기관리(새습관)
Dana(나눔)
상대 먼저 빛나게(민속 널뛰기)
Give & Take/Forget
사랑혁신
Open Mind/ 공감적 경청/ 긍정적 질문
타인과 소통(무분별심)
출발(가볍게)
진행(세심하게)
마무리(확실하게)
해내는 힘(즉시/반드시/될 때까지) 精進
실력(성품+역량) 평가
성공+습관
본보기
지혜
바른 삶
인문학+기술
본근한(본질/근거/한계)
애매모호/ 착각/ 편견/ 고정관념/ 불신>>확신
믿음(信)은 道의 원천 功德의 어머니(Basic of Basic)
信心氣運命
Better(품질)
Cheaper(가격)
Faster(납기)
QCD 프로세스
Project Based CERRB
역할+책임+편익(RRB)
革新(Do 바른 앎+삶)
배운 점(머리)
느낀 점(가슴)
실천할 점(손발)
피드백
워크숍
One Word
One Sentence
One Page
Overview(通察)
Insight(洞察)
눈높이 맞춤식 서비스(天眼-소통)

K-공(空)철학(부제: 인문학+기술의 통합 및 최적화) One Page(5W3H)

<table>
<tr><td>Value
Benefit</td><td>풍요(有恒產) 행복(有恒心) 건강(인공치료 아닌 자연치유)</td></tr>
<tr><td rowspan="3">현황(As-Is)
Who,
When,
Where</td><td>100세 시대 퇴직자/MZ세대가 성공과 행복의 방향성/방법론 몰라서 방황</td></tr>
<tr><td>중요한 기술과 중심이 될 인간이 별개로 파악되는 비효율적 평생 학습체계</td></tr>
<tr><td>잎(기술)과 뿌리(인문학/철학/마음공부)가 열매로 되는 因+緣=果 인식 부재</td></tr>
<tr><td>필요성
Why</td><td>인간과 기술의 통합 및 개인에게 딱맞는 맞춤식 최적화 학습방법이 절실</td></tr>
<tr><td>목적(To-Be)
What</td><td>영혼육 3중구조 인간제품 사용설명서 활용하여 무심에서 영감받아 즉실천</td></tr>
<tr><td rowspan="3">구축방법
How</td><td>온라인 학습: 기술독립군 홈피(techorchestra.kr)>인문학+기술>웨비나</td></tr>
<tr><td>오프라인 학습: 굴레放(굴레에서 해방) 소사이어티 및 기술독립군 참여</td></tr>
<tr><td>One Page학습(3주)→덕분스쿨(마음공부 3개월)→굴레방(BM코칭 3년)</td></tr>
<tr><td>콘텐츠
Evidence/
Reference</td><td>인문학+기술 One Page 돈깨자 맵(Map)

온라인 유튜브 강좌 60강(각 15분 내외)

6시 공철학 콘텐츠 30개 카테고리(170쪽 1,300개 단락) 활용

기술독립군 채팅방(https://open.kakao.com/o/gQRT70vb) 및
홈피(techorchestra.kr) 기술 분야 200여개 웨비나 활용

덕분스쿨 유튜브, 밴드(생활속 지혜, 덕분반/월1만원)

굴레방 소사이어티 채팅방(월1만원/코칭 월10만원)</td></tr>
<tr><td>구축기간
How long</td><td>3주(1시간/일)</td></tr>
<tr><td>구축예산
How much</td><td>K-공철학 저서 27,000원(정가) e북 14,000원</td></tr>
</table>

머리말

2011년 Smart Factory(부제: 무병장수를 통한 가치혁신 방법론) 첫 저서를 '기술' 관점에서 출간하였다. 10년 후 2021년 두 번째 저서에서는 '인간' 관점에서 시도하여 One Page의 기적(부제: Self Leadership Coaching)을 출간하였다.

기 출간된 두 권 모두 5W1H 육하원칙을 기본 개념으로 시도되었다. 2013년 12월부터 10년이상 매일 아침 6시 기술독립군 공(空/工)철학 카톡을 통하여 150자 이내 짧은 글 1,600여개를 모아서 자기만의 북극성 방향 지도와 도달할 수 있는 방법론을 One Page로 제시하였다.

2024년 세 번째 저서에서는 '인문학 + 기술' 관점에서 One Page로 배우기 쉽고, 따라하기 간단하게 확인하면서 급변하는 디지로그(Digilog = Digital + Analog) 세상에서 100세까지 생기가 돌고 활기찬 생활을 하도록 온/오프라인으로 자발적 학습하도록 시도하였다.

성공하려면 1만 시간 투입이 아닌 20시간이면 충분하다. 아무리 바빠도 하루 1시간씩 몰입하면 20일만에 가능하다. 성공의 핵심은 간절히 원하는 것을 꾸준히 실천하는 데 있다.

기술은 인간이 필요성을 느낄 때만 발전한다. 하지만 기술자는 이를 무시하고, 자기 기술이 최고라는 독단에 빠져 고객이 외면하면서 결국 실패한다. 인간의 필요성을 정확히 알려면 인문학 공부가 답이다. 인간을 중심으로 놓고 최고 성능이 아니라, 고객의 눈높이에 맞춘 기술만이 살아남을 수 있다. 인문학과 기술이 양립해야 하는 이유다.

인문학(뿌리) + 사회과학(줄기) + 자연과학기술(잎)이 융합해야 열매(성공)가 되듯 실뿌리가 튼튼해야 좋은 열매를 많이 맺는다. 인문학이 중요한 이유이다.

기술과 인문학의 상관관계:

- 기술은 생소한 용어가 많아 쉽게 포기하나, 인문학으로 보면 한눈에 보인다.
- 기술은 보석이고, 인문학은 보석상자 열쇠(5W1H 육하원칙)이다.
- 인문학은 수원지이고, 기술은 수도꼭지이다.

- 인문학은 넓게 알지만 깊게 모르고, 기술은 한 분야를 깊게 알지만 넓게는 모른다.
- 인문학은 문제를 찾고, 기술은 문제를 푼다.
- 기술은 '도구'를 연구하고, 인문학은 '인간의 관점'을 연구한다.
- 기술은 '바로 이 세계'만 다루고, 인문학은 '상상이 가능한 세계'를 다룬다.

인문학은 행복과 성공을 위한 질문이 핵심이다. 질문(5W3H)의 5W는 행복, 3H는 성공과 관계가 있다. 바른 삶의 행복은 5W가 체계적으로 잡힌 것이며, 성공은 H(How, How long, How Much)와 관련이 있다. 과학이 시장에 진열된 많은 식자재라면, 기술은 그런 식자재 중에서 진짜 쓸모있는 것을 골라 요리하는 것이다. 어떻게 가치를 만들어야 하는지 구체적이다.

학문의 왕인 철학은 중요성을 아무리 강조해도 부족하다. 불교는 종교이기 이전에 깨달음을 추구하는 고차원 哲學이다. 깨달음을 위해서는 자신이 '먼저' 깨닫고(자각 自覺) 타인을 깨닫게 하고(각타 覺他) 깨달음과 행함이 하나로 되면 된다(각행원만 覺行圓滿)

불교 용어를 철학 차원에서 인용하였다. 반야심경 핵심은 五蘊皆空(오온개공) 즉, 이 세상 모든 것은 공(空)하다. 공은 없다가 아니고, 무한가능성이다. 영화관 배경 스크린과 하얀 종이이다. 하지만 인간은 영화의 내용과 종이에 적힌 글자만 보고 웃고 울며 화내면서 살아간다. 이세는 무한가능성을 지닌 스크린과 백색 종이인 배경자아(마음)를 공부해야 할 시점이다.

최근 인문학은 무한경쟁과 적자생존에 따른 극심한 사회적 불안에서 시작되었다. 인간이 누구이며 어떻게 살아야지만 잘 살 수 있을까에 대한 학문이 인문학이다. 이러한 부분 중에서 가장 대표적인 부분이 철학이다. 철학은 혼탁하고 복잡한 세상을 밝게(哲) 바라볼 수 있는 능력을 키우는 학문(學)이다.

4차 산업혁명 특히 인공지능 시대로 급변하는 디지털 기술로 불확실하고 애매모호한 상황에서 방향을 잃은 사람들에게 K-공(空)철학은 기술(工)철학과 중복된 의미로 사용되었다(空/工철학)

추억은 역사로, 습관은 전통으로, 취향은 문화로 정착된다. 개인, 가정, 국가에 모두 해당된다. 좋아하는 걸 스스로 하는 취향은 사람들이 살아가는 '방식'이 되어 문화가 된다. K-공철학 제목은 K-팝, K-드라마, K-푸드, K-문화를 넘어 홍익인간 측면에서 '다함께 잘사는 세상'을 위하여 글로벌을 지향하며 명명되었다.

수많은 자기 계발서의 공통점은 인생 성공법으로 긍정과 감사만을 강조한다. 그림자처럼 자동으로 긍정하고 감사하려면 자기 내면과의 지속적 소통이 있어야 한다. '내가 어떻게 존재하고 살아가는가?' 공기, 물, 음식, 주위의 도움 등 '나 아닌 것' 없이는 살 수 없다는 것을 절박하게 느끼면 된다. '공기가 없으면 3분도 버티지 못한다'는 큰 깨우침이 자동적으로 항상 긍정하고 감사하는 인간으로 만든다.

초등학교부터 대학교까지 바른생활, 도덕, 국민윤리를 배운다. 한마디로 道와 德을 배운다. 도는 인간의 길, 진리, 생명이며, 덕은 자연과 사물, 타인 특히 자기와의 소통 능력이다. 도는 지도이고, 덕은 지도를 보는 능력이다.

복은 짓고 덕은 쌓아야 한다. 복은 직접적인 의식주(衣食住)와 관련이 있고, 덕은 간접적인 지호락(知好樂: 알고 좋아하고 즐기기) 즉, 하는 일과 관계가 있다. 德分은 의식주를 나누고, 아는 것을 나누고(배워서 남주기), 좋아하고 즐기는 것을 나누는 것이다.

'덕분입니다'는 주위로부터 받은 은혜에의 나눔이 기본이다. 공짜인 공기를 마음껏 마실 수 있고, 어머니의 무조건적 사랑으로 성장한 인간이 자기 몸 세포에 새겨야 할 개념이다. 불평불만 부정적인 생각과 말과 행동은 "덕분입니다"라고 말하는 순간, 세상 모든 것에 감사하고 긍정적으로 변한다. 기술이 아무리 좋아도, 덕이 없으면 주춧돌 없이 기둥과 지붕을 세우는 것과 같다. 덕은 나 아닌 것으로부터 받은 은혜의 나눔이다. 덕분(德分)입니다.

내면 배경자아를 아는 방법은 영혼육 삼중구조 인간제품 사용설명서를 읽고 실천하면 된다. 전자제품을 사도 먼저 사용설명서를 숙지하고 활용하는 것처럼, 영혼육을 별개로 취급하지 말고 삼위일체 하나로 사용하도록 안내하였다.

'덕분입니다'는 자기에게 충직한 하인이며 어떤 자물쇠도 열 수 있는 만능 Key(5W3H)로서 자기혁신을 가져올 주문이다. 지금까지 살면서 주위 도움에 대한 감사 표시이며, 앞으로도 덕 볼 일이 계속 생긴다는 자기 예언이다. 지금까지 본인 노력(5% 미만)도 있었지만 주위 도움(95% 이상) 덕분에 살아왔고, 앞으로도 덕분에 살 것이다.

첫 장 돈깨자 맵은 인문학 + 기술에 대한 One Page이다. 20일간 돈깨자 맵이 머리와 가슴에 정착되는 것이 저술 의도이다. 돈깨자(돈버는 재미, 깨어있는 삶, 자발적 행동)는 풍요와 행복, 건강을 위한 선언적 지침이다. 공철학 학습으로 無心(Be 존재)이 革新(Do 실천)을 일으키고, 혁신이 成長(Have 소유)을 이룬다. 긍정과 감사는 콩 한 알(因 씨앗)이며, 무(분별)심은 옥토(緣 조건)이다. 혁신은 잡초를 뽑고 돌보는 실천이며, 성장은 백 개 이상 달린 콩 수확(果 결과)이다. 인연이란 '본인 노력'과 '주위 도움'이고, 악연이란 '나의 게으름'과 '타인의 방해'다.

자기혁신으로 일하고 공부하는 방식이 지동설처럼 관점이동(Paradigm Shift)을 할 시대가 왔다. 잘 사는 사람은 마음(魂)이 부자요, 행복한 사람은 건강한 몸(肉)을 갖춘 부자이며, 건강한 마음과 몸을 갖춘 사람은 풍요를 만끽하는 靈의 삶을 사는 부자이다. 영혼육 삼중구조 인간제품 사용설명서를 잘 활용함이 최종 지향점이다.

영혼육 역할과 책임

영: 불생불멸 전지전능 온전완전 전체 창조자로 개체 리더(혼)에게 영감 제공 및 수행 강요자

혼: 전체 삶 혹은 개체 삶 선택과 주도자(리더)

육: 혼 결정에 따른 수행자(팔로워)

저술 의도 본근한(3ㄴ)

본질: 인문학과 기술의 통합 + 최적화를 위한 온/오프라인 자율학습 도구

근거: 돈깨자 맵과 10년 축적된 공철학 콘텐츠 150자 1,285개 단락을 30개 카테고리 재분류

한계: 자발적 행동 학습 방법(How)과 지속적 혁신을 혼자서 제대로 하기가 쉽지 않다.

독자에게 거는 기대는 무지와 무명, 애매모호함을 벗고 확인과 확신과정을 거쳐 스스로 학습할 자신감을 갖는 것이다. 성공은 당신이 '원하는' 것을 얻는 것이고, 행복은 당신이 '얻은' 것을 원하는 것이다. 결국 모든 것은 마음먹기에 달렸고(일체유심조 一切唯心造) 지속적 행동하기에 달렸다(一切唯'行'造)

본서 활용 방법

- 몰입하여 20시간을 투자하자
- 개념을 정리하여 One Page/Sentence/Word를 연습
- 개념 편집으로 자기 전문분야를 맞춤식으로 재창조
- MZ 세대가 알기 힘든 한자는 각 단락에서 반드시 한글이 있어 이해가 가능
- 영어를 사용한 이유는 특별히 강조하기 위함
- 온라인 학습은 기술독립군 홈피(techorchestra.kr)에 인문학 + 기술, 웨비나로 참고하자.

최고보다 위대함이 바람직하다. 위대함은 자신을 넘어선 가치 추구에서 나온다. 수많은 실패, 권력과 명예를 잃어도 차별을 없애고, 공감과 소명의식이 있고, 세상을 더 낫게 하려고 산다면 위대하다. 최고는 해당 분야에 한 명이지만 위대함은 누구나 가능하다. 한 번뿐인 인생, 최고가 되려고 살 건가? 작아도 큰 뜻을 품고 위대함을 만들어 볼 것인가?

덕분스쿨 성담 스승님의 가르침을 기반으로 저자의 40년 이상 산업현장 경험과 지식을 추가하였다. 성담 스승님은 '오로지 덕분입니다'로 모든 사람들의 고민을 덜어주고 해결되도록 인과법을 가장 알기 쉽게 세계인들께 가르침을 주시는 멋진 분이다. '덕분입니다'로 덕분인 줄 깨닫게 하며 오로지 무심에서 영감받아 즉시 행동에 옮기는 최고 습관으로 살아가는 삶이 덕분철학으로 가장 간단하고 쉽게 가르침을 주신 9자 삶의 창시자 덕분성담님 사상이다.

덕분입니다 감사합니다 보답합니다.
최고입니다 존경합니다 행복합니다.

2024년 5월
번창 정 구 철

온라인 강좌 60강 목차

1강 공부(Why/What)

❶ 시작이 끝(씨앗이 열매)이기에 제일 중요한 핵심

❷ Why-자기(존재)/세상(천지)/인연(인)에의 바른 앎과 조화로 다함께 잘살기

❸ What-上通天文 下達地理 中察人事(상중하 천지인 통달 통찰 문리) → 활용

Note

2강 공부(How)

❶ 見(눈) → 聞(귀) → 問(입) → 思(머리) → 用(손발:작용 → 사용 → 적용 → 활용 → 애용 → 실용 → 상용 → 가치)

❷ 반복(익숙 → 숙달 → 달통) 멍청 → 청명 → 명쾌 명쾌 → 상쾌 → 통쾌

❸ 혼자/스승(멘토) 묻고답하기(Q&A)

❹ 즉시/반드시/될 때까지

❺ 배워서 남주자(What I hear/see/do/teach, I forget/remember/acquire/master)

❻ 개념 Easy(알기) & Simple(따라하기 좋기) 해야 說得(상대 먼저 빛나게-널뛰기)

3강 공부(Level)

❶ 어떻게 존재하고 살아가나?(나아닌것 도움 덕분) 어떤 능력이 있나?(4지6신5안 꺼내쓰기)

❷ 소아(개체)에서 대아(전체)로 확장(높이/깊이/넓이)

❸ 확신 > 신심기운명 프로세스 혁신(PI)

❹ **a)** 자신이 광명의 빛(에너지)임을 알아차림(Sati),

b) 나와 '나 아닌 것'(不二) 전체(Parisa) We are the World

c) '나 아닌 것'을 내 몸처럼 사랑 나눔(Dana)

4강 공부(태도 Attitude-CORE 핵심)

제자 노력(씨앗 因) + 스승 수준(고수/최고수 접붙이기 緣) = 공부 달성(통찰 果) 인연과보

❶ Curiosity(호기심)-절박

❷ Openness(개방성)

❸ Risk-taking(희생)-시간/비용

❹ Energy(열정)

Note

5강 스승(자격)

'스'스로 해결하도록(독립) 깨우쳐 주고(코치) 관점이 바뀌도록 안내하여(세르파) '승'화된 삶을 살 수 있도록 해주시는 분이다.

❶ 설계도면(각자 역할)

❷ 설계도면 수정(자유 의지)

❸ 히든 카드(전지전능한 광명의 빛/眞我-진짜 나)

❹ 신나는 놀이(行 전전긍긍 관점이동)

Note

6강 스승(위력)

1. 운명 변화(신심기운명)

2. 능력 발휘(성품과 역량 균형)

3. 자기 성찰(기도와 명상으로 원인 발견)

4. 복짓고 덕쌓게(福은 의식주 해결, 德은 지호락 잘되기)

5. 밝은 에너지 제공(스위치 법문)

6. 맞춤식 서비스(상대 눈높이 맞추기)

7. 인연 소개(배필 멘토 전문가)

8. 경전 안내(세상과 사람의 불변 원칙)

9. 무한가능성 발견(무심/내면자아-4지혜 6신통력 5안)

10. 영혼육 사용설명서(5ㅁ-꿈 참 힘 마음 몸)

- 제자 절박한 태도(씨앗 因) + 스승 조건/능력(옥토 緣) = 공부 성패(열매 果): 인연과보
- 스승(의존) > 제자(독립) > 스승 + 제자(상호의존)

7강 개념(Why What)- 인문학

❶ 說得(말로써 획득)하려면 개별적인 것이 구분되도록 알기쉽게 정리

❷ 존재하는 것은 인연 덩어리이므로 분해 재조립 상황이 필요

❸ 영혼육 3중구조 사용설명서 바르게 알고 활용하기

❹ Easy(알기 쉽게) & Simple(따라하기 좋게)

❺ 개념 명쾌하면 상대가 상쾌/통쾌하여 감동/감응/감탄/감격(나에게 좋은 일) → 즉실천

8강 나(전체)자신(개체)

❶ 나는 How 존재하고 존재하기 위해서 What이 필요한가?-공기 도움

❷ 나는 How 살아가고 살기 위해 What이 필요한가?-음식 도움(땅, 햇빛, 물, 농부, 가스...)

❸ 육체 '작은 나'(小我 개체)가 존재하고 살아가려면 '나 아닌 것'(大我 전체) 도움 필수

❹ 마음은 보이지는 않지만 '나'를 작용하게 하는 생명 에너지

❺ 나는 창조주 주체이면서 창조가 이루어지는 대상인 이중 구조

❻ 자신은 개체(눈송이)이면서 전체(눈덩이)인줄 고정관념에서 확장하고 100% 확신하기

❼ 전체가 光(빛), 明(밝음), 에너지이기에 자신(개체)도 광명의 빛

9강 하느님(하나님, 부처님, 알라, 그리스도, 관세음보살)

❶ 이름은 따로 분리된 어떤 게 아니라 우리끼리 소통하기 위해 구분한다.

❷ 이 세상 모든 것은 인(씨앗)과 연(조건)에 의해 생기는 인연덩어리(因緣法): 박수시범

❸ 당장 해결해주는 신통자재하고 전지전능한 '광명의 빛'을 다른 이름으로 호칭

❹ 광명Energy(콘센트) 탐진치(욕심/분노/무지, 접촉불량 플러그)를 꽉 끼우기(긍정 감사)

Note

10강 쓰레기(재활용)

❶ 사용하고 버렸지만 호시탐탐 재활용 되도록 기회를 노리는 자신만의 역할이 있는 생명체

❷ 세상 모든 것 본질은 똑같은 생명체로 이름이 다르기에 올바른 역할 부여해야 한다.

Note

11강 마음

❶ 따로 고정된 어떤 것이 아닌 생각으로 헤아리기 어려운 '그 어떤 것'을 소통하기 위함

❷ 모든 것이 오로지 마음에 의해 만들어진다(一切唯心造): 과학으로 증명되었으니 활용하기

❸ 마음은 어둡거나 밝게 자기가 선택할 수 있어 자기가 창조주(인)이다: 방 스위치 실습

❹ 性(心 + 生)

a) 살다(자동사): 자신 개체의 행복

b) 살리다(타동사): 전체의 행복

c) 나아지다(자신): 새로워짐 자기계발 본래자리 육바라밀(자기구제)

d) 낳다(전체 다른 개체): 생산 창조 십바라밀(방편, 대원, 력, 智)

❺ 영혼육 3중구조: 靈은 큰 마음(전체 눈덩이), 魂은 작은 마음(개체 눈송이)

12강 無心(마음 사용하지 않기)

❶ 무분별지(분별없이 구별하는 상태의 지혜: 반야) 지식은 분별하기(평가)

❷ 분별치 않으면(방법) 이미 해결되어져 있어 바라는 것이 없는 상태(바라밀: 해탈 결과)

❸ 분별하다가 항문낟고 입꼬리 올리며 "덕분입니다"하면 그즉시 해결되었음을 체험

Note

13강 깨달음

❶ 정의: 분별치 않는 상태 관점에서 보는 지혜

❷ 최고의 깨달음: 緣起(부처) 因緣果法(원인 + 조건 = 결과되는 법칙)

❸ 개체인 자신은 누구인가?- 내안에 광명의 빛(눈감아도 까맣게 보인다), 내가 창조주(부처)

❹ 전체와의 어떤 관계? '나 아닌 것' 없으면 나도 없다(전체 = 개체 All in One One in All)

❺ 전체를 이롭게 하기(모두를 진심으로 내몸같이 사랑하기)

❻ 보시바라밀: 布施(자기 → 남에게 주기)波羅蜜(자기가 자기에게 주기)

14강 무아/윤회

❶ 無我(非我)-지금껏 생각했던 '따로 고정되어 독립된' 그런 나는 없으며 그런 나는 아니다.

❷ 輪迴: 돌고 도는 것(협의) 찰라 변하고 바뀌는 것(광의)

❸ 본인행위가 주위에 영향 주면 주위가 변하고, 주위 변화가 다시 나에게 영향주어 바뀐다.

❹ 내가 밝게 하면 주위가 밝아지고 다시 내가 밝아진다(자신이 짓고 자신이 받는다)

❺ 그것은 자신의 마음이 하기에 '모든 것은 오로지 마음이 만든다'(一切唯心造)

15강 완전한 열반

❶ 열반: 분별 이전 바라는 마음 내려놓은 상태(삼독 제거, 탐진치-貪욕심瞋성냄癡어리석음)

❷ 완전한 열반: 大願 가져 마음에 파도가 생겨도 여전히 물인줄 알고 윈드서핑 즐기는 상태

Note

16강 구원과 해탈

❶ 숨겨진 세계(95%/무분별/우뇌/알파파) + 드러난 영역: 무심에 의한 영감

❷ 숨겨진 세계 + 드러나지 않은 영역: 이미 해결, 무한 가능성, 영원한 행복/풍요

❸ 눈에 보이는 세계(5%/분별/좌뇌/베타파) + 드러나지 않은 영역: 화장실 설사 빙산의 일각

❹ 눈에 보이고 드러난 영역: 분별하는 자기 중심 개체 삶

❺ 구원과 해탈은 '문제가 있다, 해결해야 한다'로 미리 전제된 분별심의 결과

❻ 분별하기 이전으로 돌아가면 즉시 '해탈/구원되어져 있음'을 알 수 있다.

❼ 이제는 누구나 Easy & Simple(개념 확보) 스스로 구원과 해탈을 할 수 있어야 한다.

Unrevealed	오줌, 설사, 몰입 (Nature calls me)	광명의 빛(에너지), 불생불멸 전지전능, 온전완전
Revealed	현실세계 (욕심 성냄 어리석음)	내려놓기 空
	Seen	Hidden

17강 역사와 자기/나라 정체성

❶ 歷史란 '역할'을 해왔던 '사'람들의 행위

❷ 역사를 알면 과거를 통해 현재를 알고, 현재를 통해 미래를 예측할 수 있다.

❸ 걸림돌 원인을 알고 디딤돌로 삼아 발전할 있기에 꼭 필요하고 매우 중요하다.

❹ 자기/나라의 정체성은 그 사람/나라의 뚜렷한 색깔인 개성이다.

❺ 추억은 역사로, 취향은 문화로, 습관은 전통이 모여 정체성이 된다.

18강 사람(Who)

❶ 나는 How 존재하는가? 나는 '나 아닌 것'이 없으면 '나'도 없다.

❷ 나는 How 살아가는가? 본인 노력(5%)과 주위 도움(95%)로 살아간다.

❸ 나는 What을 좋아 하는가? 인정받고 존중받기를 좋아한다.

❹ 나는 What을 싫어하는가? 피해 입거나 상처받거나 죽기를 싫어 한다.

❺ 나는 How 되기를 원하는가? 모든 생명들이 영생을 누리기 원한다(다함께 잘사는 세상).

❻ 모든 생명들은 각자의 모습과 역할이 다르지만 서로 분리할 수 없다.

19강 세상(世When시간天 + 上Where공간地)

❶ 세상 특징: 음양으로 돌아간다(밤이 지나면 낮이 온다, 비바람은 반드시 그친다).

❷ 세상의 모든 생명들은 본인 노력과 주위 도움으로 살아간다.

❸ 항상 주위 도움을 받기 위해서는 '전체를 먼저 이롭게 하면 전체가 나를 돕는다'.

❹ 하늘은 스스로(전체를) 돕는 자를 (개체에게) 돕는다.

Note

20강 자유인(지혜기술)

❶ 자(기 실제 존재 이)유를 아는 사람

❷ 그 어떤 좋고 싫음이 자신의 느낌일 뿐 본래 자기가 아님을 알고 속박/집착에서 벗어나기

❸ 자유는 진실로 바르게 볼 때 누린다(See見90도 Watch視180도 Observe觀360도)

❹ 견(자기 방식 고집) 시(시각 차이에 따른 다름) 관(자기 주관없이 균형감각)

❺ 최고수: 상대 입맛 바꾼다(시간) 싸우지 않고도 이긴다(공간) 주어진 일마다 즐긴다(인간)

21강 독립인(창조기술)

1. 생존모드(Have > Do > Be)에서 창조모드(Be > Do > Have)로 전환해야 생존

2. 자기 생각을 내려놓고 온전하고도 완전한 본질과 사용법을 알고 실천하는 여유로운 방식

3. 전체가 행복해야 자기 개체도 잘 살 수 있음을 알고 주도적으로 나누는 삶

Note

22강 사랑인(나눔기술)

❶ 누구나 창조주가 되어 무한한 능력을 발휘하여 나누어 주는 것(돈, 시간, 물건, 재능 등)

❷ 자기가 이미 가지고 있고 써도 써도 줄지 않는 마음 보배(心寶) 꺼내 쓰기(4智 6神 5眼)

❸ 成所作智(이룰수있다)妙觀察智(보는놈보기)平等性智(존재동일)大圓鏡智(내려놓으면비춘다)

❹ 天眼通 天耳通 神足通 他心通 宿命通 漏盡通(아무 문제가 없으니 더이상 바램이 없다)

❺ 肉眼 佛眼(전체 = 개체) 慧眼(무분별 지혜) 法眼(불변원칙 인연과보) 天眼(모든 생명체 소통)

23강 제4물결(자기자신)

❶ 물결 특징

a) 변화한다-3물결 > 4물결, 불평불만 > 감사, 두려움 > 사랑, 의존 > 창조

b) 불변이다-파도나 물결은 본질(광명의 빛, 본래부터 하나)은 물

❷ 변화 대응(5ㅁ)

a) 꿈-대원 비전(다함께 잘사는 세상)

b) 참-목적(WhyWhat) 수단(How) 목표(How long/much)

c) 힘-성품(성실성/성숙성/풍요심) 역량(기술력/개념능력/상호의존창조력)

d) 마음-사성제(苦集滅道 > 樂집멸도), 진리(오래된 미래). 명품신뢰

e) 몸-긍정/감사앱, 인공치료 > 자연치유

❸ Parisa(우리는 하나) > Dana(나눔 보답행) > Sati(알아차림Awareness-영혼육 삼위일체)

24강 제4물결(인연)

❶ 자기 인연(사람, 사물, 사건 등 파동에너지)이 곧 자기 자신이다.

❷ 자기 인연을 먼저 빛나게 만들면 뒤이어 자기도 빛난다(널뛰기)

❸ 진정한 사람은 조건이 없기애 이미 균형잡혀있다(원인 + 조건X = 결과, 씨앗 = 열매)

❹ 상대/자신을 둘로 보지 않고(不二) 똑같이 하므로 희생/강요 없어 지속 사랑의 힘 분출

Note

25강 제4물결(세상)

❶ 4차 산업혁명, 챗GPT 시대 생존 Q&A

❷ 나는 Where 사는가? 이 '세상'에서 산다.

❸ 이 세상은 어떤 세상인가? 달에서 지구 보니 한덩어리 운명공동체(구분해도 분리 불가)

❹ 세상은 어떻게 창조되는가? 본인 노력(생각/말/행동 > 습관 > 성격 > 운명)과 주위 도움

❺ 세상과 나는 어떤 관계로 돌아가는가? 내가 밝으면 세상도 밝아지는 영향 주고받는 관계

❻ 어떻게 하면 밝은 생각할 수 있나? (공기음식 등) 도와준 '덕분에' 사는 줄 아는 관점이동

지난 30년-박종훈 경제한방
1991년 소련붕괴 효율성중시 세계화 시작
2008년 금융위기 중국 도광양회포기 G2패권
2022년 반세계화 글로발 韓美공급망재편
메타버스시대 30년 시작

26강 덕분입니다.

❶ 나는 How 살아가나? '나 아닌 것' 도움 덕분에 산다 내가 했다 > 덕분에 했습니다!

❷ 덕분인줄 Who 알았나? '내가 알았다'는 것을 알게 한 '나' 덕분이구나1

❸ 내 What이 덕분인줄 알았나? 내 마음 덕분이구나!

❹ 마음 특징은 What인가? 분별과 무분별로 알 수 있다.

a) 분별하면-나와 대상이 둘로 보이고 해롭게/이롭게 할 수 있다.

b) 무분별하면-텅 비어있고, 해결/해탈되어져 있고, 온전완전해서 무한 가능성이 열려있다.

❺ How 확인할 수 있나? 생각 멈추고(止) 무분별 상태에서 분별하는 당체 보면(觀) 확인가능

❻ "덕분입니다" 하면 즉시 본래자리를 회복하여 해결되어져 있음을 확인한다(眞空妙有)

27강 풍요(恒産)기술/행복(恒心)기술/건강기술

❶ 세상에서 가장 쉬운 것은? 시간이 가면 저절로 해결된다.

❷ 세상에서 가장 소중한 것은? 모든 만남(만남은 기적의 씨앗)

❸ 세상에서 가장 가치 있는 것은? 자신의 본래 빛을 회복하여 주위를 밝히기

❹ 세상에서 가장 먼저 배운 것은? 무한 긍정. 무한 신뢰, 무한 사랑

❺ 세상에서 가장 가까이 해야 할 것은? 자신을 성장시키고 발전시키기

❻ 세상에서 가장 마지막으로 추구할 것은? 자신이 본래의 빛 회복해 아름다운 모습 보이기

❼ 유항산/유항심 종류

a) 금생/내생-전문기술로 의식주 해결, 먼저 나눔 복짓고 덕쌓고, 신뢰로 지속적 도움 받기

b) 영원한 풍요행복-無分別智로 자신이 본래 풍요행복함을 발견하고 늘 깨어있고 감사하기

28강 자신/세상/인연(영혼육)에의 서약

❶ 우주에서 가장 귀한 보배가 자기/세상/인연(Who/When/Where)임을 깨닫다(Why)

❷ 자신과 세상과 인연들을 소중히 해서 '다함께 잘사는 세상(What)'이 되어 덕분입니다.

❸ 영: 모두(우리는 하나)를 진심으로 사랑하게(How) 되어 덕분입니다.

❹ 혼: '해야할 것'과 '하지말아야할 것' 구분(原則Principle)해 잘하게(How) 되어 덕분입니다.

❺ 육: 철저히 몸관리하여 기도와 精進(Tool: Process)을 부지런히 하여(How) 감사합니다.

29강 원(래 있는 법)칙: 변하지 않는 법칙

❶ 이 세상은 본인 노력(因: 5%이하)과 주위 도움(緣: 95%이상)에 의해 돌아간다.

❷ 因緣果報 법칙을 법 혹은 진리라고 한다: 인(씨앗) + 연(조건 땅) = 과(열매)

❸ 진리를 알지니 진리가 너희를 자유케 하리라(요한복음 8장32절).

❹ 변하지 않은 법(진리)을 믿고 의지하라(法燈明).

❺ 스스로 창조주가 되어(自燈明) 바라는 것을 이루어 나도 먹고 남도 줄 수 있다.

30강 호흡명상과 팔정도

❶ 呼(내쉬는 숨)吸(들이마시는 숨)을 관찰하면 세상 이치를 알 수 있다.

❷ 명상은 마음이 바르게 보고 바르게 판단해 바르게 사용하기 위한 수단이다.

❸ 호흡경: 바른 관점(감사충만) 바른 삶(밤새안녕) 바른 노력(먼저나눔) 바른 실천(지금여기) 바른 안정(호흡조절) 바른충전(능력확장) 바른 확인(자기광명) 바른 자유(금강불괴)

❹ 명상법

a) 입꼬리 올리고 숨을 관찰하며 생각을 내려 놓는다.

b) 내려 놓았어도 여전히 보고 듣게끔 하는 것을 관찰하며 '참나'를 알게 돕는다.

c) 변하는 것과 변치 않은 것을 깨닫도록 돕는다.

d) 명상을 하면 바르게 알고, 바르게 보고, 바르게 판단하여 바르게 사용할 수 있다.

31강 삶과 죽음(호흡경 1 + 2)

❶ 삶이란 몸(육)이 숨쉬고 생각(혼)이 작동되는 순간 순간들이다.

❷ 죽음이란 숨이 멈춘 상태다 사후엔 How 되는가? 안죽어봐 모른다 일단 잘살아야 한다.

❸ 우리는 How 존재하며 살아가는가?

- 나는 나 아닌 것 도움없이 살아갈 수 없다 본인 노력과 주위 도움 덕분에 살아간다.
- 한결같이 도와준 덕분에 살고 있으니 매사에 감사하며 존중하지 않을 수 없다.
- 밤새 안녕할 수도 있으니 '현재 무슨 일을 하며 사는냐?'가 중요하다.
- 밝은 생각 하면 엔돌핀 나와서 걱정, 불안, 두려움(아드레날린) 인한 암세포도 사라진다.
- 어떤 것도 생긴 것은 반드시 사라진다 원인을 바꾸면 결과는 저절로 달라진다. $y = f(x)$

Note

32강 운명공동체

1 운명공동체(플랫폼)임을 쉽게 깨닫는 How은 달에서 지구를 보면 된다(不二 恕 善 愛).

2 독점 > 공유, 폐쇄 > 개방, 대립 > 조화, 갈등 > 협력, 편중 > 균형, 개인 > 전체 살펴서 조화 이룬다.

3 WWW,: World(전체 연결)Wide(모든 면 오픈)W(인과 연으로 연결).(dot 점 > 선 현재 > 미래)

4 What을 깨달아야 하나?

a) 도와준 덕분에 살아감을 깨닫기

b) 덕분인줄 아는 주체가 자기 마음인 줄 깨닫기

c) 분별하지 않은 상태에서 보고 아는 지혜인 無分別智(無心)를 깨닫기(무심 > 혁신 > 성장)

5 운명공동체를 다함께 잘살게 만드는 조건

a) 전체를 한 몸으로 보기(World)

b) 활짝 열려 치우침이 없기(Wide)

c) 원인과 결과에 의해 변하는 세상법칙(因緣果報)을 알고 활용하기(Web)

d) 자기가 누군지 무엇하려 지구에 있는 지 알기(When/Where/Who/Why/What)

e) 어디서 왔다가 어디로 가는 지 알기

f) 지혜 + 창조 + 나눔기술(자기) 유머 + 웃음 + 칭찬기술(상대) 사랑 + 행복기술(전체) 자유자재 활용

g) 4智 6神 5眼 활용하기

33강 새로운 패러다임: 배우며(학교)

❶ 학교는 성품과 역량이 균형잡히는 학생을 양성하는 본래자리로 돌아가야 한다.

❷ 일반 기술(육체 노동)과 전문지식(정신 경험) 겸비하여 스스로 의식주를 해결해야 한다.

❸ 전문기술로 복짓고 덕쌓고, 도덕적 삶으로 신뢰를 쌓아 지속적 도움을 받아야 한다.

❹ 온/오프라인 학습으로 스스로 과제 해결하게 하며 배움과 실천을 동시에 하도록 한다.

❺ 평생 학교인 가정의 부모가 주축이 되고 성인이 되면 멘토 위주로 교육이 되어야 한다.

- 의존하는 삶에서 독립/창조하는 삶이 되도록 차근차근 제대로 안내하기
- 나와 나 아닌 것이 둘이 아니며 해야 할 일과 하지 말아야 할 일을 구분해 잘하게 한다.

34강 새로운 패러다임: 사랑하며(건강)

❶ 정의: 사랑하는 대상의 생명과 성장에 대한 적극적 관심으로 장점응 살려 시너지 내기

❷ 건강 종류와 균형

a) 신체적 건강: 바른 자세와 영양과 근력 가지기(인공치료 보다 자연치유에 적극적 실천)

b) 정신적 건강: 할 수 있다는 긍정의 자신감(2층)

c) 사회적 건강: 다함께 잘사는 세상 만들기(꿈/목적)

d) 영적 건강:도와준 덕분에 존재함으로 항상 감사하기(1층) 모든 게 100% 내 책임(기초)

35강 새로운 패러다임: 나누며(일자리)

❶ 언젠가는 퇴직해야 하는 직장보다 평생 수입(恒産) 만들 창업자 되어 오히려 일자리 나누기

❷ 지속적인 성장할 수 있는 경쟁력(QCD)이 있어야 창업자가 가능하다.

a) 상품: 품질(Better Quality) 가격(Cheaper Cost), 납기(Faster Delivery)
b) 서비스: • 알기쉽고 간단하여 따라하기 좋는 최상 품질
• 상대 먼저 잘되도록 가격 따지지 않고 나누는 최저 가격
• 지금/여기/자기 인연을 내 몸같이 소중히 사랑하고 존중하는 최상 서비스

❸ 우선 할 수 있는 것부터 하기 > 준비하기 > 하고픈 것 하기 > 되고픈 것 되기(최고수)

❹ 발상 전환: 자본주의 모순해결(도와준 덕분에 살아왔고 살아갈 것이므로 지금부터 보답행)

36강 새로운 패러다임: 전해주며(유산)

❶ 물고기를 주거나 고기 잡는 법을 넘어 스스로 꿈을 갖는 법을 물려준다.

❷ 자기가 밤새 안녕할 수 있기에 죽음이 What?, 죽은 후 How 되는지?를 먼저 안내한다.

❸ 세상과 인연의 특징인 '본인 노력과 주위 도움"을 안내한다.

❹ 믿고 의지할 기준(Principle) 안내하기(지식 > 지혜, 말/문자 > 숨은 뜻, 사람 > 불변 원칙)

Note

37강 성공 습관(스티븐 코비 7 Habit)

❶ 세상을 변화시키며 공헌하는 위대한 삶을 살고픈 열망이 있다.

❷ 자기가 짓는대로 받게 되므로 자신을 믿고 주도적 삶을 산다(H1_Be Proactive)

❸ 육신은 반드시 인연을 다하기에 목표를 설정한다(H2_Begin with the End in Mind)

❹ 성공을 갈구하는 열정으로 중요한 것부터 먼저 한다(H3_Put First Things First)

❺ 어떤 인연과 하든지 '다잘세' 되도록 상생 방법 선택한다(H4_Think Win-Win)

❻ 상생하기 위해 먼저 경청한다(H5_Seek First to Understand, then to be Understood)

❼ 협상은 시너지가 나도록 팀워크를 구축한다(H6_Synergize)

❽ 지속적으로 쇄신하여 익숙한 영역을 확대한다(H7_Sharpen the Saw)

❾ 올바른 방향과 방법으로 제 때인지 점검한다(Do Right Things Right on Right Time)

❿ 성공한 경험자에게 듣고, 묻고, 생각하며, 적용한다(聞問思用)

38강 돈생명체

- 돈생명체를 사람처럼 호칭 바람직
- 유항산 해야 유항심 ⟷ 유항심 해야 유항심

❶ 無心 입꼬리 올려야 돈이 나온다(주위 도움)

❷ 감사하면 불안정한 돈생명체 끌어당긴다.

❸ 존중하여 빛나게 활용하면 날라온다.

- 우주 만물에서 일어나는 모든 변화 핵심은 전자의 전기적 불안정성인 이동성(끌어당김 일체유심조)

Note

39강 부자연습

1 마음의 동/서양적 접근: 본래 없다가 작용하면 있다/생각(의식)

2 돈을 사랑하고/간절히 원하고/받을 자격이 있고/긍정적 생각하고/쿨하게 주고 받는다.

3 돈도 살아있는 생명체이므로 눈과 발이 있기에 따라오게 만들어야 한다.

4 물질(돈)과 영성이 이미 갖추어져 있기에 빛나게 브레이크 잡고 핸들로 사용하면 된다.

5 많이 가진 자가 아니라 많이 주는 자가 부자이기에 나누어야 한다.

6 막힌 곳을 뚫어주고 꼬인 것을 풀어주는 것이 돈이기에 소중히 다루어야 한다.

7 분명한 목표와 비밀유지로 상상을 현실로 만들 수 있음을 알고 활용해야 한다.

8 남들이 가지 않은 길을 먼저 도전해야 한다.

9 인정받는 날이 오면 갑자기 대박이 터짐을 알고 끈기있게 발전시켜야 한다.

10 나부터 잘되려고 하면 도와주지 않음을 깨닫는 관점이동을 해야 한다.

40강 노후대책

1. 노후대책은 늙음을 걱정하는 게 아니라 지금/여기에서 삶을 더 익어가게 하는 것이다.

2. 삶이 계속해서 좋아진다면 눈감는 순간이 가장 아름답고 행복한 순간이 된다.

3. 서로 영향을 주고 받기에 인간관계를 잘한다(던바의 수: 150명 이하)

4. 신체적, 정신적, 사회적, 영적으로 균형이 잡힌 건강을 유지해야 한다.

5. 자신의 가치와 잠재능력을 알고 발휘하도록 리더십/팔로워십을 가르친다.

6. 오픈 마인드로 공감적 경청과 긍정적 질문으로 스스로 답을 찾도록 코칭한다.

7. 몸과 마음을 재충전하는 진정한 휴식을 취한다.

8. 유머와 포용력과 지혜로 매력이 넘쳐 누구나 끌리도록 한다.

41강 지혜의 힘

1 진리에 경험과 지식이 더해져 분별하지 않는 지혜(無分別智)가 나온다.

2 지혜는 바른 道理와 바르지 않은 도리를 구별한다.

3 지혜는 선하고/선하지 않은 業(행동)과 그 과보를 안다.

4 지혜는 진리를 아는 능력이 우수한지/우수하지 않은 지 안다.

5 지혜는 여러 가지 의욕과 경향이 어떠한지 여실히 안다.

6 지혜는 중생 세계의 성질과 종류를 잘 안다.

7 지혜는 전생/현생/내생을 여실히 안다.

8 지혜는 칭찬받아 받들거나 비방받아 믿지 않아도 흔들리지 않고 평상심을 유지한다.

9 지혜는 모든 想(이미지)이 마음이 조작한대로 보이는 것임을 깨닫게 한다.

42강 명품실력(明品實力)

❶ 성품과 역량을 균형있게 갖추어 최고의 자산인 신뢰받는 명품이 된다.

❷ 성실성, 성숙성, 풍요의 심리가 신뢰받는 성품의 3박자임을 안다.

❸ 기술력, 개념능력, 상호의존적 창조력이 역량의 3박자임을 안다.

❹ 성실성은 약속을 지키며 자연의 법칙을 원칙으로 삼는 것이다.

❺ 성숙성은 항상 배려하고 확인과 거절을 용기있게 하는 것이다.

❻ 풍요의 심리는 세상이 경쟁 아닌 기회, 자워, 부가 넘치는 공간임을 확신하는 것이다.

❼ 기술력(기능)은 배우고 익혀서 직접 활용하여 가치를 창출하는 것이다.

❽ 개념능력은 상대가 알기 쉽고 따라 하기 간편한 것이다.

❾ 상호의존적 창조력은 서로 힘을 모아 시너지를 내면 더욱 발전할 수 있다는 것이다.

❿ 애매모호함에서 확신을 가지면 누구나 운명을 바꿀 수 있다(信心氣運命 프로세스).

43강 인연관계

1 일방적 지시보다 상대를 존중하여 스스로 책임지고 하도록 돕는다(Helper's High).

2 모든 일에는 반드시 반작용이 있음을 알고 저항을 받아들인다.

3 상대 눈높이 수준에 맞는 조언자나 학습콘텐츠를 활용한다.

4 자기 나름대로 성장하고 발전하도록 감정을 존중한다.

5 행복을 느끼는 일을 함께 하면서 서로 나누고 사랑한다.

6 매일매일 칭찬하고 격려하여 자신감을 얻도록 용기를 준다.

7 부정적인 면은 '그러나'로 시작하여 긍정적인 측면을 발견한다.

8 입꼬리 올린 부드러운 미소와 자비스런 표정으로 언제나 상대를 대한다.

9 서로 연관되어 있음을 알고 전체를 이롭게 하는 방향으로 한다.

10 인연 따라 변함을 알고 지금/여기/자기(天시간 地공간 人인간) 일에 집중한다.

44강 자녀교육

1 자녀를 뒷바라지하는 목적에 대해 부부간에 의견일치를 한다.

2 스스로 의식주를 해결할 수 있도록 자립심을 길러 준다.

3 한 가지 분야는 남보다 탁월하도록 가르친다.

4 세상을 변화시키며 공헌하는 위대한 자녀가 되도록 형편에 맞게 뒷바라지 한다.

5 현명하고, 지혜롭고, 예의바르고, 성실한 자녀와 인연맺음을 감사한다.

6 꿈을 크게 가질수록 노력도 많이 하게 되어 뛰어난 능력자가 됨을 가르친다.

7 어떤 것도 대가를 지불하게 하여 공짜가 없음을 깨닫도록 가르친다.

8 근검절약하고, 감사하며, 존중하는 생활 습관을 길러 준다.

9 최고의 교육은 부모가 솔선수범하는 것임을 보여준다.

10 상대의 관점에서 듣고 보는 대화를 자녀와 자주 한다.

45강 본보기

❶ 말을 할 때는 사실인지, 말할 때인지 확인한 후 부드럽게 말한다.

❷ 어떤 말이라도 자신에게 먼저 영향을 미치게 됨을 알고 말한다.

❸ 확인: 만일을 위해 다시 한 번 여쭙겠습니다.

❹ 거절: 매우 죄송합니다만, 저로서는 약속하기가 어렵습니다.

❺ 부탁: 죄송합니다만 도와주실 수 있으신가요?

❻ 대접: 융숭한 대접을 받았습니다 다음에는 제가 대접하겠습니다.

❼ 문제발생: 정말로 걱정됩니다 제가 도울 일이 없을까요?

❽ 연락지연: 늦어서 걱정했습니다 지금이라도 연락이 되어서 다행입니다.

❾ 취미생활: 그것을 하는 동안 행복했으면 좋겠습니다.

❿ 선물: 당신이 사준 것이라 저에겐 특별합니다.

⓫ 부모: 우리 부모님만 한 분도 없습니다.

⓬ 다른 의견: 그렇게도 한 번 생각해보겠습니다.

⓭ 듣고픈 말: 덕분입니다 감사합니다 보답합니다 최고입니다 존경합니다 행복합니다.

⓮ 자녀문제 발생:속상하지만 아이와 함께 대화를 나눕시다.

⓯ 어려운 부탁: 시간을 5분만 내어주실 수 있으십니까?

⓰ 거절시: 실례했습니다 다음에 또 들르겠습니다.

⓱ 잘못했을 경우: 풋과일이라 떫은 맛을 낼 수 밖에 없었습니다.

⓲ 화날 경우: 또 내가 바래서 화가 났구나! 하며 자기를 다스림

⓳ 바라는 게 안될 때: 내 바라는 것 해주려고 누가 태어났겠는가? 하며 자기를 위로

⓴ 결과 실패: 방향과 방법을 제대로 확인하고 시작하지 못했구나! 자기 성찰

46강 에너지

❶ 개인(사회)혁신과 에너지는 산업혁명에 필요 + 충분조건

- 1차 산업혁명: 영국 Lunar Society 사회혁신 분위기 + 석탄 에너지
- 2차 산업혁명: 미국 프론티어 정신 + 석유 에너지
- 3차 산업혁명: 미국 실리콘밸리 컴퓨터 혁신 마인드 + 전기 에너지
- 4차 산업혁명: 한국 기술독립군 굴레放 Society + 신재생 에너지(기동 + 발전)

❷ 에너지와 기술이 풍부해도 인간의 개인혁신과 협업으로 사회혁신 뒷받침이 없으면 불발

❸ ESG 활성화에 의한 지구 살리기는 인류의 생존문제이며 에너지는 환경과 직결

Note

47강 데이터

❶ 지식 축적의 근간인 Data Age 도래했으며 특히 비정형데이터(90%)의 중요성 부각

❷ 빅데이터를 기반으로 한 AI 특히 챗GPT시대에 목적에 맞는 정합성 데이터가 관건

- 새로운 세상-블록체인 세상
- 새로운 경제-암호화폐(토큰 생태계)
- 새로운 부의 원천-디지털 자산
- 디지털자산-데이터 + 가치 + 권리(소유권)
- 암호화폐 = 디지털자산

AI세상 성공 비중(%) Q&A

= =

Q: 현장경험/지식 : 데이터Set : 솔루션

A: 기술독립군 전문가 의견

1. 이승훈 50:30:20(하이닉스10년 정착)

※데이터Set도 현장경험자가 History를 알아서 Yes/No 가이드한 후 단순반복 막노동 작업

2. 박병훈 (현장경험 + 솔루션 제외) 데이터셋 비율 시각화(BI):모델링:데이터 전처리 = 1:1:1

3. 양영진 20:30:15:35 ※디지털트윈-현장경험:데이터:공간(형상)정보:시스템모델

522명 전문가 인터뷰 피드백 분석

1. 현장경험/지식 중요(40%~)인식 60%

2. 데이타가 솔루션보다 중요 인식 80%

3. 솔루션 개발자는 솔루션 비중이 제일 크다.

4. 통합 + 균형 요소없는 AI는 Risk 크다.

정구철 의견(40:40:20)

- 손정의가 문재인대통령 만나 강조한 첫째 AI, 둘째 AI, 셋째 AI를 위한 Basic으로 첫째도 (Proper) Data 둘째도 (Reliable) Data 셋째도 (Continous) Data이어야 한다. $y = f(x)$ 열매 = 땅(씨앗) 땅이 아무리 옥토라도 쭉쟁이 씨앗이 심어지면 열매 안열립니다.
- 프로젝트에서 대개 솔루션 위주로 진행하여 가치(성과)창출 불가(포스코에서 2005년 현장요원과 갈등 조정하며 체득)하며 'Data(마음 포함) to Value' 프로세스가 4차 산업혁명 핵심
- 4차 산업혁명시대 원유는 Data이다. 정제과정이 나쁘거나 원유가 나쁘면 유사(짝퉁)휘발유가 유통되어 차량 고장 및 환경오염의 원인이 된다.
- 어떤 목적(Value)으로 데이터를 사용할 것인가(合目的性)에 따른 整合性(정리정돈되어 모여진 성질)이 전제되지 않으면 신뢰할 수 있는 데이터가 아니며, 지속가능성(Sustainability) 불가능(Reliable Data to Continuous Value)하다.
- Back to the Basics(현장경험/태도) Back to the Data(기술)
  ※ (인간)경험/태도 → Data → Bigdata → AI(가치 창출) → Blockchain(가치 공평배분) 흐름에서 첫 단추가 잘못되면 모든 게 허사이다.

48강 플랫폼

❶ 의사소통의 표준과 규범으로 개방성과 유연성을 가진 공동체적 성격

❷ 종류: 제조플랫폼, 방문서비스 네트워크, IT인프라, 물리적 구조물(철도), 정치사회적 합의

❸ 인간 + 기술의 플랫폼: 개인/사회적 혁신 합의(조직 사명/비전) + H/W, S/W, 서비스의 총합

Note

49강 디지로그(Digilog)

❶ 2006년 이어령교수, IT시대 Digital과 인간과 자연관계를 대표하는 Analog 융합 개념

• 만남: 가상과 실제 세계, ICT와 인간관계, 이성과 감성, 차가운 기술과 따뜻한 情과 信

❷ 의식주 + 지호락의 통합 활용 가능성 개념

❸ 인성평가 9항목

❹ 기술의 NASA TRL(Teechnology Rediness Level) 9단계

❺ 투자 및 마케팅 평가

50강 경험

❶ 소통(UI: User Inteface)에 연계된 인간 삶의 최고 관계 상태(UX: User eXpierience)

❷ 감동 > 감응 > 감탄 > 감격 프로세스로 자발적 행동

AI의 한계: 몸과 친구가 없다.

- 원격감각(시각 청각): 디지털 구현 가능, 근접감각(촉각 미각 후각) 디지털 구현 불가
- 미술과 음악도 보고 듣지만 감동은 디지털 구현 불가

Digital Twin, XR(공간만들기) AI(공간채우기 BC(공간에서의 소유와 신뢰)는 바퀴, 철, 엔진이 모여 자동차 되듯 메타버스가 된다.

액서스: 핸펀, TV, 자동차, HMT, 3D노트북...

Copilot에 Voice 사용

MV BEGINS > MV RISE

1. SW-생성AI
2. HW-MoT(Metaverse of Thing)

산업 MV = Digital Twin

빌더봇(하늘, 땅, 바다 ....바로 만들기)

콘텐츠(의식주 지호락 모두 해당)

- 부호 · 문자 · 도형 · 색채 · 음성 · 음향 · 이미지 및 영상 등(이들의 복합체 포함)의 자료 또는 정보를 말한다.

MV시대 인간 행복에 꼭 필요한 것

1. 스스로 선택하는 자율성
2. 더나은 존재로 발전하는 성취감
3. 타인이 나를 인정해주는 연결감

게임에 빠지는 이유? 근본적 욕구 충족시킨다.

빠르게 바뀌는 세상에서 다양한 기술로 실제 세상 속 근본적인 욕구충족이 가능토록 노력

51강 메타버스

1. ESG 생존 목표에 의한 수단으로서의 메타버스는 재미 + 유익 + 수입의 플랫폼

- MainNet: 플랫폼과 화폐기능
- Metaverse: Digital Reality
- Brand: 보이고 싶어 하는 것
- 天(DX) 地(ESG) 人(Avatar)

2. 메타버스는 가상(假想)이 아닌, 디지털 속 새로운 현실(現實)

학문 융합 Metaverse + Blockchain + NFT

- 인간(의식주 + 지호락) 문사철(인문학) + 공학
- 컴퓨터 소프트웨어 암호학
- 경제학 경영학 무역학 (국제)금융학

AI는 기술은 어렵지만 적용은 쉽고 블록체인은 기술도 어렵고 적용도 어렵다.

3. Web3.0: 신뢰와 보상을 가치로 한 창작자(소비자X) 중심의 새로운 인터넷 철학(기술X)

- 웹3.0이 불러오는 미래변화

a) 기술-분산화 웹 구조 변화(BC + AI)
b) X2E서비스-돈버는 방식 변화(코인 토큰)
c) 조직-일하는 방식 변화(DAO)

4. 메타버스시대에서 바꿀 3가지

a) 세계관 바꾸기

- 4차 산업혁명 = 디지탈 문명 = 뉴노멀 혁명
- Digital Transformation(내 마음 표준도 디지탈세계로 이동하라) 생존☆'표준'☆문명

b) 실력 바꾸기

- 디지탈플랫폼 + 좋은☆경험 = 열혈 팬덤 창조
- 인문학에 의한 취향(知好樂) 찾기
- 마음 중심(忠)부터 혁신하기

c) 기초 바꾸기

- 휴머니티의 진정성, 마음을 사는 기술(공감자본시대: 이어령)
- 공감, 배려, 따뜻한 마음, 초인류 마음 사기
- 기술 + 인문학(애플 8억고객 심장)
- 天地人-DT(하늘) ESG(땅) Humanity(사람)

5. 메타버스: 경험철학(온라인에서 실제와 연결 혹은 단독 가상 상품/서비스를 거래하는 경제)

a. 가상 + 인간: 복수 아바타, DID, Wallet
b. 가상 + 공간: MV + 아바타(게임, 엔터)
c. 가상 + 시간: 과거 + 미래(추모)
d. 가상 + 경험: XR + 콘텐츠(제조, 건설, 미디어, 디자인)
e. 가상 + 경제: 화폐 + NFT(금융, 예술)

52강 Smart Coaching

1 어떤 고민/불만족 해결을 기대하나요?(절박하면 카톡으로 작성)

2 이슈(고통/불만족) 해결이 자신(조직)에게 미칠 영향은?

3 제가 어떻게 도와드리면 되나요? 어떤 결과를 기대하나요?

4 최선 대안은 어떤 것이 있나요? 차선/차악/최악 대안은 무엇인가요?

5 최우선 할 수 있는 것은 무엇인가요?

6 어떤 장애가 예상되나요? 제가 도울 수 있는 것은 무엇인가요?

7 언제 시작하나요?

8 진행상황을 어떻게 알 수 있나요?

- 절박함-소크라테스가 처음 만난 제자 지망생을 아무 말 없이 물가로 데려가 머리를 쳐박고 물속으로 누르자, 살려고 발버둥 치며 물 밖으로 머리를 내밀었을 때 "이렇게 살려고 절박할 때 배우러 오게!" 공부도, 사업도 절박해야 이룬다.

53강 기술평가(1,000미터 산-TRL)

1단계: 기초이론/실험, 기초이론 정립단계

2단계: 실용목적 아이디어, 특허 등 개념 정립

3단계: 실험실 규모의 기본 성능 검증

4단계: 실험실 규모의 핵심 성능

5단계: 시작품 제작 및 성능 평가

6단계: 파일럿 규모 시작품 제작 및 성능 평가

7단계: 신뢰성 평가 및 수요기업 평가

8단계: 시제품 인증 및 표준화

9단계: 양산 사업화

10단계: 지속 혁신(Better품질, Cheaper비용, Faster납기)

54강 실력(성품 + 역량) 평가(베이스 캠프)

❶ 솔선수범(자기혁신_본인 노력 5%_Lead by Example)

1. 성품(CORE_태도): 베이스 캠프

- Curiosity(호기심_Who)
- Openness(개방성_Who)
- Risk-taking(희생정신/모험심_Who)
- Energy(열정_Who)

2. Core Competency(핵심역량)

- Technology(예술 포함_How): 기술(1,000m산)
- Self Control(습관 통제_When/Where)

3. Vision(꿈/30년,목표/1~3년_What)

❷ Communication(소통혁신_주위 도움 95%_Why): 마케팅(3,000m산)

❸ Sharing(나눔혁신_사랑_도움 덕분에 보답행_Why): 투자(2,000m산)

→ 상기 9개 항목 Yes(2점/1점) No(-1점/-2점) 개수/점수 정량화

통합능력: 목표달성능력(즉시/반드시/될 때까지_HowLong/HowMuch)

- 소통/나눔혁신 + 지속(精進)자기혁신(Better성품, Cheaper비용, Faster납기)
- 9개 항목을 Yes, No고민하지 말고 신속 판단
- Yes 항목:7-9개(성품: 상) 4-6개(성격: 중) 1-3개(성질: 하)

- 9개 각 항목 정량화(18점 만점)
- 2점(아주 그렇다) 1점(그렇다)
- -1점(아니다) -2점(아주 아니다)
- 그저 그렇다/잘 모르겠다:0점 아닌 -1점

- 합산 점수 9점 이상: 바람직한 인성과 역량 보유자

55강 정상 오르기(걷기/케이블카)

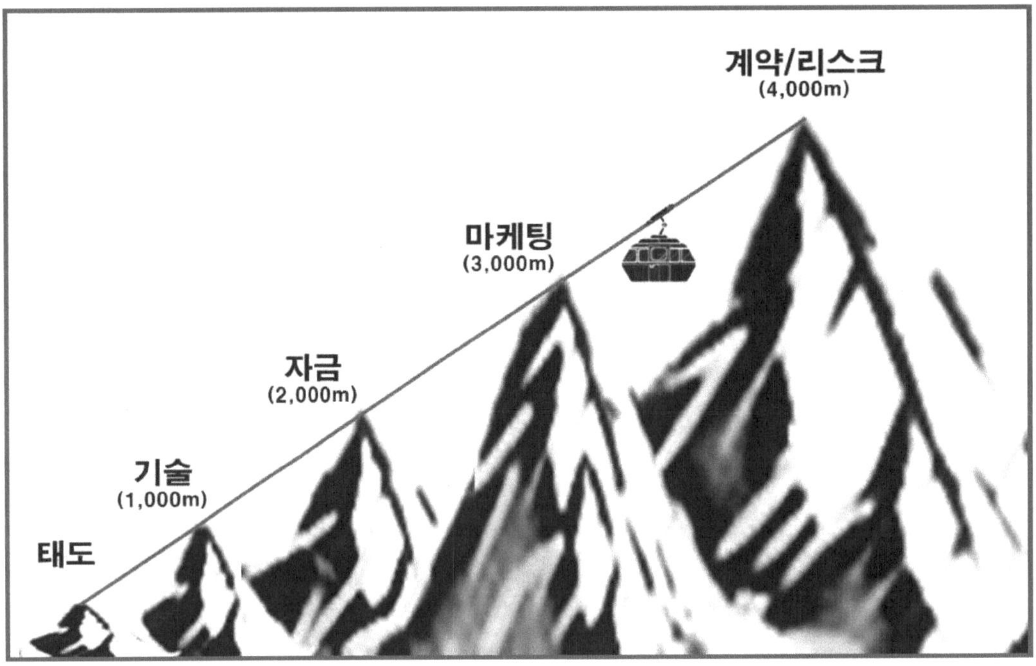

Note

56강 투자 단계(2,000미터 산)

1단계(Seed, Pre-A): 아이디어 시제품(TRL5단계)

- 자기자금, 크라우드펀딩, 엔젤, 엑셀러레이터

2단계(시리즈 A): 수익 발생,장기 BM 구축

- 엔젤(3배수) VC(7배수: 20~50억원)

3단계(시리즈 B): 사업 확장

- VC(15배수: 50~500억원)

4단계(시리즈 C):해외진출, 신제품개발, M&A계획

- VC, 헤지펀드, 투자은행, 사모펀드

5단계(해외Loan): 지분변동無, 확실한 공급계약 전제조건

- 수백억~1천억 이상, 先보험료1%(에스크로:Risk-Free)
- 년2.5% 금리, 2년 거치 15년 분할 상환

Note

57강 마케팅 단계(3,000미터 산)

마켓1.0 제품중심(판매 보급) 소유욕구

마켓2.0 고객중심(고객 만족) 성장욕구

마켓3.0 서비스중심(가치 체험) 참여욕구

마켓4.0 경험중심(고객 자아실현) 창조욕구

Note

58강 성공 프로세스(자동차 운전)

필요성		확신		비전		Benefit		자발적행동 (99%)		결과
zero	x	확신	x	비전	x	Benefit	x	행동	=	방관
필요성	x	zero	x	비전	x	Benefit	x	행동	=	회의
필요성	x	확신	x	zero	x	Benefit	x	행동	=	혼란
필요성	x	확신	x	비전	x	zero	x	행동	=	무시
필요성	x	확신	x	비전	x	Benefit	x	zero	=	좌절
필요성	x	확신	x	비전	x	Benefit	x	행동	=	성공

비즈니스 성공(자동차 운전)

1. 시동: 태도(Curiosity + OpenMind + Risk-taking)

2. 휘발유, 배터리: 열정(Energy)

3. 운전: 역량(면허증 License)

4. 목적지: 꿈(목표, Vision-자기혁신)

5. 핸들 엑셀 브레이크: QCD Tool(Process혁신)
(Better Quality, Cheaper Cost, Faster Delivery)

59강 무심 > 혁신 > 성장

❶ 無(分別)心: Be 존재

- 남과 비교(분별)내려놓기/ 마음 비우기/영감 받기
- Paradigm Shift(관점 이동) → 자발적 행동

❷ 혁신: Do Right Things Right on Right Time

- 올바른 일(비전과 목적에 맞는 방향으로)
- 올바르게(시간과 비용 절감하는 방법으로)
- 제 때에(너무 빨라도/늦어도 낭패)

❸ 성장: Have 恒産恒心(풍요 + 행복 + 건강)

Note

60강 일하는 방법의 변화(돈깨자)

❶ 의식수준과 태도, 문화는 잘 바뀌지 않는다.

❷ 일하는 방식과 프로세스, 시스템을 혁신 설계하면 바꿀 수 있다.

❸ 프로세스 혁신(PI)의 방법

- 남부터 도와주고, '나 아닌 것'에게 도움받고 널뛰기 프로세스 혁신 (MS 사티아 나델라 사례)

1. 만족스러운 수입 有恒産(돈버는 재미)

2. 자기구제 알아차림 평정심 有恒心(깨어있는 삶)

3. 가족과의 삶 워라밸 成均(자발적 행동)

4. 이해관계자와 관계 報答行(자발적 행동)

5. 일신우일신 다함께 잘사는 세상 靈魂肉(돈깨자 삼위일체)

목차(가나다순)

4차 산업혁명 시대상황

4차 산업혁명 기술은 2018년 5월 국회 4차 산업혁명 특별위원회의 4차 산업혁명 국가 로드맵 작성을 위한 정책연구에서 제시한 바와 같이 6대 디지털화 기술, 6대 아날로그화 기술에 인공지능을 더하여 13개 기술로 대분류될 수 있다.

산업연구원 자료에 의하면 2021년 4차 산업혁명 연관 기술효과 관계성 분석으로 기술별 세계 시장 규모 증가율은 블록체인, 인공지능, 3D 프린터, 로봇공학, IoT, 디지털통합, 고급통계 생명공학, 컴퓨터 기술, 첨단소재, 정보보안 순이며 이 중에서 가장 큰 규모는 IoT 사물인터넷 등이다.

4차 산업혁명 기술은 인공지능과 사물인터넷, 클라우드 컴퓨팅, 빅데이터, 모바일 등 혁신적 기술을 통해 모든 것이 초연결, 초융합, 초지능화 되는 사회를 말하며, 흐름으로 살펴보면 크게 네 가지로 분류하여 스마트화, 플랫폼화, 서비스화, 친환경화(ESG 경영)로 설명할 수 있다.

홍익인간 어원은 삼국유사 단군세기 '神市開天之道----弘道 益衆---人間-----' 133자 중 4글자를 단어화한 것이다. 의미는 '인간 세상에 도(진리)를 넘치게 하여 골고루 인간을 이롭게 한다'이다. 고조선의 우주관, 윤리관, 가치관으로 하늘, 땅, 인간(天地人)을 생명공동체로 보고 '모든 생명을 사랑한다'는 4차 산업혁명 시대정신이다.

우주 만물의 모든 변화는 전자의 전기적 불안정성이 안정화 경향에서 나온다(이광형, 미래의 기원) 전자의 공유결합, 이온결합, 수소결합은 생명체의 형성과 변화에 기여하고, 금속결합은 컴퓨터에서 AI까지 현대문명을 만들었다. 전자기력에 의해 안정적으로 결합 이동 시 '끌어당김'이 작동되어 모든 게 변한다(諸行無常 제행무상).

Digital Transformation(DX)은 기존 프로세스 최적화 아닌 新(신)비즈니스 모델 찾아서 新영역을 개척하고 新가치 창출을 하는 것이다. 끊임없는 변화로 (규모의 경제 아닌) 속도의 경제로 變革(Transformation)과정이다. 변혁은 혁명적 변화를 의미한다. 4차 산업'혁명' 시대상황을 절감하고 즉시 행동해야만 살아남는다.

Digilog(2006년초 이어령교수) Digital Transformation과 챗GPT로 뜨거울 때, 그것이 놓치고 있는 게 Analog 가치다. 기쁨을 주고 삶에 진정한 의미를 부여하는 인간성 회복은 Analog Transformation(변혁)에서 나온다. 사회에 '유익'하고, 신바람 나게 '재미'있고, '수익'도 내는 디지로그는 기술 기반 인간이 중심이다.

대부분 창조는 이미 있는 것들을 '조합'(創發 창발)하고 '편집'하는 행위다(김정운 문화심리학자) 세상에 이미 존재하고 있는 것을 서로 섞는 과정이 발명이다. 창조의 아이콘인 애플 iPhone도 핸드폰, 인터넷, 사진기 등 세상에 이미 있던 것을 합친 것에 불과하다. 물론 너무 빠르지 않게 시대의 흐름에 타야 한다.

자원 제약이 지략과 발명을 낳는다 (아마존 제프 베조스) 여유가 있으면 방심하다 실패한다. 모자라야 채우려고 온갖 고민과 시도를 한다. 시간, 돈, 특허, 인간 등 모든 게 Resource이다. 개인, 기업, 국가 모두 통합적 자원 활용계획을 하는 게 ERP(Enterprise Resources Planning)이다. 불완전한 개인이 모여 완벽한 팀을 만든다. 협업만이 살 길이다.

산업혁명의 문명사적 의의는 인간의 노동을 기계가 대체하면서 산업과 기술은 물론 경제, 사회, 교육, 정치 등의 변화를 포괄한다(아놀드 토인비) 혁신적인 지식 공유 네트워크가 총체적 사회 변화로 확대되었으며, 제임스 와트의 증기기관 혁신도 지식공유 Lunar Society에서 이루어졌다. 무조건 혁신해야 확실히 생존한다.

미래는 이미 와 있다. 다만 누구에게나 균등하게 온 것은 아니다(William Gibson) 인터넷과 스마트폰 혁명으로 글로발 10대 기업에 빅테크가 차지했듯이 펜데믹과 맞물린 메타버스 혁명이 또 한 번 세상을 바꿀 것이다. 페이스북이 Meta로 사명을 바꾼 이유를 철저히 분석해야 한다. 준비된 자에게만 밝은 미래가 보장된다.

메타버스 시대는 모든 학문의 융합이 전제된다. (의식주 + 지호락 관련한) 인문학과 (기계, 전기, 화학 등) 공학을 기본으로 컴퓨터, 소프트웨어, 암호학과 개인 경제 인프라인 블록체인을 위한 경제학, 경영학이 융합된다. 부와 권력이 새롭게 이동하는 제4의 물결(산업 혁명)시대에 꾸준히 관심을 갖고 공부하고 소통해야 살아남는다.

대략적 관점에서 각각의 요소기술을 하나씩 이해하는 것도 힘들지만 기술 간의 상호관계와 변화까지를 통찰력 있게 알기는 일반인으로서는 무척 어렵다. 100세 시대에 너무도 빨리 변하는 4차 산업혁명 기술 속에서 중심을 잡고 대처해야 하지만 전문가조차도 헤매는데 일반인들은 대개 자포 자기하게 된다. 이에 필요한 방법이 인문학 특히 철학을 통한 접근이다.

우리가 4차 산업혁명 시대상황을 공부하는 목적은 우주 법칙을 알고 자신이 창조할 수 있는 주체 즉, 창조주임을 알고 더 나아가 이 땅에 태어난 이유를 알면 아무리 인공지능과 로봇이 발달하더라도 살아날 수 있다. 창조적 방법을 알면 자기 역할을 제대로 할 수 있기에 자기 자신을 철저하게 아는 것이 이 시대의 생존전략 바른 앎이다.

전략은 전쟁 생략의 준말이다. 비즈니스 전쟁을 통하여 막대한 비용과 물질적 피해를 입고 상처뿐인 영광보다 전쟁을 생략하여 목적을 달성하는 것이 바람직하다.

소에게 무엇을 먹일까 토론하다가 결국 굶겨 죽였다. 백(百)이론 천(千)웅변 만(萬)회의 보다는 직접 풀 한 짐 베어와 먹이는 사람이 진정한 일꾼이다(도산 안창호) 머리와 말보다 작은 행동이 세상을 바꾼다. 한번 행동보다는 지속적 풀을 베어와 소에게 먹이는 행동이 소를 살리고 농사를 지어 가족을 살린다. 생존이 최고 덕목이다.

진화란 실수나 실패를 반복한 결과이다. 자연은 창조성이 풍부한 고차원의 진화 수준으로 발전한다(존 나이스비트) 자연의 개체인 인간도 당연히 실패를 반복하며 창조적 진화를 한다. 실패없는 삶이라면 단세포 아메바와 다르지 않다. 실패를 당연히 여기고 도전해야 살아남는다. 생존이 최고 덕목이다.

블록체인은 여태까지 내가 본 것 가운데 가장 정교하고 복잡하면서도 우아하고 아름다운 프로그램이다. 블록체인의 주된 일은 권력을 사람들에게 되돌려주는 것이다(구글의 종말, 조지 길더) 유익 + 재미만 제공하고 수익을 독점하던 구글 등 포탈이 수익(권력)이 배분되는 블록체인 기술에 의해 종말을 맞을 수 밖에 없다. 시대 변화를 읽는 지혜가 없으면 살아남기 힘들다.

역사적으로 태평성대는 백성들이 생업에 종사하며 '돈버는 재미'를 느꼈던 공통점이 있다. 이제는 디지탈 농토 기반으로 AI가 가치 창출, 블록체인이 가치 배분하는 시대다. 누구나 자기 분야에서 '돈버는 재미'를 느낄 수 있는 태평성대 생태계가 만들어졌다. 시대 흐름에 올라타야 생존하고 성공한다.

메타버스 핵심은 경험이다. 나 아닌 타인은 모두가 고객이다. 고객 '만족'은 보고 듣는 등 5感이면, 고객 '感動'은 6감 머리다. 가슴으로 Aha! 느끼는 수준은 고객 '졸도' 경지다. 고객 감동과 졸도 수준이 찐 팬이며 BTS의 ARMY '경험' 수준이다. 진짜 팬 1백 명 이상을 만들어야 나자신도 메타버스 시대에 살 수 있다.

신규 사업보다 기존 사업을 혁신하라(권도균 스타트업) 이성 친구(잠재 고객)를 애인(고객)으로 만드는 데 공들이고(고객 유치) 감동시켜 확실한 관계(결혼, 고객 유지와 참여)를 멀리 하고 새 고객을 찾는다(관계 파탄, 고객 탈출) 확실한 100명의 찐고객을 만들어야 메타버스 시대에 살아남는다.

직원이 고객을 대하는 방식은 경영자가 직원을 대하는 방식과 같아 종업원 대신 동료(Associate)라는 단어를 쓴다(샘 월튼) 수직 관계에서 수평 관계로 세상이 바뀌고 있다. '옛날 데리고 있던 직원이야'라고 자기가 상사였음을 과시하는 사람은 분명코 '꼰대'다. 예전 사고 방식에서 사는 사람은 세상이 바뀜을 몰라 외톨이가 된다.

19세기 전기가 발명되어 밤을 낮으로 바꾸고, 20세기 자동차가 발명되어 이동을 쉽게 하듯이, 21세기는 블록체인이 세상을 변화시킬 것이다. 글로벌 100대 기업 중 80%가 채택 및 준비한다. 블록체인을 기반으로 토지, 노동, 자본이 불필요한 메타버스 시대가 성큼 왔다. 세상의 큰 흐름을 놓치면 낙오자가 된다.

새벽 3시는 아직 어둠이 깔려 두려운 시간이지만, 곧 여명이 다가온다는 희망이 교차하는 시간이다(손관승 작가) 메타버스 시대도 새벽 3시와 비슷하다. 힘들고 답답하며 두려움에 떨면서 한편 새로운 변화에의 기대감도 있다. 불안, 우울, 결핍, 탈피, 절박, 꿈, 게임 체인저, 타이어 바꾸기, 자살 등 키워드가 있다. 긍정적 마인드가 생존전략이다.

인공지능(AI)이 창의와 융합으로 가치를 '창출'한다면 인공심장(Blockchain)은 피를 온몸으로 보내 에너지 가치를 '배분'한다. 인공근육(Robot)과 인공감각(IoT) 등 인간은 人工과 더불어 自然스런 일을 찾아야 한다. 알고, 좋아하고, 즐기는 知好樂(지호락: 논어)을 위해 의식주를 근본 해결해야 진정한 자연인이 된다.

지식 시대를 지나 느낌(感) 시대가 왔다. 머리의 지식 보다 가슴의 느낌을 중요시하는 게 메타버스 시대다. 1990년 인터넷이 등장하며 Web이 정보 비용 감소로 지식을 쉽게 얻게 하고, 2010년 스마트폰은 사람 간 소통을 증대시켰다면, 2020년 메타버스는 공간 비즈니스 기회의 확대로 경험과 공감을 중시한다. 시대의 흐름을 읽어야 살아남는다.

12년 학교 교육만이 아닌 평생 '학습'의 시대가 되었다. 문제 풀이가 아닌 문제해결 능력이 필요하고 하나의 정답만이 아닌 비정형의 많은 해답을 찾아야 한다. 1년 전 지식이 소용없기에 끊임없이 배우고(學) 익혀야(習) 한다. 알고 좋아하고 즐기는 습관만이 Web3.0/메타버스(CES 2023 키워드) 시대 생존전략이다.

마케팅은 소비자 이기심을 자극하는 것이고, 브랜딩은 사람의 본연의 호기심을 자극하는 것이다(황부영) 마케팅은 대량 판매에, 브랜딩은 고가 판매에 목적이 있다. 제품과 서비스를 고가로 대량 판매하려면 BTS의 ARMY처럼 광신도적 팬덤이 구축되어야 한다. 우선 100명의 팬덤을 만들어야 100세 시대에 살 수 있다.

NFT(Non-fungible token '대체 불가능한' 토큰)은 소유자의 소유권을 증명할 수 있는 디지털 자산이다. 대체 불가능한 능력, 재능, 인품, 정체성, 예술, 존재 등으로 확장할 수도 있다. 대체 불가한 능력을 키워야 연봉이 올라가고, 대체 불가능한 예술작품을 남겨야 역사에 남는다. 이 세상에 태어나 대체 불가능한 자기만의 정체성을 갖는 게 철학이다. 너 자신을 알라!

메타버스는 假想이 아닌 디지털 속 새로운 現實이다(김상균 교수) 확장 가상세계, 가상 융합세계라는 단어보다 훨씬 직관적이다. 메타버스는 가짜고, 현실만이 진짜라는 생각으로는 진정한 메타버스 세계에 당도할 수 없다. 메타버스로 새로운 미래를 꿈꾼다면 가상의 틀을 버려야 한다. 디지털에서 쇼핑과 결제는 물론, 커뮤니티를 만들고, 놀고, 즐기는 디지털 현실이다.

강한 자가 살아남는 게 아니고 살아남는 자가 강하다. 3억년 전 바퀴벌레 화석이 발견되었다. 모두 멸실한 빙하기를 견뎌낼 정도의 바퀴벌레가 지구의 최고 강자 중 하나다. 챗GPT가 세상에 나오며 유튜브 크리에이터 조차 사라질 위기다. 단순히 반복 작업하는 직업은 당연히 사라진다. 살아남으려면 남과는 다른 차별화를 해야 한다.

챗GPT는 '떳떳한' 거짓말을 한다. 인터넷에는 모든 정보를 담지 못하므로 미세 조정으로 카테고리별 세분화하여 거짓말하지 않도록 해야 챗GPT의 활용 가치가 확대될 수 있다. 과학자도 떳떳한 거짓말을 하는 것은 천지인 전체에 대한 올바른 지식과 지혜가 없기 때문이다. 아인슈타인 당시에는 상대성이론이 맞았지만 양자 이론이 검증되며 일부 틀리게 된다.

애플 아이폰이 아이팟 + 휴대전화 + 인터넷의 조합으로 모바일 혁명을 일으킨 것처럼 챗GPT는 음성인식 스마트폰 + AI + 고속 인터넷 조합으로 세상을 바꿀 것이다(장민 교수) 세상 흐름을 놓친 노키아와 모토롤라가 단번에 사라진 것 처럼 인간도 AI를 잘 활용하느냐 여부가 100세 시대 생존을 결정할 것이다.

'Need'는 결핍에 따른 Life Managing으로 衣食住-생필품-필요조건이며, 'Want'는 욕망에 따른 Life Styling으로 知好樂-콘텐츠-충분조건이다. Human 'Life'는 의식주 지호락으로 크게 나뉜다. 자기 오랜 경험과 지식을 기반으로 만드는 콘텐츠는 재미와 의미가 있어야 챗GPT 인공지능 시대에서도 살아남는다.

감각을 축적하는 데는 특히 '經驗'이 중요하다. 경험이 많은 사람은 새로운 현상을 직면해도 어디선가 본 풍경으로 생각한다. 좋아하지 않는 일에서는 감각을 쌓을 수 없다(구노스키 켄) 실패 경험이 많아야 성공한다. 실패해도 재도전할 수 있는 것은 그 일을 좋아하기 때문이다. 다가올 메타버스 세상은 '경험'이 핵심이다.

인공지능(六感)의 근본적 한계는 5개 감각(五感)을 가진 몸과 친구가 없는 것이다(김재인 교수) 원격감각(시각, 청각)은 디지털 구현이 가능하나, 근접감각(촉각, 미각, 후각)은 구현 불가하다. 미술/음악도 보고 듣지만, 감동은 디지털 구현이 불가하다. 디지털은 아날로그와 합쳐야 완성된다. Digital + Analog(디지로그) 관점!

인간은 각자 제각각 특징을 가지고 있어 특별하다. 우리는 세상에 하나뿐인 대체될 수 없는 존재다. 자기의 아날로그 삶을 깨우침과 지혜를 통해 디지털화 한다면 Web3.0 시대 대체 불가한 토큰(NFT)처럼 가치가 매겨질 것이다. 깨우친 자의 풍요로운 삶은 비싸게 거래될 것이다.

만일 지금 당신이 배우고 있지 않다면 당신은 이미 죽어가는 중이다. 모든 사람에게서, 그리고 모든 사물과 상황으로부터 끊임없이 배워야 한다(라이언 홀리데이) 배우지 않으면 죽는다. 설령 살아있어도 산 목숨이 아니다. 변화무쌍한 시대에 사람, 사물, 상황에의 지속적 학습 태도를 가진 자만이 살아남는다. 배워서 남 주자!

2023년 챗GPT에 의한 일어난 일상의 변화는 사회를 변화시키고, 종국에는 PC와 스마트폰 보급처럼 산업구조를 변화시킬 것이다. 개인 역량인 점에서 타인 역량을 융합하여 선과 면을 이루지 못하면 죽는다. 널뛰기처럼 상대를 먼저 하늘로 올려야 다음 차례에 나도 올라간다. 타인 덕분에 나도 사는 상생혁신만이 살아남을 방법이다.

비트코인 ETF가 상장되고, GPT Store가 2024년 1월 11일 동시에 시작했다. 역사적 두 사건은 一般人이 쉽게 투자와 자기 지식 경험을 팔 수 있음을 의미한다. 비트코인이 세계 경제에, GPT Store가 일반인의 삶과 수익에 큰 영향력을 미칠 것이다. 세상 흐름을 꿰뚫고 준비해야 살아남는다. 강한 자가 살아남는 게 아니라, 살아남는 자가 강하다.

빅데이터는 전력망, 물류, 유전 암호처럼 변동이 없고 안정적 체계를 수량화하는 데는 유용하지만, 유동적이고 불안정한 체계인 인간과 관련한 문제는 그렇지 않다(Thick Data 백영재) 정성적 인터뷰로 수집한 씩데이터로 통찰하여 가설을 세우고, 빅데이터로 증명하고, 인간 욕구를 원하는 장소/시간/방법으로 가치 창출할 Smart Data로 실행해야 한다.

꼰대는 자기 영토를 다른 시공간으로 무한 확장한다. 언제 어디서나 어느 영역이나 항상 자기가 옳다고 믿는다(김범준 물리학 교수) 꼰대는 '어설픈 시공간 확장성'이 원인이다. 자신의 과거 성공담이 시공을 초월하여 적용된다고 믿는다. 진공 펌프로 과거를 비우고, 현재를 내려놓아야, 미래가 들어온다. 바람은 고기압에서 저기압(진공)으로 분다.

좋은 음식 재료를 가지고 맛없는 요리를 만들 수는 있지만, 나쁜 재료로는 절대 좋은 요리를 만들 수가 없다(유명 세프 타미 리) 4차 산업혁명 원유인 데이터를 많이 모으고 좋은 알고리즘을 사용해도, 데이터가 올바르지 않다면 분석 결과를 신뢰할 수 없다. 식재료와 데이터뿐 아니라 만사가 기본이 좋아야 한다. Back to the Basics!

한국이 선진국이 될 이유는 금속활자, 한글, 교육열 덕분이다(하버드 마크 피터슨 교수) 지식을 얻기 위한 책의 보편화, 어리석은 백성들의 원활한 소통을 위한 한글, 굶어도 자식을 공부시키는 부모의 교육열이 지금의 한국을 만들었다면 지성을 넘어 영(감)성이 미래의 한국을 만든다. 감성의 BTS, 오징어 게임은 시작일 뿐이다.

과거를 망각(Unlearning)하는 게 지금 필요한 새로운 공부(Learning)이다(김용섭 프로 스튜던트) 신기술과 지식이 쏟아지는 현 상황에선 과거에 무엇을 얼마나 배웠냐가 중요한 게 아니라 더 배우려는 의지, 더 나아가 과거에 배운 지식을 버릴 줄 아는 용기가 미래의 핵심 경쟁력이 된다. 버려야 얻고 높은 곳에서 떨어질 때 힘을 빼야 산다.

한국은 5천년간 931번 침략을 받았다. 중국에서 높이 평가하는 것은 백성이 자발적으로 나라 지키기와 동양의학 집대성이다(조정래 작가) 국가의 환란 시 관군이 아닌 의병이 나라를 지켰다. 정신'의존' 아닌 정신'독립'이 있기에 가능했다. 이제 기술독립, 경제독립, 군사독립, 정치독립으로 나갈 때이다. 기술독립군이 선봉에 섭니다.

세상 모든 기회의 속도나 방향은 중요하지 않다. 자기에게 기회가 올 때 기회인지 알아채는 센싱 능력과 강하게 움켜쥐는 의지가 중요하다. 이미 와 있는 기회를 놓치지 않는 것도 능력이다. 변수에 결과가 휘둘릴 때 변수를 상수로 만드는 것은 본인의 능력(5% 미만)과 주위의 도움(95% 이상)이다.

자기 혼자만 잘한다고 잘되는 일은 어디에도 없다.

태평성대는 역사적으로 민중이 수탈 없이 '돈버는 재미'를 느꼈던 시대였다. 혹독한 세금이나 관리의 가렴주구로 뺏기지 않고 자기 노력한 만큼 땀의 대가를 받아 저절로 신바람이 나는 시대였다. 로봇이 인간을 대체하는 시점에 신명나는 일을 찾아 마음껏 즐기는 직업을 찾아야 한다. 100세 시대가 눈앞에 왔다.

Metaverse(초월 + 세상)에서 본래의 나(참나)는 중앙(서버) 관리자다. 자식, 부모, 배우자, 동료 등 수많은 '세상'이 있어 다양한 역할에 따라 접속한다. 참나(진리)는 하나다(萬法歸一 만법귀일) 역할에 따른 分別이 사람을 힘들게 한다. 자기와 타인, 우주가 하나인 무분별 상태가 되면 진정한 메타버스 세상임을 확신하게 된다.

이 세상의 위대한 모든 일은 피와 눈물과 땀의 산물이다(윈스톤 처칠) 피는 용기, 눈물은 감성(感性), 땀은 근면이다. 피 흘려야 할 때 안 흘리면 노예가 되고, 눈물 흘려야 할 때 안 흘리면 동물이 되며, 땀 흘려야 할 때 안 흘리면 빈곤에 빠진다. 인간 3대 액체인 피와 눈물과 땀에 따라 사업 성패, 개인과 국가의 운명이 달렸다.

FOMO(Fear Of Missing Out)는 고립되거나 놓침에의 두려움이다. 세상이 너무 빠르게 변하여 새로운 부자가 나타난다. PC, 인터넷, 스마트폰, 메타버스 등 기술혁명 시대에 비트코인 등 直觀을 가진 사람만이 엄청난 부자가 되었다. 직관은 통찰력(Overview通察 + Insight洞察)을 가져야 얻는다.

부익부 빈익빈의 수레바퀴가 굴러가는 한 썩은 정치꾼은 또다시 생겨나며 결국 세상은 백성의 손으로 빗자루질 해야 한다(맹자) 역사적으로 태평성대란 자기가 노력만큼 땀의 댓가를 받는 시대이다. 혼자만 잘살려는 정치꾼은 SNS로 정보가 공유되는 현대사회에서는 쉽게 비질이 가능하다. 욕심을 줄이고 다함께 잘사려는 인식전환은 누구에게든 적용된다.

학자나 목사나 '행함과 가르침'이 나뉘어서는 안 되고 늘 나의 행동으로 상대를 가르치기 위해 애써야 한다(98세 주선애 교수 유언) 입으로 가르치는 것 보다 몸으로 가르쳐야 상대가 진정성을 느끼고 '자발적 행동'한다. 입은 잠그고 지갑은 열어야 한다. 죽는 날까지 지속적 수입이 들어오는 솔선수범 메타버스 혁명 시대가 왔다.

상사에게서는 인정 아닌 존경을 받고, 부하에게서는 존경 아닌 인정을 받아야 한다(HR 전문가 이병남) 존경하는 사람에게는 함부로 대할 수 없고 어렵다. 업무상 부하직원이든 상사든 상대방의 성품과 능력이 출중하면 인정하고 존경할 수 밖에 없다. 진정한 자유인은 인사권을 자기가 행사한다.

데이터를 특정 상황과 연계시켜 의미를 부여하면 정보가 되고, 이를 테스트하고 그 결과가 축적되어 타당성이 입증되면 지식이다. 지식이 시의적절한 행동으로 옮겨질 때 지성이 된다(Allen Kentro 지식 피라미드) 지식 출발점은 데이터이다. y = f(x) 열매 = 땅(씨앗) 땅이 옥토라도 쭉쟁이 씨를 심으면 열매가 안 열린다. 데이터(씨앗)가 중요한 이유다.

100년 이상 살아보니 날 위해서 한 일은 남는 게 없었다. 이웃과 더불어, 사회에 조금이라도 도움을 주려고, 정의롭게 살려 노력한 자는 인생 마지막에도 남는 게 있다(김형석 교수) 요즘 신생아는 평균 수명이 142세(Time지)이다. 대충대충 사는 생활에서 죽는 날까지 의미있고 즐겁게 할 일을 미리미리 찾아야 한다.

죽고 싶다는 사람 많아도, 병 걸리고 싶다는 사람은 본 적이 없다(호리 요시노리) 21세기 문명사적 전환으로 굶주림에서 '과식'으로, 전염병에서 '만성질환'으로, 전쟁과 재난에서 '자살'로 바뀌었다. 과식과 만성질환이 병을 일으킨다. 덜 먹고 주기적 운동하면 죽고 싶은 마음도 사라진다. 진리는 원래 단순하다.

현재의 인공지능은 보고 듣는 것을 넘어 느끼는 '인식'까지 한다. 상대 말투와 어조, 말의 속도, 음성의 떨림, 표정과 몸짓에 집중하여 판단한다. 다섯 개의 감각인 五感(眼耳鼻舌身 안이비설신)을 조합해 여섯번째 六感(識 식)까지 한다. AI가 못하는 창의성, 소통, 공감을 잘하는 게 미래 인간의 생존방법이다.

1) 펀드를 거치지 말고 직접 투자하라. 2) 한 종목을 깊게 공부해 해당 종목에 집중 투자하라. 3) 남의 말에 휘둘리지 말아라(주식 고수 조언). 자기가 직접 확신을 가져야 한다. 내공을 쌓지 않고 남의 말에 솔깃해 따라 하다가 대부분 실패한다. 주식, 외환, 선물, 부동산, 디지털 자산(코인, NFT) 투자도 같다.

메타, 유튜브 등이 채택한 '좋아요'는 마약처럼 中毒경제로 세상을 이끈다. 본래 사랑받고 싶고, 인정받고 싶고, 칭찬받고 싶어하는 인간심리가 있다. '좋아요' 숫자 확인차 자주 들어갔다가 광고에 낚여 과소비로 이어진다. 중독습관에서 벗어나는 길은 자기를 주격 아닌 제3자로 보는 명상을 자주 하면 된다.

잡초는 학술적으로 구분은 되지만 사람들에게 알려진 고유의 이름이 없다. 이름이 지어졌느냐 아니냐에 따라 화초가 되거나 잡초가 된다. 인간은 자기만의 확실한 브랜드가 있으면 화초가 되고 아니면 잡초가 된다. 정구철은 기술독립군이다.

바다를 '느끼는' 것은 광활한 세계와 소통하는 것이 아니다. 사소한 자아에서 해방되는 것이다. 자기 증명 자랑, 타인 무시, 포기 등 자아가 지시하는 모든 것으로부터 해방되는 것이다(로랑스 드빌레르) Aha! 느끼는 시대가 왔다. 33센티 머리와 가슴 거리 좁히기는 새로운 눈으로 자아와 세상을 보고 '느끼기'에 달렸다.

입력은 고장이 났는데, 출력은 날이 갈수록 많아지는 노인이 꼰대이다. 과거 성공체험은 다른 미래가 와도 여전히 애지중지한다. 마음속에 이상화시킨 과거를 현실과 비교한다. 그래서 언제나 과거는 선이고, 현실은 악이다. 과거를 찬양하여 현실에 불만을 토로해 봐야 현실은 바뀌지 않는다. 추억은 마취제일 뿐(유영만 교수) 공부하지 않는 '젊은' 꼰대도 아주 많다.

어른이란 자신을 휘감은 감정을 남에게 옮기지 않는 사람이다(다산 정약용) 또한 높은 고개를 숙여 평소에는 보이지 않던 정수리를 드러내는 것이 어른의 사과법이다. 모르면 묻고, 끊임없이 배우고, 겸손하고, 유연하고, 평정심을 가져야 어른이다. 나이가 많다고 어른이 아니다. 혼란스런 한국사회, 이 시대의 어른이 절실히 필요하다.

'내 존재가 光明의 빛이다'를 이해하긴 힘들다. 하지만 '광명의 빛을 어떻게 活用할까?'로 생각하면 쉽다. 마찬가지로 평범한 컴퓨터 기술조차도 보통 사람들은 이해하긴 힘들다. 기술 이해보다는 생활에 활용('App'lication)해야 한다. 스마트폰에 App은 필수다. 어떻게 작용→적용→사용→활용→애용하는지를 살피면서 앱과 친해져야 한다.

메타버스는 디지털 현실 세계고, AI도 디지털 데이터를 학습해 인간과 유사한 판단을 하는 기술이다. 메타버스와 AI(챗GPT)의 만남은 자연스럽고 시너지가 난다. AI는 메타버스에서 1) 개인화된 몰입 경험의 완성도를 높이고 2) 메타버스 서비스 공급자와 유저 간의 상호작용을 강화시킨다(김상윤 교수). 향후 세상의 방향을 정확히 보아야 길을 잃지 않는다.

물 한 방울이 살 방법은 바다에 풍덩 빠지는 것이고, 눈송이 하나가 살아날 방법은 눈덩이 표면에 일단 붙어야 한다. 전문가는 물론 일반인도 그렇다. 뭉치면 살고 흩어지면 죽는다. 챗GPT가 일반화되는 시대에는 자기 역량과 꿈을 녹여낼 집단에 관심을 갖고 빨리 들어가야 한다. 아니면 급변하는 온도에 증발하거나, 녹아 흔적도 없어진다.

문자화된 지식이나 정보는 AI가 더 잘 안다. GPT4는 IQ155, 조만간 출시될 GPT5는 IQ1600으로 예상한다. 인간은 지능지수(IQ) 아닌 가슴이 작동하는 감성지수(EQ)와 지혜에 집중해야 한다. 지혜는 머리가 아닌 손발로 수많은 시행착오 경험을 하면서 만들어진다. '머리'는 AI에게 맡기고 '가슴'과 '손발'을 잘 활용해야 살아남는다.

향후 30년 세계는 정보기술시대가 저물고 데이터 기술시대가 될 것이다. 정합성 Data는 모순이 없고 목적이 있는 신뢰 Data이다. 쓰레기 데이터에서 벗어나 Data Technology가 향후 부와 성공을 가져온다. 뿌리(Data)가 튼튼해야 줄기(Information)로 물/영양분을 올려 열매(Performance 성과)를 맺는다.

확실하고 익숙한 생산-소유-공부 방식을 불확실하고 생소한 연결(通)-통제(統)-통찰(洞)로 바꿔야 부-권력-지식의 Quantum Leap를 이룬다(임춘성 교수) 메타버스 시대에서는 기존 방법으로는 살아남기 힘들다. 생산 말고 연결하고, 소유 말고 통제하고, 공부 말고 통찰해야 한다. 通統洞(통통통)!!!

4차 산업혁명은 공감의 시대이다. 공감이란 내가 하는 말의 양이 아니라 상대방이 받아들이는 말의 양이다. 함께 느끼는 것이다. 머리 아닌 가슴으로 일해야 하는 살아남는다. Stop Thinking, Start Feeling!

5W1H(5W3H)

내겐 성실한 하인 6명이 있다네. 내가 아는 모든 것은 이들에게서 배운 것이네. 하인들의 이름은 Who When Where Why What How라네(시인 Rudyard Kipling) 어린아이의 호기심은 5W1H 질문에서 시작한다. 성장하면서 어른이 되면서 "세상 다 그런거지 뭐"하며 체념한다. 호기심은 창조의 첫 단추이다.

?(물음표)는 사람의 귀를 닮았다. 물어보고 들으려면 귀가 있어야 한다. 물음표는 문명의 근원이다. 그 많은 궁금증을 하나하나 풀어낸 인간의 역사는 본디 의문을 풀어낸 내력이다. "Why So?" 호기심을 갖고 고민하는 사람이 성공하고 역사를 만든다.

?(물음표)는 낚시 바늘이다. 세상 바다에 떠다니는 수많은 의문의 해답을 끌어 올리려는 갈고리이다. 어린애처럼 끝없는 질문을 평생 하면 한 분야 전문가 성공자의 반열에 오르게 된다. 더 나아가 "내가 누구인가?"를 확실히 깨치면 부처, 공자, 소크라테스, 예수처럼 성인 수준이 된다.

질문이 많으면 많이 나아가고 질문이 적으면 적게 나아간다. 그리고 아무 의문이 없으면 전혀 나아가지 못한다(중국 남송 유학자 주자) 질문(Who When Where Why What How)의 크기가 꿈의 크기를 결정하고 질문의 크기가 성공의 크기를 결정한다. 중요한 것은 죽는 날까지 결코 질문을 멈추지 않는 것이다.

치열한 경쟁 시대에서 생존법을 제시하는 인문학 특히 철학은 질문(5W1H)하는 것이다. 예전엔 "철학이 밥 먹여 주냐?"고 비웃었지만, 생각 없이 대충 살다가는 경쟁에 탈락해 밥 굶는 시대가 되었다. 즉, 철학이 밥 먹여 주는 시대가 되었다. 성공을 해도 곧 망하는 이유는 자만과 더불어 생각이 확고하지 않기 때문이다. 이러한 생각은 왜(Why) 무엇(What) 때문에 사는지/일하는지에 대한 확실한 생각(철학)이 없기 때문이다.

과학은 Why가 아닌 How를 묻는다. 그러나 How를 계속 묻다 보면 점점 Why에 가까워진다. How라는 질문의 사슬을 타고 가다 보면 양자역학을 만난다(박권 물리학자) 내가 Who인가? Why 사는가? 대신에 How 사는가?로 접근하면 쉽다. 공기, 물, 음식, 수많은 인연 '덕분에' 살고 있음을 깨우치면 '보답'하기 위해 살아야겠다는 소명 Why에 도달한다.

질문을 보면 그 사람이 현명함 여부를 알 수 있다(나기브 마푸즈 노벨상 수상 이집트 작가) 생각을 이끌어 내는 개방형 질문은 상대방과 관계를 깊게 만든다. 성공하는 사람들은 예, 아니오 폐쇄형 질문이 아닌 1) 왜 이 일을 하나요(Why)? 2) 기대하는 것은 무엇인가요(What)? 3) 어떻게 생각하나요(How)? 등 삼간(인간Who 시간When 공간Where)을 기반으로 능숙하게 질문하는 사람이다. 육하원칙(5W1H)을 잘 활용하는 사람이 성공한다.

이 우주가 우리에게 준 선물은 사랑하는 힘과 질문하는 능력이다(메리 올리버 미국 소설가) 인간이 가진 탁월한 능력이 5W1H 질문하는 힘인데 대개는 사용치 않는다. 인간의 고통은 질문을 통해 답을 만들어 갈 때 사라지고 행복함을 느낀다.

학문(學問)은 지식을 배우는 것이 아니라 물음(問)을 배우(學)는 것, 즉 질문하는 법을 배우는 것이다. 질문은 5W1H가 전부이다. Why So? So What? 은 글로발 컨설팅사 맥킨지가 프로젝트 시작 후 3개월간 집요하게 고객에게 묻는 질문이다. 질문하면 결국 답이 보인다.

1학년을 현자, 2학년을 철학자, 최고학년인 3학년이 되면 학생이라 부른다(유대교 랍비학교) 호기심과 의문을 갖고 질문하는 學生이 가장 높은 경지에 오를 수 있다. 죽는 날까지 배우려는 태도가 논어 첫 대목 學而時習(학이시습 배우고 때때로 익힌다)으로 '학습'의 어원이다.

육하(5W1H) 질문은 창조의 기본이다. 자기가 질문하고 자기가 대답하고 행동하면 主人(주인)의식으로 모든 책임을 진다. 남이 질문하고 자기가 대답하여 지시받고 행동하면 下人(하인)의식으로 실패 시 책임을 회피한다. 남이 시킨 일만을 할 것인가? 스스로 창조적 일을 할 것인가? 질문 주체/객체에 따라 결정된다.

질문은 이동하기, 대답은 멈추기(최진석 철학자) 어머니의 젖을 빨 때의 순수한 영혼을 가지면서 질문을 해야 험한 세상을 힘차게 건너기 위한 용기가 생긴다. 인문학 특히 철학의 본질은 질문(5W1H)이다. 당신은 누구이며 왜, 무엇을 위해 어떻게 살아야 하는가?

더이상 의심할 것이 없을 때까지 의심하라. 의심은 생각이고 생각이 곧 인생이다(알버트 게랄드) 인생을 살아가는 지혜는 의문(5W1H)에서 나온다. Why So?(원인) So What?(목적)에 익숙하면 통찰력을 가질 수 있다.

인공지능과 인간지능 차이는 느낌표와 물음표이다. "대단해 놀랍구나!"는 인공기계지능, "왜 그럴까?"는 인간자연지능이다. 5W1H 의문없이 빨리 하려고만 하면 AI(인공지능)를 당할 수 없다. 지금-여기-자기(When Where Who) 불편함을 정리하고 이유(Why)를 알아내고 해결 방향(What)을 찾아 쉽게 하는 방법(How)을 끊임없이 자신과 주위에 물어야 한다.

It's true Asian can not think(타임지 99년 5월호) 동양인 마음에는 정답이 언제나 존재하고 책과 권위자를 통해 확인할 수 있다는 확신으로 질문이 아닌 대답에 익숙하다. 생각과 행동 도구(소규모 장치)가 있어야 모든 일이 쉬워진다. 1) 생각을 '하게 하는' 도구 2) 생각의 '정리정돈' 도구 3) 행동을 '하게 하는' 도구 4) 행동의 '정리정돈' 도구는 5W1H 질문이다.

호기심은 민주적이다. 어디에 있든, 나이가 몇이든, 얼마나 배웠든 누구나 호기심을 발휘할 수 있다. 호기심은 질문으로 이어지고, 질문은 창조를 낳는다. 청소년이 호기심이 없으면 애늙은이가 되고, 노인도 호기심이 왕성하면 열혈 청춘이다. 질문의 최고 수준은 나는 누구인가?

나는 깨닫고 보니 모든 의문이 풀리는 게 아니라 의문 자체가 사라졌다. 깨우침이 목적이 아니라 그것을 통해 생각(Head)과 감정(Heart)의 주인이 되는 자유가 궁극이다.(인도성자 라즈니시) 우선 의문(5W1H)을 풀면 그 다음에는 사라진다.

어른이 된다는 것은 할 이야기를 가진다는 것이다(카렌 블릭센 덴마크 작가) 7살 이전 아이는 할 이야기가 없어 끊임없이 묻고 묻는다. 대개 어른은 자기 이야기를 하기에 바빠서 호기심이 없다. 호기심이 창조의 근본 원인이다. 창조하지 않으면 발전할 수 없다. 발전이 멈추는 순간 인간은 육체는 살아있어도 정신은 죽은 것이다.

페이스북에선 자기 인식(Self Awareness)능력이 강한 사람만 채용한다. 자신 강점 알고 스스로 발견하는 게 자기 인식이다. 'When지금 Where여기 내가 Who인지? Why 사는지? What을 위해? How 사는지?'에 항상 의문을 갖고 정리하는 게 철학이다. 5W1H 고민이 없는 입사자는 업무 강도로 인해 조기 번아웃 되고 해고된다.

챗GPT 핵심은 질문용 Prompt(입력어)다. '챗GPT를 쓸까, 말까? 챗GPT의 답을 믿을까, 말까?' 결정은 인간의 판단 영역이다. 5W1H 質問 입력도 사람이 해야 하고, 판단도 사람이 해야 한다. 정보와 지식을 넘어 지혜가 필요한 시대다. 지혜는 인문학이 기반이다. 기술은 정말 중요하지만 인간이 중심이라야 한다.

희망은 우리가 무엇을 물어야 하는지를 알아냈을 때 솟아난다(Wendy Puriefoy) 절망은 아무것도 할 수 없는 상태다. 나 자신에든 타인에게든 Question할 수 있어야 한다. 5W1H는 충직한 하인이고, 마스터 Key다. 희망과 절망은 질문 여부에 달렸다. 가장 중요한 질문은 Why다. Why 사는가? Why 해야만 하는가? 살아야 하는 소명을 확신하면 죽음도 두렵지 않다.

"신이 정말 있는지 의심이 들 때가 있었다."(테레사 수녀) 그녀는 45년간 켈커타에서 가난한자, 병자, 고아를 위해 헌신했다. 누구도 신앙을 의심할 리 없는 성녀였지만, 독실한 신앙인의 '의심'이 있었기에 오랜 봉사가 가능했다. Why 사는지? How 살건지? What을 할건지? 지속적 疑心해야 죽는 날까지 정진할 수 있다.

One Page/One Sentence/One Word

52,330,152자 팔만대장경을 260자로 줄이면 반야심경, 5자로 줄이면 일체유심조(一切唯心造), 1자로 줄이면 마음 심(心)이 된다. One Page, One Sentence, One Word로 쉽고 간단히 설명할 수 있어야 한다. 태평양 바닷물을 모두 마시지 않고 한 모금에 짠맛을 알듯이 현상 아닌 본질에 가면 모두가 통한다(一貫之道 일관지도 공자).

글쓰기는 모호함에 대한 공격이다(Eliot 작가) 무엇을 쓰든 짧게 써라, 읽힐 것이다. 명료하게 써라, 이해될 것이다. 그림같이 써라, 기억될 것이다.(Short, Clear, Picturesque Writing). 말도 마찬가지이다. 간단명료하게 그림(비유)같이 말하라. 말과 글로 상대방 설득에 능숙한 사람이 성공한다.

중학교 2학년 수준으로 쉽고 확실하게 설명할 수 없다면 본인 일 처리도 핵심을 놓쳤을 확율이 크다. 전문용어 없이도 One Page로 말할 수 있을 만큼 핵심을 파악해야 한다. 설명은 안목과 실력을 반영하고, 이면에는 통찰력이 숨어있다. Easy & Simple 하게 설명하려면 비유를 하면 된다. 중등 2학년 상대와 공유할 경험을 먼저 찾아야 한다.

상대를 자기가 원하는대로 설득하는 전문가는 One Page Proposal에 1) 필요성(Why 제안이 당신에게 꼭 필요한가?) 2) 기대 성과(제안이 받아질 경우 What이 좋아지는가?) 3) 추진 방법(How 추진하여 달성하는가?)를 간결하게 쓸 수 있는 사람이다. 그것이 수천억불 프로젝트라 할지라도 핵심은 Why, What, How를 끊임없이 상대 입장에서 질문해 요약한 것이다. 삼간(인간Who 시간 When 공간Where)은 기본이다.

사람 행동을 변화시키거나 기억나게 만드는 한 마디(한줄의 힘 스티브콘)

- 개울물 건널 때 말을 갈아타지 않는다(재선 선거구호 링컨)
- 10시입니다 당신 아이들은 지금 어디에 있나요(밤10시 방송)
- 사랑은 결코 미안 하다고 말하지 않는거야(러브스토리)
- 죽느냐 사느냐 그것이 문제로다(햄릿)
- 바보야 문제는 경제야(클린턴 선거구호)
- One Sentence(Page/Word/Percent/Minute)의 기적!

KISS(Keep It Simple, Stupid 요점만 말해, 바보야 레이건 대통령) 장황하게 설명하면 이해치 못한다. 明快(명쾌, 쉽고 간결함)하게 설명해야 '유쾌-상쾌-통쾌'해진다. One Page, One Sentence, One Word가 필요한 이유이다.

미국 비영리단체에서 알릴 가치가 있는 아이디어를 모토로 운영하는 강연회인 TED도 18분 안에 자기가 하고 싶은 얘기를 하게끔 하고, TV 강연 프로그램인 세바시(세상을 바꾸는 시간) 15분도 짧은 시간 내에 강렬하게 자기 주장을 알려야 한다. 동영상 공유 소셜 네트워크 서비스인 틱톡은 3초에서 3분 내 상대방한테 알린다.

TED, 세바시, 틱톡 등을 문서로 정리하는 것이 One Page/One Sentence/One Word 방법론이다. 전달하고 싶은 모든 부분을 5W1H에 근거하여 One Page로 정리하고 이를 다시 One Sentence 본질/근거/한계(3ㄴ)로 요약하고 그것을 One Word로 표현한다면 인간, 조직 및 국가의 정체성이 될 수 있고 비즈니스모델과 핵심역량, 보고서가 될 수 있다.

One Book 내용이 One Page로 더 나아가 One Sentence와 One Word로 정리되려면 통찰력을 가져야 한다. 이것은 5W1H를 끊임없이 묻는 철학 프로세스이다.

탁월함의 최고는 간결함이다(Longfellow 시인) 간결함은 궁극의 정교함이다(레오나르도 다빈치) 프로는 어려운 것을 쉽게 말하고 아마추어는 쉬운 것을 어렵게 이야기 한다.

독후감이나 보고서를 쓰거나, 조직이나 개인의 목표나 비전을 설정 시 고심하면서 요약 과정을 통해 본질과 만날 수 있다. One Page, One Sentence, One Word로 표현될 수 없다면 아직 정리가 되지 않은 것이다.

지적 바보는 충분히 이해치 못했기에 더 크고, 더 복잡하게 만들어 단순하게 설명할 수가 없다(아인슈타인) One Word, One Sentence, One Page로 설명할 수 없다면 아직 깨우치지 못한 것이다. 단순 나열된 지식보다 본질을 꿰뚫는 지혜가 유용하다.

~있을, ~수, ~것, 등 부사가 많은 글은 좋은 글이 아니다(안정효 소설가). 자신감이 없어 강조를 위해 더덕더덕 화장을 하지만 민낯이 더 아름답다. 명사와 동사만으로 쉽고 짧게 표현해야 한다. 불필요한 군더더기를 제거한 태도가 성공으로 이끈다.

더하기(+)는 성장, 불필요한 것을 빼기(−)는 정리이다. 1년 이상 안 쓰는 것, 한 달 이상 안 쓰는 것을 빼면 매분, 매초 필요한 것만 남는다. 선택의 순간에는 빼기를 해야 한다. 물건을 팔든, 투자를 받든 상대방을 강렬하게 설득하는 기술에 One Word, One Sentence, One Page가 중요한 이유이다.

허리 사이즈, 보고서, 회의 시간 모두 필요한 것만 남기고 확 줄여야 살아남는다. 복잡하고 군더더기 있는 상태는 상대를 이해시키지 못한다. One Page, One Sentence, One Word로 정리할 수 없다면 아직 전체를 모르는 상태이고 잘못된 의사결정을 하기 쉽다.

과학 기본 아이디어는 절대 단순하고 모두가 이해할 수 있는 표현이다(아이슈타인) 널리 배우고(博) 깊은(精) 공부는 간략 설명 위함이다(맹자) 보통 사람은 博而不精(박이부정: 일반상식 보유자) 혹은 精而不博(정이부박: 과학자 엔지니어)하다. 한마디로 표현하지 못하면 모르는 것이다.

One Page에 5W1H를 상대 관점 명쾌하게 써야 한다. 자신의 노력(씨앗)과 주변의 도움(땅, 공기, 물, 영양분)이 합치면 성공(열매)은 저절로 된다. 최저(Lower) 가격, 최고(Higher) 품질, 최상(Better) 서비스를 나 아닌 상대 입장으로 하면 모든 일이 풀린다. 영업, 교육, 행정, 인간 관련 모든 것에 적용된다.

독후감은 배운 점(Head) 느낀 점(Heart) 실천할 점(Hand/Leg) 각 3개 기술하고 결론(One Sentence)을 쓰면 한 장(One Page)이 된다. One Word는 저자가 의도한 책 제목이다. '한마디 한 줄 한 장'으로 간결하게 정리하지 못했다면 몰입하지 않은 것이다. 인생은 恒産恒心(항산항심: 지속 일자리 + 평정심 행복)으로 One Word 요약된다.

작은 것이 큰 것으로 들어가는 상식을 넘어, 큰 것이 작은 것으로 들어가는 지혜가 필요한 때가 왔다. 인터넷에 가득 찬 지식을 넘어 One Page, One Sentence, One Word로 꿰뚫어 보는 지혜가 절실하다. 눈으로 보면 큰 것이 작은 것으로 못가지만, 마음으로 보면 들어간다. Universe를 마음으로 보는 게 Metaverse이다.

국민의, 국민에 의한, 국민을 위한 정부는 이 세상에서 결코 사라지지 않을 것(링컨) 이 연설은 단 10개 문장, 272개 단어, 2분간 불과하다. 핵심은 민주주의 원칙을 제시하고, 노예제 종식이라는 대변혁이었다. One Page, One Sentence, One Word로 정리되어야 기억에 남고 행동지침이 된다.

링컨의 게티스버그 연설 "Of the People, By the People, For the People" 명문구를 모두 기억한다. 급변하는 기술과 변함없는 인문학은 상관관계를 사람의 기술, 사람에 의한 기술, 사람을 위한 기술로 이해하면 쉽다. AI 등 모든 기술은 인간의 욕구 충족 '수단'이지 '목적'이 되어서는 안된다. 기술이 목적이 되면 인간성을 잃는다.

혁신은 어제와 오늘, 여기와 저기, 이 사람과 저 사람, 이 사상과 저 사상, 동서남북이 서로 충돌 시 딜리트(Delete 削除)하면 가능하다(EBS 김유열PD) 창조는 변수가 너무 많아 쉽게 포기하지만, 혁신을 위한 딜리트는 불필요한 무언가를 '삭제'하기에 명확해서 쉽다. 사람, 사건, 사물 어떤 것에 가슴이 안 뛰면 무조건 버려야 한다.

단순성, 단순성, 단순성, 당신이 하는 일이 다섯 손가락 안에 있게 하라(조지 소로스) 생각도 Easy & Simple 해야 한다. 모든 게 One Page로 정리되어야 행동하기가 쉽다. 일도 생각도 실천을 전제로, 단순해야 움직이기 쉽다. 머리가 복잡하고 정리가 안 되면 일은 하지만 방향을 잃는다.

전문성이란 내 經驗의 연결고리를 찾는 것이다(김나이 커리어 엑셀러레이터) 업계에서 오래 했던 일과 전문성이 쌓이는 것은 별개이다. 쉽지 않았던 문제를 해결해 본 '경험'이 있고, 실패든 성공이든 끝까지 가본 '경험'이 있기에 내 일을 나만의 언어로 쉽고 간단하게 정의해야만 한다. 복잡하게 정의한다면 비전문가이다.

우리의 불안 요소는 생존불안과 학습불안이다. 갑자기 직장을 잃는 생존불안 상태는 절박하기에 무조건 변화한다. 학습불안이 생존불안보다 크면 인간은 변화를 거부하고 배움을 회피한다. 절박해야 학습도 생존도 가능하다. 쉽고 간단해야 배우려고 시도한다. One Page, One Sentence, One Word 연습이 필요한 이유다.

글은 짧아야 읽혀지고, 명료해야 이해시키고, 그림처럼 써야 독자가 기억한다. 말도 그렇다. Easy & Simple, 누구나 이해할 수 있는 비유로 그림처럼 말해야 상대가 듣고 이해하고 기억한다. One Page, One Sentence, One Word 말과 글에서 유익하고, 재미있고, 수익이 생길 가능성이 있으면 '자발적 행동' 한다.

전 세계 모든 책에서 말하는 좋은 이야기를 가장 짧게 줄인 두 단어 네 글자-지금 여기(박웅현 광고크리에이터) 지금은 시간(天), 여기는 공간(地). 시공이 만나는 곳을 알아차리고 깨어있는 자기 人까지 모인 것이 '천지인'이다. 세상 만물의 진리 깨우치기는 지금 + 여기 + 자기 세 단어 융합에 있다.

고(苦 When Where Who)

세상에 태어나서 살아가는 우리의 주변 환경은 자기 자신. 세상과 인연으로 크게 구성된다. 사람 부분을 쉽게 개념적으로 알 수 있는 부분이 사성제이다. 사성제란 '4개의 높은 깨우침 혹은 고귀한 진리'이다. 사성제는 고집멸도(苦集滅道)를 의미한다. 고는 내가 지금 힘들고 고통스러운 상황인지를 알 수 있는 부분이며 이를 '고장난 바퀴'라고 비유하면 이해하기 쉽다.

집은 그러한 고통스러운 상태의 문제가 무엇인지를 근본 원인을 아는 것이다. 멸은 그 문제의 원인이 사라져서 해결된 상태이며, 도는 그렇게 고장난 바퀴라는 갑갑하고 난처한 문제가 있는 현실에서 문제가 해결된 상태로 가는 방법 혹은 길을 의미한다.

하늘이 장차 그 사람에게 큰일을 맡기려고 하면 반드시 먼저 그 마음과 뜻을 괴롭게 하고 근육과 뼈를 깎는 고통을 주고 몸을 굶주리게 하고 그 생활을 빈곤에 빠뜨리고 하는 일마다 어지럽게 한다. 이것은 마음을 흔들어 인내심을 길러 지금까지 할 수 없었던 일을 할 수 있게 하기 위함이다(맹자) 지금 하는 일이 힘들고 괴로우면 "큰일을 하기 위한 하늘의 시험 기간이구나"라는 절대 긍정 태도를 가지면 도리어 행복해진다. 성공하는 사람은 시련과 극복이 필수과정이다. 시련이 무섭다고 소극적 태도로 일관하면 불행한 종말을 맞는다.

영화는 필름을 초당 24장 돌려 눈의 착각을 이용한다(잔상 현상). 인간은 지금(時) 여기(空) 찰라를 하루 5만가지 앞(미래) 뒤(과거) 착각으로 걱정을 만들고 고통스러워한다. 필름 하나만을 보듯 지금 여기 알아차리면 평상심 생긴다. 행복! 별거 아니다.

새는 진공상태에서 날 수 없다. 날려면 공기 저항이 필요하듯이 인간도 고통 저항으로 성장한다. 고통 결과(苦)에서 원인을 알고(集) 고통 사라진 상태(滅)로 가는 방법(道)을 깨우치면 어떤 어려움이 와도 이겨낼 수 있다. "이 고통 또한 지나가리라" 하면서(고집멸도 프로세스).

걱정의 96%는 쓸데없는 것이고, 4%는 내가 해결할 수 없는 것이다. 즉, 걱정할 필요가 없다(심리학자 어니 젤린스키) 불필요한 걱정을 없애는 자기만의 지렛대(무조건 웃자! 피곤할 때까지 걷자! 등)를 가지는 사람이 행복해진다.

튤립은 땅에 심기 전 50일간 영하 5도로 고통을 주어야만 꽃을 피운다. 안 그러면 꽃이 안 피거나 비실거리다 말라 죽는다(김균소 에버랜드 식물환경연구소장) 자연 원리는 인간에게도 동일하다. 고통은 행복의 초기 필수과정이다. 자식을 온실 속에서만 키우는 것은 죄악이다. 인간은 비바람(역경)에 익숙해야 성공한다. 고통이여 언제든 다시 오라!(초인 철학자 니체).

나무는 자기가 먹으려고 열매 맺지 않고, 강물은 자기가 마시려고 물을 내지 않는 것처럼 이 세상 자연 어떤 것도 자기가 쓰려고 만들려 하지 않는다. 유독 인간만이 소유 욕심에서 모든 고통이 시작된다. "내가 과도한 욕심을 내는구나" 알아차림 연습이 행복을 만든다.

호의가 계속되면 그것이 당연한 권리인 줄 안다(영화 대사) 보통 인간은 좋은 마음으로 지속적 배려해주면 선의를 악용한다. 작은 한두번 도움으로 혼자 일어서야 한다. 독립 의지가 없는 자녀에게 지속적인 경제적 도움은 자식을 망친다. 의존적 기술 구조도 결국 망한다. 기술독립(군)이 필요한 이유이다.

물고기는 물속에 있으나 물을 모르고, 사람은 은혜 속에 있으나 은혜를 모른다. 하늘과 땅, 공기 물 곡식, 부모 형제, 주위 인연 등 모든 게 은혜인데 고마움을 모른다.

세상에서 가장 중요한 때는 지금(Now)이고, 가장 중요한 사람은 지금 함께 있는 사람이고, 가장 중요한 일은 지금 곁에 있는 사람을 위해 좋은 일을 하는 것이다(러시아 소설가 톨스토이) 지금(Now 시간 When) 여기(Here 공간 Where) 내가(Me 인간 Who) 무엇을(What) 왜(Why)해야 하는가를 머리로 알고 가슴으로 느끼고 손발로 방법(How)을 행하면 반드시 성공한다.

과거는 지났고 미래는 오지 않은 것 우리에게 가능한 삶은 이 순간뿐이다. 많은 사람들이 행복은 미래에 있다고 착각하고 미래를 위해 현재를 희생한다(틱낫한 스님) 행복은 가진 것(소유)만큼 있는 게 아니라 내가(人間) 지금(時間) 여기(空間)에 있다(存在)를 느끼는 자각이다.

미래는 있는데 꿈은 없다. 심장은 있는데 열정은 없다. 머리는 있는데 영혼은 없다. 나라고 (이름으로) 불리는 나는 있는데 나라고 말할 수 있는 나는 없다(철학자 이문주) 지금(Now) 여기(Here) 存在(Being)에 대한 나에 대한 생각이 정리되면 행복해진다.

씨앗이 어떻게 예쁜 꽃이 되는가? 싹이 움트기 전에 반드시 겪어야 하는 것은 바로 어둠과 외로움을 마주하는 두려움으로 꽃을 피우는 데 꼭 필요하다. 도전에 따른 실패 두려움을 이겨내야 성공할 수 있다. 도전치 않으면 실패도, 성공도 없다.

어린아이는 문제가 발생해야 걱정하고, 어른은 문제 발생 전에 미리 걱정한다. 문제가 발생하면 어떻게든 해결하느라 어른에게는 걱정은 사라진다. 문제가 발생치 않도록 준비하되 발생 시 해결하면 된다. 걱정은 불필요하다.

언 발에 오줌 누기는 순간 발이 녹는 것 같지만, 그로 인한 손해는 더 크다. 주변의 비난과 칭찬에 마음이 흔들려 분노하거나 흥분하면 그로 인한 후폭풍이 더 크다. 흔들리지 않는 마음공부가 중요하다.

대추나무에 상처를 내면 대추가 더 많이 열린다. 조개 속 상처가 바로 진주이고, 많이 밟힌 길이 좋은 땅이 된다. 모두가 상처의 힘이다(안명옥 시인) 상처와 실패를 두려워하면 성공 열매와 찬란한 보석을 가질 수 없다. 그냥 성공을 얻으려는 태도는 도둑질과 같다.

고통(불만족)이 무거워서 힘든 게 아니다. 자신의 고통이 물컵처럼 가벼워도 힘들 수 있다. 돌덩이처럼 무거워도 힘들지 않을 수 있다. 가벼워도 힘든 이유는 틈틈이 내려놓지 않음이고, 무거워도 힘들지 않는 이유는 틈틈이 내려놓기 때문이다. 자신이 힘든 것은 무게와 상관이 없다. 마음 내려놓음과 상관이 있다.

역경이 존재하는 이유는 우리를 몰아내기 위한 것이 아니라 우리가 무언가를 간절히 원하는 가를 깨닫게 해주기 위해 있다(Randy Pausch) 말기 암 죽음 앞둔 교수의 마지막 강의 내용이다. 아침에 진리를 깨우치면 저녁에 죽어도 여한이 없다. 진리가 너희를 자유케 하리라(요한복음 8장 31절, 미국 중앙정보국 CIA의 비공식 모토).

바람 불지 않는 나무는 없다. 바람이 불어야 나무는 쓰러지지 않으려고, 더 깊이 뿌리를 내린다. 바람이 나무를 흔드는 이유다(이철환) 고통이 없는 인생은 없다. 고통을 걸림돌 아닌 디딤돌로 보는 순간 지혜로 깊이 뿌리를 내린다. 뿌리 깊은 나무는 가뭄에서도 깊은 땅속에서 물을 얻고 태풍에도 쓰러지지 않는다. 고통 덕분에 결국 큰 열매를 얻는다.

공철학(空/工哲學)

기술독립군 공철학은 2007년 설립한 기술독립군(산학연관 전문가 모임) 매일 아침 6시 행복기술 + 기술독립 위하여 인문학 소양을 융합하여 기술을 바탕으로 지속적 행복을 추구하는 콘텐츠다. '工(空)哲學은 엔지니어(工)가 가질 철학적 태도로 비워야(空) 얻는다'를 근간으로 한다.

공철학의 주요 개념

- 恒産恒心
- 나 + 남 마음 캐기(Mind Miner)
- 氣(파동) 運(옮기기) 命(프로그램 깔기) 허공 입자와 파동 에너지
- 5W1H(5W3H)
- 學問(묻는 것을 배우기) 질문(이동) 대답(멈춤)
- (본)질(의)문 본근한(3ㄴ)
- 대강(비본질) 철저(본질)
- 본질과 다름(Think Different/Feel Different)
- 창의력(익숙함과의 결별)
- 꿈(비전)참힘(3ㅁ)몸마음(5ㅁ)
- 4H(Heart, Head, Hand/Leg, Health/Happiness)
- Be/Do/Have
- Give & Take/Forget
- 다함께 잘사는 세상(홍익인간 방향) 만들기(방법)
- 인연과, 공짜 없다.
- 삼법인(제행무상-변화, 제법무아-관계, 일체개고-균형)
- 사성제(고집멸도) 苦 근육(상처 힘) 해결 열쇠 오르막 고장난 바퀴
- 道(진리, 길, 생명) 德(자연 사물 자기와 소통능력)
- 자발적 행동(행복 혁명)
- 幸(정신충족 知好樂) 福(물질충족 衣食住) 德(하는 일)
- One Page/One Sentence/One Word
- Easy & Simple 개념 명사 + 동사 사용

- 결론 → 증거 → 설명
- Back(Fairhful) to the Basics(Data)
- 변화 방법(절박하거나 신바람 나게 하기)은 일하는 방식의 시간/공간/인간 바꾸기
- 즉실천(Just Do It)
- 自(己 '實'際 '存'在 理)由人 알아차림(Awareness)
- 실존(Now & Here, Me)
- 마중물 임계점
- 필요 + 충분조건
- Application(작용 사용 적용 활용 애용 실용 → 상용)

종교는 삶의 의미를 제시하나 편협하다. 철학은 통찰이 뛰어나나 지적 만족에 머문다. 무엇을 배우든 중요한 것은 실제 생활이다. 공부를 안 해도 문제이지만 공부만 해도 문제이다. 수영공부는 그만하고 '떠밀려서' 아닌 '자발적으로' 물속에 들어가야 한다.

뉴턴의 만유인력은 당시에 과학이 아니라 自然哲學(자연철학)이라 불렸다 사과가 떨어지는 당연한 자연현상에 의문을 갖고 답이 없는 질문에 도전한 철학적 태도가 만든 업적이다. 법철학, 역사철학, 空(工)哲學 등 모든 부분에 5W1H 의문을 가지고 도전하는 문제의식이 창조적 인간을 만든다.

항산항심(일정한 수입을 가지면 마음이 흔들리지 않는다 맹자) 항산은 기술로서 가치를 창출하고, 흔들리지 않는 항심은 인간이 고통에도 흔들리지 않고 바라보는 확고한 인식인 철학에 의해서 가능하다. 역사철학, 법철학 처럼 공학에도 철학이 필요한 이유이다(工哲學).

자연과학은 인문학에서 나온다(萬法歸一 만법귀일). 수도꼭지가 있다고 물이 나오는 것이 아니고 수원지가 있어야 한다. 수많은 수도꼭지(과학/기술)도 수원지(인문학)에서 물이 나와야 자기 역할을 한다. 인문학의 근본인 철학은 인간 존재에의 인식으로 자연 원리를 배우는 것이다.

은혜를 모르는 사람은, 삶의 영역에서 무능한 자이다(괴테) 도움받는 것을 당연하다고 하는 것은 도둑놈 심보이다. 공기의 도움이 없으면 3분을 넘기지 못한다. 교수형은 강제로 공기를 차단하는 것이다. 당연히 숨 쉴 수 있는 空氣에의 은혜를 아는 게 삶의 기본이다. 내려놓고 비움(空) 에너지(氣) 덕분에 산다.

Steve Jobs처럼 가치 창출하는 엔지니어는 철학자 수준의 마음이 있다(工哲學) 철학은 아주 쉽

다. 인연과 법칙인 진리를 알면 된다.

마음은 미세입자로 물리입자와 동일하여 입자로 존재 시 일정 공간에 한정되나, 파동(波動)으로 성질이 변하면 시공간을 초월하여 이동한다. 꿈의 성취를 믿는 마음(信心)은 에너지 성질(心氣) 있어 타 물질, 생물체에 영향 미치도록 움직인다(氣運). 간절한 꿈은 강한 파동을 일으켜 시간이 걸릴 뿐 성취된다(運命)-信 > 心 > 氣 > 運 > 命의 因緣果(신심기운명 인연과) 프로세스

자기 자신은 靈 + 魂 + 肉(영혼육) 3중구조로 구성된다. 영은 전체 = 자기(우뇌), 혼은 개체 = 자기(좌뇌)이다. 혼의 관점은 혼자만 잘살려고 발버둥 치고, 영의 관점은 다함께 잘살려고 노력한다. 머리 논리를 넘어 가슴 생각(영감)이 Aha! 다함께 잘사는 세상 만들기 깨우침이다.

哲學(philosophy)은 philo(애 愛) + sophy(지 智), '지혜를 사랑한다'이다. 인간이 자연을 향해 나아가는 미약한 몸부림이며 자신의 내면을 충실히 수양하는 내적 공부이며 萬物 이치(萬法歸一)를 깨닫기 위해 배우는 하나의 方便(방편: 편리한 방법)이다.

"철학이 밥 먹여 주냐?"의 철학 천대에서 철학이 성공의 핵심인 시대가 되었다. 일시적 성공자가 파멸로 가는 원인은 철학 부재에 있다. 철학은 삼간(인간Who 시간When 공간Where)을 기반으로 왜(Why) 무엇(What)을 위해 '살고'와 '일을 해야' 하는가?를 머리 속이 아닌 손으로 써서 정리하는 것에서 시작한다.

책을 7번 읽는 것만으로 보였다(시험 달인, 공부의 신 야마구치 마유 32세/동경대 수석 졸업) 통찰(通察 Overview + 洞察 Insight)을 깨우친 방법론(How)의 달인이다. 책을 7번 보아 훤하게 깨치는 것처럼 고통이 있는 어두움 속에서 인간 삶을 훤하게 깨치는 지혜를 가지는 것이 哲學이다. 방법(How)인 통찰과 5W1H, 원인 + 조건 = 결과에 대하여 맥락적 사고를 가지면 지혜의 달인이 되고 고통이 있어도 행복할 수 있다.

사람들은 설교가 빨리 끝나기를 간절히 기도한다. 장황하고 지루하기 때문이다. 말과 글의 간결함은 본질을 파악한 결과이다. 下手(하수)는 쉬운 것을 어렵게 말하고 高手(고수)는 어려운 것을 쉽게 말한다. 본질을 꿰뚫고 있어 요점만 간단히 말할 수 있기 때문이다.

우주선 보이저가 해왕성 지나며 찍은 지구는 창백하고 푸른 작은 한 점이다(유튜브). 가물거리는 점-지구를 보는 나는 거대한 存在(존재)이면서 지구에 사는 미미한 존재이다. 크다/작다가 상대적인 것을 알면 나에게 모든 것은 위기이면서도 기회이다.

대우주와 소우주(인간) 99.999%는 빈 공간이며, 물질로 보이는 0.001%도 텅 빈 공간이다(물리학자 실험). 육체를 구성하는 25개 물질 원자는 원자핵/전자를 제외하면 99.999%가 빈 공간이기에 인간 육체도 빈 공간으로 증명된다. 빈 공간에 부정적 생각으로 가득 찬 과거를 비우고 지금 + 여기 현재에 집중하면 편안해진다.

만남은 당신과 나라는 아주 어려운 수학이며 철학이다. 수학적으로는 1 + 1 = 2가 아니라 결과가 0, 1, 3, 무한대로 단순하게 계산이 안 된다. 당신 우주와 나 우주가 만나는 게 철학이다. 우주가 서로 만나서 운명공동체로 이해하기까지는 시간이 꽤 걸린다. 코로나 바이러스 우주와 인간 우주도 그렇다.

컵을 단순히 물질로 보면 하수, 에너지로 보면 고수(이미 과학으로 증명), 생각을 가진 에너지로 보면 최고수이다. 무생물조차도 감사함을 느끼고 아껴주면 생각이 있어 반드시 보답을 한다. 코로나 바이러스 조차도 아끼고 사랑하지 않으면 인간은 바이러스가 마음껏 뛰어노는 블루오션이 된다.

전체 = 자기라는 靈의 관점에서는 자기가 전지전능하여 창조하는 주인 존재이다. 마음먹기에 따라 무엇이든 이룰 수 있기에 100% 긍정사고를 가져야 한다. 콩 심으면 콩 나오듯, 밝은 생각으로 자기 운명이 밝아진다. 운명은 사주팔자로 이미 정해진 게 아니라, 마음먹기에 달렸고 생각하기 나름이다.

세월의 무게도 무겁고 가수의 직업도 엄청나게 무거운데 훈장까지 달면 그 무게를 어떻게 견디냐(가수 나훈아) 코로나 사태에 3억원을 익명 기부하는 테스兄 나훈아의 삶은 명예나 재산에 얽매이지 않는 自由人이다. 그물에 걸리지 않는 바람처럼 존재 이유를 아는 게 자유인이다. 너 자신을 알라(소크라테스).

눈 밝은(지혜로운) 스승(코치)을 만나는 것은 인생의 전환점을 가져온다. 어딘지도 모르고 터벅터벅 걷다가 북극성을 정하고 삶의 방향을 잡는 것이다. Why, What을 위해 사는지에 대한 처절한 인식이 있을 때만이 Turning Point가 가능하다.

나는 모든 것을 다 배우고 외어서 아는 것이 아니라 모든 것을 한가지로 꿰뚫고 있는 도를 알기 때문이다(一貫之道 일관지도 공자) 통찰은 영어로 Insight(洞察 본질 꿰뚫어 보기)와 Overview(通察 크게 전체 보기)를 포함한다.

자연, 삶, 죽음, 소유, 업무 등 만법일법 관점에서 보면 일법 즉 하나로서 이것을 알면 세상만사가 행복하게 느껴진다. 모든 세상 일을 통찰 관점에서 보면 행복해진다.

철학의 의미는 '지혜를 사랑하다'이다. 머리로 알고 가슴으로 깨우치는 '관념' 철학이 골치 아픈 이유다. 이제는 손발로 행동하는 '실천' 철학의 시대이다. 작용-사용-적용-활용-애용하는 실용을 넘어 상용까지 아우르는 앱(Application)시대에는 돈버는 재미를 가지는 空(빌 공)철학시대이다. 모두 버려야 크게 얻는다.

밀림의 왕자 타잔이 줄을 잡고 몸을 흔들어서 나무와 나무 사이 공간을 이동한다. 흔들며 한 나무 줄을 버려야 다른 나무 줄을 잡을 수 있다. 무서워서 버리지 않으면 그 자리에서 멈춘다. 두 손에 가득 쥐고서는 더 좋은 게 있어도 잡을 수 없다. 가득 씌워진 칠판을 지워야 새로운 것을 쓸 수 있다. 버려야 얻는다(空 = 色).

'나 아닌 것'이 '나'라는 생각은 나 '個體'를 우주 '全體'로 보는 것이다. 빗방울 하나가 바닷물에 풍덩 들어가면 전체가 되는 것과 같다. 자기 개체 사용설명서를 알고 나 아닌 것 전체와 연결하고 융합해야 한다. Communication이 연결, Creation이 융합이다. 소통하고 창조하는 Culture가 세상을 좋게 바꾼다(C3-기술독립군).

창조 도구는 생각과 말과 행동이 있다. 공통점은 모두 에너지라는 점이다. 생각도 에너지, 말도 에너지, 행동도 에너지다. 좋은 생각하고, 말을 조심하며, 행동을 올바르게 해야 크게 창조할 수 있다. 창조할 것이냐, 창조 당할 것이냐에 따라 주인/노예로 나뉜다. 주인은 자유인이다. 자유로워야 창조할 수 있다.

현미경으로 본 뇌 신경세포와 망원경으로 본 우주 모습이 놀랄 만큼이나 닮았다. 인간은 대단한 소우주 존재다. 인간은 대사작용을 멈추면 한순간 생명이 끊어지는 존재지만 뇌 안에 우주 섭리가 있다. 우주는 물리적 세계지만 인간은 뇌 활동을 통해 새로운 인지를 만들며 진화하기에 어쩌면 우주보다 더 대단하다(권준수 교수) 내 안에 우주가 있고, 우주 안에 내가 있다.

손에는 일을 줄이고, 몸에는 소유를 줄이고, 입에는 말을 줄이고, 대화에는 시비를 줄이고, 위에는 밥을 줄여라(성철스님) '늘이는' 데 익숙한 인간에게 건강과 풍요와 행복은 '줄이는' 데 있다. 도(진리)는 거꾸로 하면 이룬다.

여기에 보이는 것은 껍질에 지나지 않아 가장 중요한 것은 눈에 보이지 않아(어린 왕자) 글씨가 적힌 A4 용지를 보여주면서 "무엇이 보이나요?"고 물으면 거의 글씨만 말한다. "하얀 백지가 보인다"고 말하지 않는다. 글씨는 色이고 흰 종이는 空이다. 영화관 스크린은 '공'이고, 영화 내용은 '색'이다. 본질은 눈에 잘 보이지 않는다. 본질까지 보아야 진짜 본 것이다.

애쓰지 말라! 네 運命대로 살게 될 것이다(노자) 간절한 소원을 가지고 하늘에 몸을 맡기면 원하는 바를 이룬다. 파도를 거스르려 하면 죽지만, 파도에 몸을 맡기면 윈드서핑처럼 즐길 수 있다. 운명의 '命'은 (에너지 있는) 생활이다. '生氣'(에너지)가 돌고 '活氣'차게 살면 좋은 방향으로 흐른다(運). 운명 바꾸기는 감사함 생활이다.

침묵이란 밭 갈고 씨앗 뿌린 후 싹이 돋아나기를 기다리는 농부 기다림과 같다. 침묵은 긴 인내와 희망을 필요로 한다. 최고 경지에 오른 사람은 누가 자신을 알아주지 않아도 상처받지 않고 자신을 알리지 못해 안달하지도 않는다. 말은 배우는 데 3년, 침묵은 60년 이상 걸린다. 고요함 속에서 진리를 찾는다.

잃는 것을 두려워하지 말아야 한다. 더 좋고 강한 새로운 것을 채우기 위해서는 과감히 비우고 지울 줄 알아야 한다(휴넷 조영탁) 청력을 상실하면 시각이 강화되고, 시력을 상실하면 청각이 강화된다. 상실과 결손이 위대한 창조를 만든다. 완전히 비워야 채워지기 시작하고, 바닥까지 내려가야 올라갈 일만 남았다.

호흡은 인간에게 허용된 유일한 자율신경 조절 수단이다. 심장이 뛰고 호르몬이 나오는 것은 의지로 조절할 수 없지만 呼吸(날숨 호, 들숨 흡)을 지긋이 바라보는 것만으로도 편안함을 유지하는 게 명상이다. 먼저 천천히 내쉬고, 나중에 천천히 들이쉬듯 먼저 버려야 크게 얻는다.

길을 잘못 들어섰다고 슬퍼하지 말라. 포기하지 마라. 삶에서 잘못 들어선 길은 없으니. 온 하늘이 새의 길이듯 삶이 온통 사람의 길이니(박노해 시인) 길을 잃는 순간 세상 지도를 얻는다. 나침반도 잃고, 목적지조차 가야 하는지 의문과 절박함에서 일어설 때 진정한 에너지를 얻는다. 바닥을 쳐야 일어설 수 있다.

새는 뼛속까지 비웠기에 높이 난다. 나무는 가지치기로 한정된 에너지를 집중시켜야 더 풍성한 꽃을 피우고 튼실한 열매를 맺는다. 강물도 자신을 버려서 바다에 도달한다. 선택과 집중이 성공의 핵심임은 누구나 안다. 책상, 옷장, 설거지, 일정, 사람 등 선택부터 해야 한다. 가슴이 뛰지 않는 물건과 일, 사람은 버려라!

외웠느냐? 그러면 따라서 할 수 있다. 잊었느냐? 그러면 창조할 수 있다(아인슈타인) 남들 따라

하면 잘해야 2등, 창조하면 내 분야 글로벌 1등이다.

무슨 일이든 창조적인 성취를 하려면 내 노력은 5% 미만, 주위의 도움은 95% 이상이다. 내 이익을 먼저 버리고 자꾸 나누면, 협조자들이 주변에 모여서 자기를 돕는다. (먼저 작게 자주) 버려야 (나중에 크게) 얻는다.

꽃이 아무리 화사해도 잎의 생명력보다는 못하다. 생명은 화려함보다 영속성이며 진지함이 특징이다. 잎은 뿌리로 올라온 물의 90%를 비운다. 비움과 채움을 진지하게 반복하는 잎은 생명의 표본이다. '비워야 채운다'는 진리이다. 기존 사고방식을 버려야 새로운 것을 얻는다.

일체를 보고자 하면 눈을 비워야 하고, 지혜를 깨우치고자 하면 마음을 비워야 한다. 뿌리가 줄기의 비워진 가는 관으로 절박하게 물을 빨아들여 잎으로 올리면 햇빛을 만나고 절대 시간이 지나면 열매(물 + 빛 = 에너지)가 만들어진다. 세상 모든 것은 완전히 비울 때 묘한 것이 나타난다(眞空妙有 진공묘유).

전혀 상관없어 보이는 것을 나란히 놓는 구조에서 창의성이 나온다. 다름을 최대화하는 최적 방식은 연령과 문화, 학문을 섞는 것이다(니콜라스 네그로폰테) 창의는 어느 순간 펑 나오는 게 아니다. 無心 상태에서 시간을 과거/현재/미래로, 공간을 확장/축소하다 나오는 생각을 융합하는 것이다. 무심(마음 비우기)이 핵심이다.

MOT(Moment of Truth)는 투우사와 소가 일대일로 대결하는 최후의 순간을 말한다. 15초의 짧은 순간이 회사의 이미지와 사업의 성공을 좌우한다(얀 칼슨) 틱톡이 15초 짧은 동영상 공유 서비스를 시작했다. 핵심은 15초 안에 즉각 결정하는 것이다. 바닷물을 다 먹고 짠 줄 아는 게 아니라 혀만 대보고도 바로 아는 것이다. 올바른 판단을 즉시 하려면 항상 비워야 한다.

기술

기계기술, 정보기술 등에서 '技術'은 좁은 의미다. 나눔기술, 신뢰기술, 사랑기술, 행복기술 등은 넓은 의미의 기술이다. 기술은 자기가 모르는 것을 머리로 배우고, 손발로 익혀서 물심 양면 가치를 창출하고, 남에게 쉽고 간단하게 가르칠 수 있어야 최고 수준이다. '기술'독립군의 기술은 인문학을 포함한 넓은 의미이다.

스마트폰이 의미 + 재미 + 수익까지 제시한다. 의미가 있으면 재미가 없고(교과서) 재미가 있으면 의미가 없다(주말 연속극) 의미와 재미가 있으면 대박이다. 거기에 수익까지 있다면 초대박이다. 2007년 아이폰 이후 세상은 융복합시대가 되었다. 시대 흐름에 낙오하면 쪽박이다.

바른 삶의 행복은 5W가 체계적으로 잡힌 것이며, 성공은 H가 있는 부분(How, How long, How Much)이다. 성공은 목표를 정한 상태에서 방법론, 기간과 비용이 필수이다.

육체 막노동 아닌 전문기술로 의식주를 해결하고, 먼저 나눔기술로 복을 짓고 덕을 쌓으며, 신뢰기술로 상대에게서 지속적 도움을 받으면 행복해진다. 기술은 모르는 것을 배우고 익혀서 생활에 활용하는 모든 것이다. 연애기술처럼 공학을 넘어 인문학에도 기술이 필요하다.

갓난아기는 의존한다. 울면 달랜다. 청소년은 스스로 일어서야 한다. 부모로부터 의존에서 정신 및 경제적 독립을 해야 한다. 독립한 후에 상호의존적 삶이 바람직하다. 세상은 혼자만 살기에는 부적절하다. 그래야 상호의존적 창조력이 생긴다.

사각 돛배는 역풍에 돛을 내려서 뒤로 가는 것을 막아야 하지만, 삼각 돛배는 바람 방향과 나란히 만들어 베르누이 원리에 의해 지그재그 45도 방향 나아간다. 어려움(역풍)이 닥치면 걸림돌(사각 돛) 디딤돌(삼각 돛) 선택은 마음먹기에 달렸다. 제일 무서운 것은 무풍이다. 어려움을 즐겨야 성공한다.

과학기술 전문지식과 세상 보는 인문사회과학 지식의 융합에서 지혜가 나온다. 엔지니어나 세상 물정 담론자는 일부만 보고 전체를 꿰뚫는 지혜가 없다. 마음이 자기 발끝만 보면, 흔들리는 깃발을 볼 수 없다. 발끝도 보고 깃발을 흔드는 바람도 느껴야 한다.

데이터는 새로운 소스코드이다(젠슨 황 엔비디아) 근대 과학기술 시조 갈릴레이가 태양 흑점을 망원경으로 정형과 비정형 데이터화 하여 코페르니쿠스 지동설을 증명했다. 데이터가 가치 창출의 원동력이다. 돈이 되는 가치는 물과 영양분을 흡수하는 뿌리 데이터에서 온다.

실뿌리가 전체 나무(굵은 뿌리, 줄기, 잎, 열매)를 살린다. 나무를 옮겨 심을 때 잔뿌리를 보호하여야 나무가 살아난다. 새로운 토양에서 물과 영양분을 실뿌리가 힘껏 흡수해야 땅에 제대로 뿌리 박고 전체가 산다. 실뿌리의 완벽함이 열매를 만든다.

AI(인공지능)가 단순한 기계는 아니지만 인간인 것은 더더욱 아니다. Data가 모여 정보와 지식으로 가도 지혜를 깨우치기는 쉽지 않다. 우주 만물의 이치를 깨치고 행복을 누리는 것에 AI는 근본적 한계가 있다. 요리에는 신선 재료가 기본이듯, 좋은 데이터는 지식을 넘어 지혜를 깨치게 한다.

눈부신 날이었다. 우리 모두 불꽃이었고 모두가 뜨겁게 피고 졌다. 그리고 또다시 타오르려 한다. 동지들 남긴 불씨로. 잘가요 동지들. 독립된 조국에서. See you again(드라마 미스터 션샤인) 뺏길지언정 내어주지 말아야 한다. 뺏기면 다시 찾으려 이를 갈고 준비하는데, 그냥 주면 다시 찾기는 힘들다.

부자가 되려면 과학과 기술을 알아야 한다. 과학과 기술은 실험과 관측이 기본이다(아인슈타인) 주변 흐름을 잘 보면서 메모 습관이 체질화 되면 부자가 된다. 관측이 핵심이다.

대체 불가능한 인물이나 직책은 없다(해롤드 윌슨 영국 수상). 독재자에게 경구가 기술에도 그대로 적용된다. 독창기술이 있으면 독점사업이 가능하다고 믿지만 대체 불가능한 기술은 이 세상에 존재치 않는다. 나 혹은 내 기술 아니면 안된다는 사고가 자기를 파멸로 이끈다.

조선 동포여, 힘을 기르소서!(도산 안창호) 사람은 운동으로 체력을 키운다. 기술은 남의 것을 빼앗지 않고도 보다 큰 것을 가질 수 있다. 기술도 상대에 의존치 말고 스스로 힘을 키워야 한다. 기술도 '의존 → 독립 → 상호의존' 하려면 먼저 기술의존에서 기술독립이 되어야 한다. 한국인이여, 힘을 기르소서!

행복은 발생하는 것이지, 쟁취하는 것이 아니다. 바로 내 마음에서 발생한다. 확실한 행복 생산 원칙이다. 남 탓하는 순간 행복과는 멀어진다. 행복기술은 남 탓 아닌 내 탓임을 배우고 익혀서 내 것으로 만들면 된다. 기술은 학습이다.

인공지능 시대에 유머기술, 웃음기술, 칭찬기술, 사랑기술, 행복기술을 가져야 생존할 수 있다. 기술은 조금 더 좋게, 싸게, 빠르게(Better, Cheaper, Faster) 만드는 능력이다. 행복기술은 조금 더 좋고 싸고 빠르게 만드는 공부 방법이다.

지난 1천년간 인간의 최고 발명품은 구텐베르그 인쇄 기계이다. 인쇄된 성경을 대부분 문맹이었던 평민과 농노들이 읽지 못해 파산하자, 인쇄 기계 인수자가 수도원에 팔면서 면죄부를 인쇄하도록 제안하여 대박을 냈다. 아무리 좋은 기술이라도 고객이 필요한 것을 주어야 한다. 고품질 + 저가격 + 최고 서비스가 거래의 기본이다.

향후 30년 세계는 정보기술시대가 저물고 데이터 기술시대가 될 것이다(알리바바 마윈) 정합성 Data는 모순이 없고 목적이 있는 신뢰 Data이다. 쓰레기 데이터에서 벗어나 Data Technology가 향후 부와 성공을 가져온다. 뿌리(Data)가 튼튼해야 줄기(Information)로 물/영양분을 올려 열매(Performance 성과)를 맺는다.

남이 만든 과녁에 활쏘기 vs 먼저 활 쏘고 그 자리에 과녁을 그리기. 공통점은 활을 쏘는 실행이고 차이점은 표준 따라가기 vs 만들기이다. 세상의 이치를 깨치고 표준을 만드는 게 선구자이다. 전자의 무수한 시행착오 뒤에 후자가 나오는 게 세상 이치이다.

조선 민족이 살아남을 방법은 동이 트기 전 일어나기와 기록 좋아하기이다(실학 선구자 다산 정약용) 부지런함은 만사의 기본이고 기록은 있는 그대로의 사실과 자기 생각이 있는 의견으로 구성된 데이터이다. 과학기술은 사실의 기록으로 이루어진 맥락을 아는 데서 시작한다.

나무는 뿌리가 먼저 늙고 사람은 다리가 먼저 늙는다. 가지가 전부 부러져도 잔뿌리가 살면 나무는 다시 산다. 죽는 날까지 화장실 혼자 가도록 다리 힘 길러야 한다. 기술독립도 뿌리가 튼튼해야 이룰 수 있다.

아날로그는 크기/무게/가치/거래/공간이 있는 色(색)이고, 디지탈은 시공간이 없는 空(공)이다. 아나로그와 디지탈의 접점에서 IT가 시작되었다. Metaverse는 IT 종착지(畵龍點睛 화룡점정)이다. PC 혁명, 인터넷 혁명, 스마트폰 혁명이 용을 그렸다면 메타버스는 눈을 그려 넣어 용을 살아있게 만든다. 마을버스는 놓쳐도 메타버스는 잡아야 한다.

Boomer세대(1946-64년) X세대(1965-80년) M세대(Millennials 1981-96년), Z세대(Zoomer 1997-2012년) 알파세대(2013년 이후) 태어난 시점 디지털 기술 상황에 따라 Digital 원주민, 이주민, Analogue ('안할'로그)로 나뉜다. 80대도 디지털을 받아들이면 디지털 이주민, 20대도 자발적 행동 '안할'려고 하면 아나로그 세대다. 물을 강제로 먹일 수는 없다.

꿈참힘(3ㅁ)

도산 안창호선생이 설립한 흥사단의 금요개척자 강좌를 1971년 고등학교 시절 1년간 다니면서 '창조적 꿈을 가진 자기 인생 개척자는 참 + 힘의 CORE적 태도를 가지고 있다'를 안병욱 교수에게서 3ㅁ(꿈참힘)을 배워 자발적 행동을 하는 게 현재의 정구철이다. 참된 교육은 가능하면 일찍 배워야만 하는 이유이다.

꿈참힘(3ㅁ)법칙 : 꿈은 심장이고, 참은 동맥 + 모세혈관 + 정맥 핏줄이며, 힘은 피이다. 365일 24시간 가동되는 심장 펌프가 가동되지 않거나, 핏줄이 어느 한 곳이라도 터지거나, 피가 없다면 인간은 육체적으로 사망한다. 비전(꿈) 신뢰(참) 열정(힘) 어느 하나라도 부족하면 정신적 성숙에 가기 힘들다.

마음 + 몸 + 꿈 + 참 + 힘(5ㅁ) 마음이 창조주(인)이면 몸은 하인이다. 창조를 위하여 주인과 하인에게 공기, 물, 음식, 주위의 도우미가 꿈-참-힘이다. 인간이 참 태도를 가지고 꿈을 향해 실천하면 무엇이든 창조할 수 있다. 실행 99%가 핵심이다.

나무 뿌리는 마음, 줄기는 몸. 가지는 생각, 잎은 오감이다. 뿌리 + 줄기 + 가지 + 잎이 조화를 이루어야 열매를 맺듯이 인간도 마음 + 몸 + 생각 + 느낌이 균형이 잡혀져야 행복할 수 있다. 안 보이는 뿌리가 물과 영양분을 빨아야 성장하듯 안 보이는 마음을 다스려야 인간은 성장한다.

흔히 사람들은 기회를 기다리나 기회는 그동안 준비된 자기 실력으로 만드는 것이다(도산 안창호) 핵심 역량(힘)이 있고 장래에 이룰 꿈이 마음속에 있으며, 건강한 몸과 참된 태도가 있으면 무슨 일이든 시간이 걸릴지라도 반드시 성공한다(꿈참힘몸마음-5ㅁ).

꿈-참-힘-몸-마음(5ㅁ)은 인간 삶의 필요(실리)조건과 충분(명분)조건이다. 꿈을 갖고 참 태도 품격으로 힘을 키우는 것은 필요조건(3ㅁ)이며, 몸(개체)과 마음(전체) 관계까지 충분조건으로 깨우치면 자연과 인간을 사랑하고 존경하게 된다.

바람직한 인간 조건인 5ㅁ(꿈-참-힘-몸-마음)은 올바른 나무와 같다. 눈에 보이지 않는 마음은 뿌리, 물과 영양분 통로인 줄기는 몸, 가지는 꿈, 햇빛과 이산화탄소를 갖고 산소를 내뿜는 잎은 참, 열매는 힘이다. 뿌리가 썩으면 나무도 죽고 인간도 황폐해진다.

명저는 언제나 지루한 부분이 있고, 위인은 하나같이 지루한 기간이 있었다. 위인 업적에의 내공은 지루함을 활용하는 데서 나온다. 지루함은 쉬면서 인생의 큰 꿈을 꾸고 힘을 발휘하도록 준비하는 참 태도로 신뢰를 형성하는 시공간이다. 꿈참힘(3ㅁ)은 위인에의 길.

나무는 30미터 까지 뿌리압, 줄기 모세관, 잎 증산작용(잎 뒷면 기공으로 기체 배출)으로 물 90%를 증발하면서 힘껏 당긴다. 잎은 살아있는 생명이며 비워야 채우는 진리를 가르친다. 땅속 깊숙이 뻗는 뿌리(마음) 줄기(몸) 잎(참 태도) 힘껏 하늘로 뻗는 가지(꿈)로 열매(힘) 맺는다. 인간과 나무 모두 5ㅁ으로 구성된다.

우주선은 방향을 끊임없이 찾고 3단 추진 로케트(참-호기심 Curiosity, 개방성 Openness, 희생정신 Risk-taking)가 화염(힘 Energy)을 뒤로 해야 대기권을 벗어날 수 있다. CORE를 기반으로 한 꿈참힘(3ㅁ)이 핵심이다.

꿈참힘(3ㅁ)을 가진 민족은 멸망할 수 없다(안병욱 교수) 독립운동가 안창호의 "동포여! 힘을 기르소서" 외침은 지금에도 그대로 적용된다. 1년/3년/10년 꿈을 종이에 적어 보자(To-Be 역할, To-Do 책임, To-Have 소유).

조선 동포여, 꿈을 갖고 참된 태도로 힘을 기르소서! 이것만이 일제 노예 상태에서 나올 수 있습니다(도산 안창호 3ㅁ) 꿈이 참에 부딪치면 힘이 생긴다. 참된 태도란 '콩 심은 데 콩 난다'라는 절대 긍정 마음 자세이다. 대개 사람들은 콩 심고 수박 열리기를 바란다.

자기를 이겨야 진짜 강자이다(노자) 외부 시선에 얽매이고 남과 비교하여 더 나아지려는 것은 불행을 스스로 만드는 것이다. 하고픈 일을 꿈으로 정하고, 참 태도로 힘내어 어제보다 더 나은 자신을 만들면 몸은 힘들어도 가슴 뿌듯한 행복을 매 순간 느낀다.

강하지 않으면 살아갈 수 없고, 마음이 따뜻하지 않으면 살아갈 자격이 없다. 강함과 따뜻함은 선택이 아닌, 둘 다 갖춰야 하는 필수품이다. 능력(힘)은 지속적 강하게 키워야 하고, 성품(참)은 상대를 따뜻하게 사랑하도록 키워야 한다. 꿈이 더한다면 금상첨화이다.

참된 사람은 한결같이 개성을 유지하여 역할에 충실하고, 된장은 다른 음식과 섞어도 맛을 잃지 않는다. 된 사람은 올바르지 않은 것에 오염이 안 되고 오히려 주변인을 정화하는 데 된장이 몸에 안 좋은 기름기 제거하여 예방 치료하는 것과 같다. 꿈과 참(됨) 가지면 힘 생긴다.

확신을 가지기 위해서는 힘이, 의문을 갖기 위해서는 용기가 필요하고, 조화를 이루기 위해서는 힘이, 전체의 뜻을 따르지 않기 위해서는 용기가 필요하다. 진정한 용기는 힘을 바탕으로 거절할 수 있는 용기이다. 대부분은 힘이 없기에 상대의 무리한 요구를 거절하지 못한다.

힘은 가능성을 현실로 바꾸는 속도이다(Tracy Goss) 막연한 꿈(1%)을 현실로 바꿀 수 있는 것은 힘(99%)에 의한 실천이다. Head(지식)에서 33cm 떨어진 Heart(지혜)가 작동되어 Hand + Leg로 움직여 현실화 되면 Health/Happiness하다(4H).

저 멀리 신호등이 빨간불일 때 뛰어야 한다. 파란불로 바뀔 것이라는 걸 알기 때문이다. 빨간 불이 켜져 모두가 위험하다고 안 가는 곳이라도 확신 있다면 조만간 바뀔 때를 예상하고 달려야 한다. 성공 전제는 가고자 하는 방향이 올바르고 뛰어가는 방법이 맞아야 한다. 태도(참)와 방향(꿈)과 방법(힘)이 핵심이다.

99% 사람들은 현재 기준으로 미래를 예측하고 1% 사람들은 미래 기준으로 지금 해야 할 일을 결정한다. 당연히 1% 사람이 성공한다(간다 마사노리) 꿈을 먼저 정하면 꿈을 달성하기 위해서 지금부터 해야 할 일을 단기/중기/장기로 나누어 계획하고 실천하면 된다. 명확한 꿈이 있으면 실천이 뒤따르기에 성공하는 것이다.

꿈꾸는 것은 무료, 꿈으로 나가는 여정은 시간과 에너지가 필요한 유료다. 꿈을 실현하려고 날마다 극기력을 발휘하며 끝까지 버텨 낼 각오가 있어야 한다. 성공하려면 문제가 있어도 결코 포기하지 않겠다는 마음가짐과 다시 일어서는 힘, 끝까지 버텨내는 힘, 그것이 바로 승자의 자질이다. '즉시 반드시 될 때까지' 하면 무엇이든지 이룬다.

믿음이 있는 것은 젊음이고, 의혹이 있는 것은 늙음이다. 자신이 있다는 것은 젊음이고, 두려워하면 늙음이다. 희망이 있다는 것은 젊음이고, 절망을 느끼면 늙음이다(가오위엔) 늙음과 젊음의 차이는 나이와 세월이 아니라 열정과 희망, 호기심과 도전의 유무 상태이다.

경험은 과거, 핵심역량은 현재, 꿈은 미래다. 꿈은 자신이 잘하는 것(역량) 하고 싶은 것(열정) 사회가 원하는 것(시대정신) 옳다는 확신이 드는 것(양심)을 정리정돈한 것이다. 하늘을 우러러 부끄럽지 않을 일을 온몸으로 할 수 있는 것만으로도 행복함을 느낄 수 있어야 한다. 할 수 있는 힘(역량)

도 없으며 꿈만 꾸면 망상이다.

수확 희망이 없다면 농부는 씨를 뿌리지 않고, 이익 희망이 없다면 상인은 장사를 하지 않는다. 좋은 희망을 품는 것이 그것을 이룰 수 있는 지름길이다(마틴 루터 킹) 사람의 몸은 심장이 멈출 때 죽지만 사람의 영혼은 꿈을 잃을 때 죽는다. 잘살기 위해 꿈과 희망을 가져야 하는 이유다.

누구든 熱情에 불타는 때가 있다. 어떤 사람은 30분 동안, 또 다른 사람은 30일 동안, 인생에 성공하는 사람은 30년 동안 열정을 갖는다(노만 빈센트 필) 억지로 시켜서 하는 일을 30년 지속하기는 어렵다. 진정으로 좋아하고 즐길 일을 찾아야 한다. 어떤 상황에서 돈보다도 가슴이 먼저 뛴다면 그게 열정을 태울 일이다. 시행착오 거치면서 가슴 뛰는 일을 찾는 게 우선이다.

성공은 키, 체중, 학력, 집안 배경에 따라 정해지지 않고 생각의 크기에 따라 결정된다(록펠러가 아들에게 보낸 편지) 꿈참힘에서 꿈이 전제되지 않으면 참, 힘도 큰 역할을 못한다. 자기가 잘할 수 있는 그리고 하고 싶은 일에의 꿈을 갖자!

지도 앱 켜고 목적지와 이동 수단(승용차, 대중교통, 도보)을 넣으면 교통량을 참조하여 예상시간이 나온다. 행복도 마찬가지다. 올바른 방향과 방법이 있어야 한다. 택시기사에게 "그냥 좋은 데 갑시다"라고 한다면 미친 놈 취급을 받는다. 인생의 목적지가 꿈이다. 상황에 따라 목적지가 바뀔 수 있지만 일단 꿈이 있어야 한다.

위대함은 상대와의 지위나 재력 비교에서 나오지 않는다. 자신만의 별(존재)을 발견하고 그것에 집중하고 몰입하면 이룬다. 마라토너가 결승점을 향해 죽을 힘을 다해 달리듯, 분명한 인생의 목적지를 정하고 몰입하면 자기만이 뿜어내는 Aura가 생긴다. 자기만의 분명한 꿈이 있어야 하는 이유다.

나이, 직책 등 권위에의 복종하는 정체성 상실로 인해 구글에서는 한국/일본/중국인이 경영진이 되기 힘들다(구글 인사전문가 황성현) 자기 약점을 내보일 수 있는 것은 자신의 꿈참힘(3ㅁ)인 정체성이 있기에 모든 일에 자신이 있는 것이다. 3년 후 자기 이력서를 미리 쓰는 연습이 지속적 자기 성장을 이룬다.

智德體(지혜 도덕 체력)는 성숙한 민주 시민의 교육 목표이다. 머리로는 지혜를 깨쳐 '꿈'을 갖고, 마음(가슴)은 밝게 하여 '참'되게 하고, 몸은 '힘'을 길러야 한다(도산 안창호-꿈참힘 3ㅁ) 개인뿐만 아니라 조직 및 국가에도 적용된다. 꿈참힘이 공유된 회사가 선진 기업이고, 국민 개개인이

3ㅁ을 가질 때 선진국이 된다.

하루 24시간 중 0,1%는 104초이다. '매일' 0.1%씩 자기 자신을 성찰하고 갈고 닦으면 1년이면 144%, 10년이면 3,840%가 축적된다. 돈도 복리가 큰 힘을 발휘하듯 곱셈이 아니라 지수이기에 폭발적으로 증가한다. 무슨 일이든 10년 '목표'를 세우고 가면 고수가 된다. 올바른 방향(목표)과 올바른 방법(꾸준함)이 핵심이다.

무능력자는 잘하게 만들 수 없고, 능력자는 조금 잘하게 할 수는 있으나 무척 어렵다(30년 IT개발자 박종천) 인간은 원래 변화를 거부한다. 수입이 없어 바닥에 떨어지면 살기 위해 무조건 변한다. 무슨 일이든 죽기 살기로 한다. 외부 요건 아닌 자발적으로 자기를 극한에 떨어 뜨려야 한다. 큰 꿈이 있고 열정이 있으면 한계를 극복한다.

꿈은 변화의 동력이며 위력이 있지만 그 자체는 무용지물이다. 작가가 되려고 꿈꾸지 말고 글쓰기를 시작하고, 기업가가 되려면 뭔가를 시작하라(해라 마라노) 꿈을 천지인(시간 공간 인간) 관점에서 구체화 시켜야 목표가 된다. '언제까지, 어느 분야에서, 누구와 함께 무엇을 하겠다'가 목표이다. 사업도 공부도 절박한 목표가 있어야 이룬다.

중요한 것은 일정표의 우선순위가 아니라 인생의 우선순위를 정하는 것이다(스티븐 코비) 보통사람은 인생의 소명이 없는 상태에서 아침에 깨어나서 할 일이 없어 지옥과 같은 하루하루를 보낸다. 잘해서 60세 정년 마쳐도 40년을 더 살아야 하는 시대가 되었다. 미리 좋아하고 즐길 평생 직업을 찾아야 한다.

건축가의 인생에서 가장 중요한 것은 지식이나 기술이 아닌 정신적 건전함과 꿈을 지속할 힘이다(안도 다다오) 건축뿐만 아니라 모든 분야 거장들 공통점이다. 자기만의 목표와 꿈이 있고, 매 순간 열심히 살아 어제보다 나은 오늘을 만들고, 죽는 날까지 유지할 내공(힘)이 있다. 뛰어난 사람은 많지만 죽는 날까지 정진하는 사람은 드물다.

소년이여! 야망을 품어라(서양 격언) 뇌는 생물이 환경에 적응해 살아가기 쉬운 프로그램을 만들기 위해 존재한다. 목표가 달성되면 두뇌는 활동을 멈추고, 뇌 활성화가 둔화된다. 60세 나이도 무엇이든 결심하는 순간 청년이 된다. 큰 목표를 만들고 도전해야 진정한 청춘이다. 20세 노인보다 80세 청춘.

원하는 목표보다 10배 큰 목표를 설정하라(10배의 법칙) Boys, be Ambitious(청년이여, 야망을 품어라) 3m 다트 과녁보다 태양을 맞추겠다는 꿈이 있으면 3km를 맞추는 저격수가 된다. 꿈 크기에 따라 행동 에너지가 무상, 무한 공급된다. 모든 게 마음먹기 달렸다. 다함께 잘사는 세상을 만든다(예시).

누워만 계시는 93세 어머니를 24시간 돌보면서 獨立(홀로 일어섬) 自立(자기 스스로 일어섬) 단어를 머리 아닌 가슴으로 뼈져리게 깨우치다. 말로만 기술독립, 에너지자립이라 하지만, 행동으로 일어서는 절대 힘이 필요하다. 어머니! 스스로 일어서도록 다리 힘을 키우소서.

최고수는 자기 분야 에베레스트산 정상에 있는 사람이다. 고수는 백번 싸워 백번 이기지만 최고수는 싸우지 않고 이긴다. 고수는 즐거운 일을 찾아서 하지만 최고수는 주어진 일마다 즐긴다. 고수는 손님의 입맛에 맞추지만 최고수는 손님의 입맛을 바꾼다. 최고수 꿈을 꾸어야 고수라도 된다.

행복은 얻는 것이 아니라 일어나는 것이다. 주변 모든 일어나는 일을 긍정적으로 바라보면 행복할 수 있다. 대개는 자기 마음에 안 든다고 세상을 부정적으로 보기에 힘들고 불안해 한다. 세상은 그대로인데 긍정이냐? 부정이냐? 마음먹기에 따라 행복과 불행을 오간다. 긍정 씨앗을 뿌리면 행복 열매를 수확한다.

세월의 흐름은 피부의 주름살을 늘리나, 정열의 상실은 영혼의 주름살을 늘린다(사뮤엘 울만)비전, 정열, 희망, 용기는 죽는 날까지 가져야 할 인간의 덕목이다.

세상에 두 가지 C 인간형이 있다. 1% Creator와 99% Critic이다. 비판자는 창조자가 손과 발로 힘들게 한 일을 쉽게 머리와 입으로 비판한다. 세상은 결국 소수의 창조자가 이끌어 간다.

바람의 모습은 볼 수 없지만 나뭇잎 움직임으로 그 방향을 알 수 있다. 마음의 모습은 볼 수 없지만 그 사람의 마음의 움직임은 신언서판을 통해 나타난다. 身(얼굴표정, 탄력피부, 그윽한 눈빛, 아랫배에서 나오는 목소리) 言(말 약속) 書(요점쓰기) 判(지혜로운 판단력)은 인재 판단 기준이다.

거짓말을 하는 순간부터 비상한 기억력이 작동되기 시작한다. 한 사람을 오랫동안 혹은 많은 사람을 잠시 속일 수 있지만 많은 사람을 오래 속일 수는 없다. 정직이 최고의 덕목이다.

남 도움을 받아 일어서는 자는 어린아이, 남에게 빌붙어 자라는 것은 담쟁이, 남의 행동에 따라 변하는 것은 그림자, 남의 것을 훔쳐 자신의 이익으로 삼는 자는 도둑이다. 독립은 혼자서 일어나는 인간의 귀중한 덕목이다. 국가도 스스로 할 수 있어야 하인 아닌 주인이 된다.

사람에 대한 9가지 판단 기준(공자) 1) 먼 곳에 심부름 시켜 그 충성을 보고 2) 가까이 두고 써서 그 공경을 보며 3) 번거로운 일을 시켜 그 재능을 보고 4) 뜻밖의 질문을 던져 그 지혜를 보며 5) 급한 약속을 하여 그 신용을 보고 6) 재물을 맡겨 그 어짐을 보며 7) 위급한 일을 알리어 그 절개를 보고 8) 술에 취하게 하여 그 절도를 보며 9) 남녀를 섞여 있게 하여 그 이성에 대한 자세를 보는 것 등 종합적으로 판단하면 인간으로서 성공 유무가 보인다.

가족 포함 타인과 Win-Win 사고를 가진 성공자는 1) 성실성(말과 행동-언행일치) 2) 풍요심리(모든 사람들이 가질 것이 충분하다) 3) 성숙도(자기 생각 용기있게 표현하고 타인 감정에의 배려)하는 참된 태도가 있다.

부자가 되기 희망한다고 부자가 되는 것은 아니다. 부자가 되려는 태도와 능력, 열정이 있어야 한다. 전형필은 부자로서 일제시대 문화재를 사서 지킨 분이다. 돈의 유무, 물질적 문제가 아니라 돈을 어찌 쓸 것인가의 정신이 그 사람의 인품이다. 전형필처럼 돈에 대한 가치관을 확실히 가지는 게 정신과 물질 동시 부자이다.

청소년기부터는 경제적 자립, 노년기에는 육체적 자립을 해야 한다. 70%가 허리 아래 있는 근육이 중요하다. 부상으로 한 달간 일어나지 못하면 근육이 사라진다. 자립은 인간을 정신적, 육체적으로 인간답게 만드는 핵심이다.

성공과 행복한 인간 공통점(미하이 칙센트미하이 긍정심리학, 하워드 가드너 다중 지능, 윌리엄 데이먼 인간발달연구 석학 3인 공저 Good Work) 1) 자기 하는 일에 의미를 갖고 있다. 2) 일과 사생활을 조화를 이룬다. 3) 어려울 때 상의할 코치 한두명이 있다.

행복한 사람들의 공통된 특징은 1) 과거에 감사하고 2) 현재에 '나 아닌 것' 덕분에 내가 존재함에 설레면서 살고 3) 미래에 꿈이 있음에 열정을 가지고 있다.

긍정이란 대책도 없이 '모든 게 다 잘될 것이다'라고 하는 게 아니라 부정처럼 보이는 것에서 긍정 요소를 찾는 것이고 남들이 다 좋다고 생각할 때 다른 의견을 내는 것이다. 남들과 다른 해석을 할 수 있는 능력이다.

우리에게 필요한 용기는 영웅적인 것이 아니라 일상생활에서의 작은 용기이다. 배려는 잘하도록 학교에서 배우지만, 가족/절친의 불의에 거절할 용기를 가르치지 않는다. 인생관/목표에 어긋나는 거절에의 작은 용기는 성숙한 인간의 큰 조건이다.

사람이 어떤지 살피려면 1) 전체를 이롭게 하는가? 자기만 이롭게 하는가? 2) 동기가 순수한가? 불순한가? 3) 일할 때 즐겁게 하는가? 마지못해 하는가? 순수심으로 즐겁게 하며 전체를 이롭게 하는 사람과는 평생을 내기 걸어도 후회치 않는다. 같은 길을 가며 서로 의지하는 동지이기 때문이다.

말투로 사람이 평가된다. 의견을 말하면 되는데 이죽거리며 조롱하고 말장난하는 걸 재치가 있다고 착각한다. 말투엔 품성과 태도가 녹아 있다. 성품은 웬만한 노력으론 못 고친다. 비난하고 비꼬는 부정적인 인간은 곁에 둬서 좋을 게 없다. 물건도 사람도 정리정돈이 필요하다.

메타인지는 내가 나를 바라볼 수 있는 힘이다. 감정 속에서 헤매며 계속 슬프고 힘들 때 내가 지금 어떤 감정을 느끼고 있지?라고 생각을 하면 제3자 입장에서 나를 바라볼 수 있는 통찰의 순간이 온다. 자기를 남처럼 보면 고통이 있어도 '큰 문제가 아니네' 하며 편안해진다.

고수는 자기만의 탁월성 즉, 철학과 리듬, 문제해결 방식과 통찰이 있다. 이는 어떤 상황 속에서도 그들의 말과 행동을 통해 압축적으로 나타난다. 부자는 돈 버는 것을 넘어 돈 버는 이치를 깨친 사람이다. 부자가 되는 방법은 자기관리에 철저하고 치열하게 노력하며 타 분야와의 융합으로 새로운 것을 창출해야 한다. 부자를 만나야 부자가 된다.

우리가 가져야 할 힘은 우리 자신을 행복하게 하고 더 나아가 남을 행복하게 하는 힘이다(백범 김구) 기술독립으로 행복한 세상을 실현한다(기술독립군).

새가 날아오게 하려면 먼저 나무를 심어라(欲來鳥者 先樹木 욕래조자 선수목) 멋진 새를 잡고 싶은 꿈이 있다면 미리 힘을 키우고 나무를 심는 준비를 해야 한다. 준비하지 않고 새만 바라는 것은 진정한 꿈이 아닌 헛된 망상이다. 큰 꿈일수록 많은 준비가 필요하다. 홀로 행하고 게으르지 말며 비난과 칭찬에도 흔들리지 않으면 주변에 뜻을 같이하는 사람이 모인다.

비전이란 파랑새 꿈이 아닌 몸에 의한 상상 임신이다. 헛된 꿈은 머리에서 머물다 사라지나 진실된 목적에의 믿음 기반 비전은 머리에서 내려와 가슴에 씨 뿌리고 싹이 트는 상상 임신 체험을 제공한다. 똑똑한 뇌를 속이는 간절한 믿음만이 진실된 비전의 씨앗이다. 뭘 해야만 하는 목적은 명사(사장 등 직위) 아닌 동사(사랑 등 행동)로 해야 한다.

오케스트라 지휘자는 자기는 정작 아무 소리도 내지 않는다. 다른 연주자들로 하여금 소리를 잘 내게 하는가에 따라 능력을 평가받는다(벤 젠더) 일반 리더십은 다른 사람들 속에 잠자고 있는 가능성을 깨워서 꽃피게 해주는 것이지만 Self Leadership은 자기 꿈을 향해 스스로 움직이는 것이다.

꿈을 갖자. 원대한 꿈을 가져야 한다.

Tit For Tat(눈에는 눈, 이에는 이)은 현실 사회에서 인간관계 전략이다(신수정 코치) '선제적' 협력과 신뢰, 배반에의 즉각적 보복, 적극적 용서, 높은 전략적 명료성이 특징이다. 용서와 거절은 확고한 목표와 전략이 없으면 하기 힘들다. 용기있게 거절하지 않으면 인간관계 늪에 점점 빠진다. Give & Forget '먼저' 주고 잊어라.

맹인으로 태어난 것보다 더 불행한 것은 시력은 있으나 비전이 없는 것이다(헬렌 켈러) 비전은 마술이다. 무슨 일이든 이룰 수 있는 미래 가능성이며 크고 대담한 생각이다. 비전이 없다면 하루하루 삶은 캄캄한 터널을 지나는 것과 같다. 비전은 있되 상대 말을 경청하지 않으면 청각장애인과 같다.

개인과 조직에서 가장 중요한 게 가치관 경영이다. 미션, 비전 + 목표, 핵심가치로 구성된다. 차로 비유하면 미션은 차가 존재해야 할 이유(소명), 비전은 최종 목적지, 목표는 중간 경유지, 핵심 가치는 핸들, 엑셀레이터, 브레이크이다. 차가 목적지 없이 방황하면 연료만 소모되고 멈춰 선다. 인간도 조직도 마찬가지다.

젊은 날의 매력은 결국 꿈을 위해 무엇을 저지르는 것이다(앨빈 토플러) 꿈이 없으면 바람 부는 대로 물결 치는 대로 대충 살게 된다. 달력 나이가 많아도 꿈이 있으면 청춘이다. 20대라도 꿈이 없으면 80대 노인이다. 일단 나이에 상관없이 가슴설레는 꿈을 찾아야 한다. 그리고 한발 힘차게 내딛여야 한다.

대개 남 탓, 환경 탓 하며 산다. 정신 '의존' 상태다. 나와 '나 아닌 것'이 거미줄 연결 관점이 있다면 '모든 게 내 탓이다'라는 정신'독립' 상태다. 개인이 정신과 경제獨立(홀로 서기)을 해야 회사도 기술독립, 나라도 군사독립이 가능하다. 계속 의존만 한다면 정신-기술-경제-군사-정치 식민지 노예 상태다. 힘을 기르소서!

務實力行(무실역행)은 공리공론을 배척하며 참되고 성실하도록 힘써 실행한다(흥사단 정신). '역행'은 힘써 행하라는 말이 아니라, 행하기를 힘쓰라는 말로 실천을 강조한다. 도산 안창호가 역행을 통해 얻고자 한 것은 힘이다. 힘없는 조선말 실정을 보고 '힘이 독립의 기초요, 생명'임을 역설하였다. 개인도 국가도 힘이 있어야 진정한 독립을 한다.

백 년 나무는 태풍과 가뭄이 오지 않길 바라지 않는다. 조금 더 땅속으로 뿌리내려 흔들리지 않게 만들고 한 방울 물이라도 빨아들일 실력을 쌓는다. 품질(Better) 가격(Cheaper) 서비스(Faster) 관점에서 경쟁력 가진 생명체만이 지구상에서 살아남았다. 그대여, 힘을 기르소서!

하늘은 미치지 않는 곳이 없고, 땅은 받아들이지 않는 곳이 없으며, 사람은 두 가지를 갖추었기에 자기 '選擇'에 따라 능력을 발휘한다(天地人 핵심 사상). 핵심은 선택이다. 간절한 꿈과 목표를 가지게 되면 조금씩 능력을 키우게 된다. 아기가 바로 달리기를 못하듯이 두 발로 먼저 일어서고 걸어야 뛸 수 있다.

힘은 여러 종류가 있다. 생산력, 사고력, 관찰력, 분석력, 창의력, 융합력, 효력 등. 최고 역량은 '목표달성능력'이다. 목표(꿈)가 있어야 하고, 현실 인식이 전제되어야 하며, 내가 힘이 부족하면 신뢰를 바탕으로 남의 힘을 빌려야 한다. 각자 자기 꿈을 가지소서!

성공의 半은 죽을지 모른다는 절박한 상황에서 비롯되고, 실패의 반은 잘 나가던 때의 향수에서 비롯된다(아놀드 토인비) 절박함과 향수는 자기가 이 세상에 Why 태어났고, What을 위해 살아야 하는지에 대한 사명감의 유무에 달렸다. 30년 꿈이 있으면 열정이 연료가 되어 지치지 않는 소명 엔진이 된다.

꿈을 현실로 이루려면 미쳐야 한다. 미치는 것은 무아지경(완전한 몰입)이다. 세상 고통도, 자기 현실도, 자신마저 완전히 잊고, 그 일에 완전히 빠져들어 그 일과 내가 하나가 되는 것이다. 무아지경이 될 때 엄청난 집중력이 나오고, 자기에 대한 확신이 나오며, 진정한 행복과 즐거움을 경험할 수 있다. 일에 미쳐야 꿈을 이룬다.

우선순위 결정 원칙은 분석 아닌 勇氣다. 1) 과거 아닌 '미래'를 2) 문제 아닌 '기회'에 3) 평범 아닌 '독자성'을 4) 무난한 것 아닌 '변혁'이다(피터 드러커) 미래 기회에의 독자적 변혁은 Fast Follower가 아닌 First Mover만이 할 수 있다. 개인도, 기업도, 한국도 절박하게 용기 낼 때다.

꿈만 가지고 있으면 몽상가로 빠진다. 우선 혼자 스스로 할 수 있는 것을 하고, 하고픈 것을 위해 성품과 역량을 준비하고, 그다음에 가슴에 항상 품었던 반짝이는 30년 꿈을 실현하도록 하면 아무리 힘든 일도 즐길 수 있는 수준인 최고수가 된다. 성품과 역량 준비는 최소 10년이상 갈고 닦아야 한다.

나눔

심장이 콩팥에게 피를 공급하면서 선행, 봉사, 기부한다고 내세우지 않는다. 당연히 할 일을 하는 것이다. 자기 몸을 지구라고 비유하면, 나와 '나 아닌 것'이 유기적 얽혀 있기에 봉사가 아닌 실천, 기부가 아닌 나눔이다. 먼저 나눔 실천의 대표적 사례가 민속놀이 널뛰기이다. 상대를 먼저 하늘로 올려야 다음에 내가 하늘을 오른다.

'먼저 나눔'은 세상 불변 원칙이다. 呼吸(날숨 호, 들숨 흡)은 이산화탄소를 먼저 주어야 산소를 받을 수 있다. 콩을 먼저 땅에 주어야 백배 콩 열매를 수확으로 얻는다. 산소와 열매만을 받으려고 한다면 자연법칙에 어긋난다.

가감승제(+, −, ×, ÷)는 마음 터널(=)을 지나면 가⟷감, 승⟷제로 바뀐다. 자꾸 모으려고 하기보다는 빼서 몸과 마음을 비워야(−) 크게 얻는다(+). 시간, 재물, 경험 등 자기가 가진 것을 '먼저 나눔(÷)'을 실천해야 몇 배로 곱해져서(×) 돌아온다. 먼저 자기 몫 챙기기(+ , ×) 전에 상대를 배려해야 크게 얻는다.

낚시의 본질은 물고기 측면에서 보면 욕심에 의한 파멸이다. 눈앞 어른거리는 미끼를 혼자 덥석 먹는 순간 입에 바늘이 꿰어 죽는다. 고수익 다단계 사기의 본질과 같다. 적은 이익으로 부자가 되어야 한다.

성품은 성실, 배려와 용기, 풍요심이며 역량은 기술과 개념능력, 상호의존적 창조력이며 기술은 전문기술, 먼저 나눔기술, 남에게서의 신뢰기술으로 구분된다.

먼저 나눔기술은 사랑과 연결되고 신뢰기술은 지속적인 항산과 연결이 되고 전문기술은 일시적인 생산과 연결된다. 개념은 Easy & Simple해야 한다. Easy는 '이해하기 쉽게'이고 Simple은 '따라하기 좋게'를 의미한다.

상호의존적 창조력을 발휘함에 있어서 서로간의 역할과 책임(Role & Responsibility) 수익배분(Benefit Sharing)에 대한 부분이 축구선수 포지션/연봉 + 인센티브처럼 확실하게 정리되어야 되고

R&R이 정리되었을 때 1:1 CERRB(Core Competency 핵심역량, Expectation 기대사항 혹은 목표, Role & Responsibility, Benefit Sharing)로 정리되고 더 확장돼서 다자간 CERRB로 정리가 된다.

인간관계의 기본은 내가 상대에게 줄 게 있고 상대도 나에게 줄 게 있어야 한다. 오랜 관계의 본질은 주고 받음(Give & Take)이다. 한쪽에서의 일방적인 Give는 오래가지 못한다. 베풀 것이 있는 자기만의 내공을 쌓아야 하는 이유이다.

승자란 무언가를 배우고 깨친 후 기존 생각을 바꾼 사람이다. 아인슈타인 포함 역사상 위대한 인물은 자기 부정의 과정을 거친다. 비움이 채움이다. 보통 사람은 채워져 있는 지식. 명예, 권력, 돈을 지키려고 허덕이다 결국 잃는다. 버리고 나누는 것이 결국 크게 얻는다.

복지정책 성공은 많은 사람에게 보편적 복지 배분이 아닌 얼마나 많은 사람이 복지에서 탈피하느냐에 달렸다(레이건 대통령) 의존에서 독립을 거쳐 상호의존하는 관계가 되어야 경제적 창조로 진정한 자유인이 된다. 상호의존 기본은 신뢰이며 오랜 시간을 필요로 한다. 인간관계와 포도주는 오래될수록 좋다.

마음, 재물, 시간 비우기는 그것들을 버리거나 나누는 것이다. 완전히 버리기는 어려우나, 나누기는 비교적 쉽다. 재물과 시간 기부는 자신의 남는 것을 타인에게 나누는 한정 특성이 있으나, 마음 나누기는 무한정이다. 인류의 스승들은 마음 나누기의 최고수들이다.

성공한 이유를 물으면 겸손한 사람은 대개 운이 좋았다고 한다. 최고 선물은 돈을 주는 게 아니라 좋은 사람을 먼저 소개하는 것이다. 운은 주변 인맥 도움이다. 도움은 널뛰기처럼 상대를 먼저 도와야 다음에 나도 올라간다.

福은 짓고, 德은 쌓아야 한다. 복은 衣食住와 덕은 知好樂과 관계가 있다. 입고 먹고 사는 의식주는 생활에 직접 관계하고, 알고 좋아하고 즐기는 지호락은 하는 일을 주변과 나누는 간접적 관계다. 德分은 베풀어준 은혜와 도움으로 '나눔'이 기본이다. 아는 것을 나누고(배워서 남주자) 좋아하고 즐기는 것을 나누는 것이다.

덕이 재능을 이긴다(채근담) 德은 재능의 주인, 재능은 덕의 노복이다. 재능이 있어도 덕이 없으면 주인 없는 집안에 노복들끼리만 살림을 하는 것과 같다. 천재적 두뇌로 기술이 아무리 좋아도, 덕이 없으면 주춧돌 없이 기둥과 지붕을 세우는 것이다. 덕은 받은 은혜의 나눔이다. 덕분(德分)입니다.

사람 마음을 잡기가 어렵지 않다. 사랑하면 가까워지고, 이익을 주면 모여들며, 칭찬하면 부지런히 일하고, 비위를 거스르면 흩어진다. 가족을 포함하여 모든 이해관계자를 사랑하고 먼저 이익을 주면 마음을 얻는다. 사회문제는 이해관계자 밥그릇 싸움이다. 먼저 나눔 정신으로 다가가면 진심이 통한다.

도(道 How)

기도는 듣는 것이다(테레사 수녀) 기도할 때 처음에는 기도가 소원을 말하는 것인 줄 생각한다. 점점 더 경지에 이르면 기도는 결국 듣는 것임을 깨닫게 된다(키에르케고르) 경청은 마주 보는 사람과의 대화 이전에 기도를 통한 자기 내면의 소리를 듣는 데서 시작한다.

소원 해결 방법이 나이에 따라 다르다. 갓난애는 자지러지게 울면 해결된다. 철부지는 부모에게 무작정 떼를 쓴다. 청소년은 대개 당당하게 요구한다. 장년은 논리로 설득한다. 노년에는 절대자에게 기도한다. 소원성취가 확실한 방법은 갓난애처럼 울면서 절박하게 기도하는 것이다. 절박해야 이룬다.

물에 빠져 허우적대다 살아남은 사람에게 수영을 어찌 배웠냐고 묻는다면 기억을 못한다. 죽지 않으려 필사적으로 움직이다 물에 뜨고 살아났을 뿐이다. 절박해야 산다. 공부도 사업도 절박해야 이룬다. 주변 상황이 편안하면 자기를 스스로 절박하게 만들면 된다. 일단 '큰' 꿈 갖고 이루려고 즉시 행동하면 된다.

하루 가운데 진짜 의미 있게 사용할 수 있는 시간은 겨우 한 시간 정도이다. 성과를 달성하려면 첫째도, 둘째도 셋째도 집중, 또 집중해야 한다(피터 드러커) 집중하려면 整理整頓이 기본이다. 정리는 불필요한 것은 과감히 버리기, 정돈은 필요한 것을 우선순위에 따라 제자리에 놓는 것이다. 물건, 시간, 인간관계 모두가 정리정돈 대상이다.

바퀴를 발명하지 마라(기술 격언) 자연계에 존재치 않는 것을 새롭게 만든 게 바퀴다. 바퀴를 適用해 수레를 만들어 인간 생활이 풍요로워졌다. 스마트폰에 App(lication)을 자연스레 이용하듯 미래는 '적용' 시대다. 이미 만들어진 것을 또 만들려고 고생하지 말고 거인의 어깨 위에 올라타야 한다.

집 주소 묻는 기자에게 아인슈타인은 수첩을 보며 "적어두면 찾는데 뭐하러 머리속에 둡니까?" 하며 알려주었다. 필요한 것을 빨리 찾는 시스템을 가진 사람들은 세상에 큰 흔적을 남긴 메모광이었다(에디슨, 링컨, 이병철 등) 메모는 정리(불필요한 것 버리기) 정돈(필요한 것 제자리에 두기)이 핵심이다. 머리는 집중할 일에만 쓰자.

사업에서 돈은 휘발유가 아닌 윤활유다. 엔진이 작동하려면 윤활유가 필수이나, 윤활유를 태워 엔진을 돌릴 수는 없다. 사장의 열정과 아이디어가 사업의 휘발유다. 창업은 열정과 아이디어로 시작하는 것이고, 돈은 윤활유처럼 필요한 것 중 하나이다. 1백세 시대에 호기심과 열정은 필수이다.

자전거 타려면 작동 원리, 바퀴 크기, 체인의 동력전달 과정을 공부하고 타지 않는다. 일단 타보고 흥미가 생기면 전문가를 찾아가서 배우거나, 돈 주고 위임하면 된다. 부동산, 주식 투자, 직업도 마찬가지다. 일단 해보면, 할지 말지 방향이 잡힌다. 시행착오 없이 단번에 되는 일은 없다. Just Do It(일단 그냥 해봐)

후회는 타인 때문에 이익을 놓친 억울한 마음이고, 반성은 자신 때문에 관계와 양심을 버린 것을 가슴 아파한다. 후회보다는 반성이 많아질수록, 남 탓보다는 자기 탓으로 뉘우칠 때 인간은 성장하고 성숙해진다.

헌신과 참여의 차이는 베이컨과 달걀인 아침 식사와 같다. 닭은 달걀로 참여했지만, 돼지는 완전히 몸을 바친 것이다. 안중근 의사의 헌신처럼 죽을 수는 없다면, 몸이 녹다운 되더라도 다시 일어서겠다는 강력한 약속이 리더의 헌신이다. 리더가 쓰러져 좌절하면 조직은 한순간에 무너진다.

심장이 콩팥에게 아무런 조건없이 피를 공급한다. 콩팥이 살아야 심장도 살 수 있다. '나'와 '남'의 관계도 같다. 기부가 아니라 나눔이고, 봉사가 아니라 실천이다. 태초에 말씀이 아닌 행동이 있었기에 우주가 존재한다. 끊임없이 피를 공급하는 '즉실천'이 최고 덕목이다.

바람직한 人間관계는 변화(時間)시키며 변화되는 관계(空間)이다. 인간 + 시간 + 공간 → 三間의 속성이다. 부부가 오래 살면 닮아가고, 우정어린 오랜 친구는 말투와 성격도 서로 닮아 간다.

아는 것보다 좋아하는 게, 좋아하는 것보다 즐기는 게 낫다(知 < 好 < 樂 논어) 지호락-비교하는 것보다 설레임이 바람직하다. 새벽에 일어나면서 설레는 마음으로 오늘은 무엇을 알고 좋아하고 즐길까를 고민한다면 80대 노인도 10대 청춘을 능가할 수 있다. 인생 최고 목적은 죽는 날까지 설레이면서 성장하는 삶이다.

물가에서 누가 갑자기 밀어 빠졌을 때 "누가 날 빠트렸나?" 하고 화부터 내지 않는다. 생존을 위해 즉시 실천으로 손발을 움직여 물가로 나오려 하지, '언젠가 나갈거야' 하지 않는다. 모든 일은 절박해야 성공한다. 지금이 편안한 상태라면 항상 위험한 경계선에 자기를 두어야 한다.

꼬르륵 소리 즐겨라! 인간이 배부른 시절은 50년 정도 밖에 안된다. 적게 먹고 많이 움직이는 게 6백만년을 살아온 방식이다. 꼬르륵 소리는 면역력이 생기며 몸속 노폐물이 사라지는 소리이다. 육체적 꼬르륵 뿐 아니라 정신적 꼬르륵이 호기심이고 5W1H이다.

인간은 본능적으로 3개 이상 선택할 상황이 되면 혼란에 빠진다. 주변 환경과 몸(비만), 마음(욕심)의 청소가 기본이다. 청소를 하면 해야 할 일이 눈에 보인다. (부, 명예, 학문, 예술) 성공자는 선택과 집중의 달인이다.

道(도)란 自發的 行動(자발적 행동)이다. 자기가 무엇을 왜(What, Why) 해야만 하는지 스스로 마음이 일어나 행동하는 것이다. 도반은 같은 길을 가는 동반자이다. 도반이 많은 사람이 성공한다.

지구상 어떤 일이 일어나도 자기 생각이 그곳에 없다면 자신의 세상에는 존재하지 않는다. 호흡에 의식을 두어 생각이 지금 여기(Now & Here)에 머물러 있다면 늘 항심(평정심)할 수 있다. 호흡은 잎과 같아 산소, 이산화탄소를 들이 내쉬고, 마음은 뿌리와 같아 영양분인 지혜를 얻는다.

부탁은 상대방에게 의사 결정권이 있고, 선택은 나에게 결정권이 있다. 하고 싶은데 안된다는 말은 핑게일 뿐, 현재의 혜택이 많아 고수하는 것이다. 시간, 돈, 권력 가진 기득권자가 온갖 이유를 들어 제도 탓만 한다. 넉넉한 시간을 가진 실업자도 결정권이 자기에게 있는 줄 모르고 남 탓만 한다.

아무리 싫은 일이라도 일단 시작하면 자연스레 그 일의 흐름을 타서 차츰 몰입하게 되고 그러면 어느새 나도 모르게 좋아지게 된다. 남다른 의욕이 있어서 시작하는 게 아니고 시작하면 의욕이 생기는 것이다. 이게 신기한 뇌의 특성이다.

심장이 오늘 깨달은 것, 머리는 내일쯤 가서야 이해한다. 지성보다 감성이 손발을 움직이게 하는 즉실천 태도가 정신/육체의 건강을 가져온다. 인간 구성요소가 목표와 조화를 이루는 것이 행복이다.

상대가 밀어뜨려 물속에 빠졌을 때 이유를 찾거나, 상대를 욕하기 전 살기 위한 필사적 몸부림을 한다. 공부도 사업도 절박해야 한다. 살기 위한 절박함이 4차 산업혁명과 경제위기 파도 속에서 생존할 수 있다. 꿈과 절박한 행동만이 살길이다. 살아야 행복할 수 있다.

인간이 자발적 행동 변화 조건은 채찍과 당근이 동시에 공존할 때이다. 노예로 뙤부리다 채찍 맞는 것보다는 힘들지만 장래 행복한 삶이 예정된다면 인간은 누구나 후자를 선택한다. 공포와 이익을 동시에 제시하는 대표적 사례가 보험 마케팅이다. 자발적 행동으로 계약하고 돈을 낸다.

공부는 聞(問)思用(문사용) 방법이 최선이다. 우선 잘 들어(聞)본 후 (외부 및 내부 영감에게) 묻고(問) 생각한(思) 다음 실제 해보아야(用) 한다. 안내자(스승, 멘토, 코치)를 잘 만나도 애매모호한 것을 자기가 직접 확인하고 확신하려면 작용 > 사용 > 적용 > 활용 > 애용 > 실용 > 상용 단계를 거쳐야 한다. 스마트폰 Application(앱)도 실행을 전제로 한다. 공부는 실천이 핵심이다.

80세 1년간 아무것도 안 하고 놀았더니 죽기보다 힘들었다(김형석교수). 일한다는 것은 살아있다는 확실한 증거이다. 죽는 날까지 연주할 일을 있는 비엔나 필하모니 종신단원 같이 자기가 즐기는 일을 하면서 수입도 있는 상태가 항산항심이다.

상상하지 말고 관찰하라. 마음을 캐는 방법은 사물이 아닌 사람을 먼저 보는 것이다. 무작정 그냥 상상하면 실제를 볼 수 없다. 사람과 그 주변 사물을 관찰하면서 상대의 감정 흐름을 데이터화 하는 것이다. 무엇을 좋아하나? 어떻게 도와줄까?

보통 사람들 기도 목적은 절대자(하느님, 예수님, 부처님)에게 자기 소원(취업, 학업, 명예, 돈벌기)을 성취하게 해달라고 빈다. 하지만 기도는 자기가 창조하는 주체임을 깨우치는 관점 이동이 주목적이다. 관점이 바뀌면 생각이 바뀌고, 생각이 바뀌면 행동하여 이루게 된다. 입과 생각 아닌 행동만이 창조한다.

성공자는 역할에 따른 실행, 실행에 따른 책임, 성과평가에 따른 이익 획득 과정을 겪은 사람이다. 손과 발로 실행하는 사람을 Creator, 입과 머리로만 하는 사람을 Critic라 한다. 세상을 이끌어가는 것은 결국 창조를 실행하는 Creator이다.

Life is a sum of all your Choices(알베르 까뮈 프랑스 작가) 인간은 태어나서(Birth) 죽을 때까지(Death) 선택(Choice) 속에 산다(B → C → D) 순간의 선택이 10년을 좌우하고(가전제품 광고카피) 배우자 선택이 자기의 일생을 결정한다. 무엇이든 선택할 때 3개 이내로 좁혀야 큰 실수를 안 한다. 인생관도 마찬가지이다.

친구와 포도주는 오랠수록 좋다(프랑스 속담) 남을 믿기에는 시간이 걸리지만 자신을 믿기는 쉽다. 첫 마음 바꾸기인 초발심은 짐 실린 손수레 같아 처음에 밀기가 힘들지만 일단 움직이기 시작하면 쉽다. 자기가 좋아하는 일을 발심(發心)하고 꾸준히 정진(精進)하면 성공한다.

참(성 誠)은 하늘의 길이요, 참 되려고 하는 것은 사람이 길이다(중국 고전 중용).

칠흑같이 어두운 밤길을 등불 하나 들고 걸어가자. 주어진 환경을 원망해도 변하는 것은 없다. 딱 하나의 등불을 믿고 앞으로 나가면 반드시 길이 열린다(사토 잇사이, 일본 에도시대 유학자) 밤길은 고통스런 인생이고 등불은 올바른 가치관이다. 무엇이 중요한 나의 가치인가?

동기부여는 자율성을 갖고 스스로 성장한다. 느끼고 목적을 가질 경우다(Daniel Pink) 성공 결과의 99% 원인이 행동인 움직일 기회의 첫 단계는 진정으로 하고픈 마음이 일어나는 것이다.

한때 세계적 베스트셀러 '성공하는 사람들의 7가지 습관'의 저자 스티븐 코비가 파산했다. 수많은 사람들에게 영감을 끼친 코비에게 파산한 이유를 기자가 묻자 "책대로 살지 않았기 때문이다"라고 말했다. 머리와 손발이 따로 놀면 성공하기 힘들다. 올바른 방향이라도 올바른 행동이 뒷받침 되어야 성공한다.

사람을 이해하기는 양자역학 '원리'를 이해하는 것과 같다. 즉 '모른다'이다. 나 아닌 모든 사람은 그저 양자역학이다. 내가 옳다고 믿었던 사실이나 나에게 익숙한 사고방식으로는 남을 설명하고 이해할 수 없다. 받아들이고 외워서 '사용법'만 알면 된다. 서로 조심하고 배려하는 게 사람 제품 사용 설명서이다.

오징어 게임 대박! 노벨상 아직 왜? 노벨상은 결과라야 되지 결코 목표가 되어선 안된다(박만규 교수) 진정한 성공은 목표 성과가 아니라 도전 '과정'에서 나온다. 암기력과 응용력보다 '기본'을 지키고 10년 이상 지속해야 창의력이 나온다. Back to the Basics(인간)! Back to the Data(과학기술)!

Start with Why(Simon Sinek 책 제목) 信念을 가지고 시작하라. 신념은 100% 믿는 생각이다. 목숨을 걸 정도로 100% 믿어야 무슨 일이든 이룬다. 자연과 소통할 靈感이 있어야 신념이 생긴다. 영(감)성시대에는 How는 실천, What은 실천의 결과이다. Why-How-What 중에서도 으뜸은 실천이다.

희망이란 그저 행동하겠다는 선택이다(안나 라페) 자기가 창조적 주체임을 확신하면 신과 가족 등 누구에게 '부탁' 아닌 '선택'할 수 있다. 부탁은 의존이나, 선택은 자유의지 독립정신에서 생긴다.

희망이 있는 자유의지가 있으면 즉시 행동한다(즉실천) 의존에서 독립을 넘어서야, 상호의존으로 발전한다.

道人이란 밥 먹을 때 밥 먹고, 잠잘 때 잠자는 사람이다. 밥 먹으며 다른 생각 하고, 잠잘 때 걱정하며 뒤척인다면 올바른 생활인(도인)이 아니다. 순간순간이 보배인 줄을 알고 즐기는 수준이 되어야 평정심을 가질 수 있다. 바람에 휘날리는 깃발을 보면서 마음이 흔들린다고 느끼면 평정심 최고 수준이다.

FOMO(Fear Of Missing Out) 놓치거나 제외됨에의 두려움 사례는 마지막 탈출 피난선을 놓침과 메타버스 혁명 시대에서 낙오이다. 미래 걱정에서 오는 부정적 생각과 '두려움'을 이겨내는 것은 올바른 방향과 올바른 방법을 주변 스승에게 묻고 자기가 확인 및 확신하고 즉시 행동하는 것이다. 북극성을 발견했다면 일단 걸어야 한다.

다른 사람이 등 뒤에서 당신이 하는 일을 어떻게 평가할지 걱정한다면 당신은 프로이기를 포기한 것이다(피터 린치) 아마추어는 타인들 평가에 예민할지 모르지만, 진정한 프로는 비난과 칭찬에도 흔들리지 않는다. 정확한 자기만의 북극성을 향해 시행착오가 있더라도 '행동'하기 때문이다. 'Do' Right Things Right.

方便이란 '편'리한 '방'법이다. 상대방과 원활한 소통을 위해서는 (이해하기) 쉽고 (따라하기) 간단해야 한다(Easy & Simple) 초신자에게 어렵고 복잡해서는 소통이 안된다. 자기 수준 지식을 내리고 상대 눈높이에 맞추는 맞춤식 서비스가 방편이다. 눈높이 수학 뿐 아니라 모든 소통은 상대 수준을 알아 그가 이해하고 행동하겠끔 하는 것이다.

일찍 일어나 일터로 향하고, 좋은 것들을 배우고, 선량한 사람들에게 은혜를 베푸는 것, 이 세 가지 행동은 어떤 경우에도 후회를 낳지 않는다(이솝) 일찍 자고 일찍 일어나기, 선생님 말씀 잘 듣고 공부하기, 어려운 친구 도와주기 등 인생의 기초는 유치원에서 배우지만 그대로 행동하기는 어렵다. (즉시 + 반드시 + 될 때까지) 실천이 핵심이다.

공학자는 사회에의 책임을 중요하게 생각하고 What, Why, When 보다 How, Who, Where를 더 많이 생각한다(김충기) 과학이 시장에 진열된 많은 식자재라면, 공학은 그런 식자재 중에서 진짜 쓸모있는 것을 골라 요리하는 것이다. 누가 어디서 어떻게 하는지 구체적이다.

책상은 세상을 살펴보기에는 위험한 자리다(존 르 까레) 인생은 편안한 의자를 박차고 일어날 때 바뀐다. 60세 이전 퇴직 후 소파에 누워 TV 채널만 돌리기에는 1백세 시대에 남은 시간이 너무 길다. 우선 혼자서 할 수 있는 것부터 찾고 나서 하고픈 일을 해야 한다. 주변에 전적으로 의존하는 순간 미운 오리 새끼가 된다.

청년이 요청했다. "먼길을 떠나는데 좋은 말씀 부탁드립니다." "한눈 팔지 말고 똑바로 가시게"(경봉 선사) 인생의 먼길을 가는데 목표가 있는가? 방향을 잡았으면 하나씩 해가면서 정진할 수 있는가? 올바른 방향과 올바른 방법을 '실천'하는 게 핵심이다('Do' Right Things Right).

거북이가 토끼를 이겼던 것은 결코 그의 걸음이 빨랐기 때문이 아니다. 토끼는 경쟁 '상대'로 보았고, 거북은 자신만의 '목표'로 본 덕분이다. 세상에는 '느린 토끼'도 있고 '빠른 거북'도 있지만, 삶에서 중요한 건 '속도'가 아니라 '방향'이다. 낙타가 사막을 횡단할 수 있는 것은 '천천히' 걷기 때문이다.

경영 목적은 사람들이 成果내는 능력을 발휘하게 하는 것이다(피터 드러커) 모든 비즈니스는 People Business다. 기업은 사람에 의한, 사람을 위한, 사람의 조직이다. 이를 제대로 인식하지 못하면 실패가 시작된다. 리더가 말 아닌 행동으로 솔선수범하고, 소통하고, 사랑으로 사람 성장에 적극적 관심을 가지면 '성과' 내는 '자발적 행동'을 한다.

바닷물의 짠맛을 내는 소금의 양은 2.071%에 불과하다. 남미에서 한 마리 나비의 날갯짓이 미국 북쪽 지역에 태풍을 불러올 수 있으며, 강원도 태백의 검용소 연못의 물 한 방울에서부터 한강이 시작된다. 위대함은 작은 행동에서 시작한다. 머리속으로 생각만 하지 말고 일단 해봐야 한다(Just Do It).

내가 하는 일을 정말로 사랑합니다. 매일 아침 탭댄스를 추면서 출근합니다. 돈이 많아도 결국 사람의 행복은 자신이 사랑하고 또 나를 사랑해주는 사람들에 의해 결정됩니다(워렌 버핏) 세계 최고 부자 말은 믿어도 된다. '이렇게 자기 일 즐기며 하다 보면 언젠가 다 이어지는 지점이 있겠지'라며 자신만의 길을 향한 실천을 '꾸준히' 하면 언젠가는 된다.

뇌는 일을 스스로 할 때와 시킨 일을 정확히 구분한다. 스스로 노력하여 성과를 거두었을 때에만 보상 시스템이 장기적으로 활성화된다(헤닝 백) 自發的 行動이 중요한 이유다. 마음이 가야 몸도 따라간다. 마음이 가야 즉시 하고, 제대로 하고, 될 때까지 한다. 몸은 힘들어도 마음이 편하면 '자발적 행동'하는 증거다.

미켈란젤로의 최고 걸작으로 평가받는 성당 천정 벽화를 그릴 때 처음부터 정형화된 가이드 라인이 없었다. 비전과 결심, 그리고 끝까지 완성해내는 끈기와 오랜 축적의 시간이 천재를 만들었다. 역사상 천재는 단순히 IQ 높은 사람이 아니라 숭고한 꿈과 지속적인 노력(정진)의 결과이다.

천재는 하늘이 준 재능이다. 단순히 IQ가 높은 기억력만으로는 천재가 될 수 없다. 모든 것 중에서 으뜸 재능은 지속적 행동하는 精進이다. 역사상 천재는 자기 분야에서 정진의 결과였다. 확고한 목표를 가지고 '즉시' 하고, '반드시' 하고, '될 때까지' 하면 누구나 천재가 될 수 있다.

행동이 자신감을 회복시킨다. 행동하지 않는 것은 두려움의 결과이자 원인이다(노만 빈센트 필) 어떤 일에 필요성을 느끼고, 비전을 갖고, 확신을 가져도, 행동하지 않으면 실패한다. '안하면 죽는다'는 두려움으로 절박해야 즉시, 반드시, 될 때까지 한다.

여행에 목적지가 있다는 것은 좋은 일이다. 하지만 중요한 것은 여행 그 자체다(우르술라르 귄) 일단 길을 나서야 한다. 머리속 여행이 아니라, 손발로 하는 여행을 하다 보면 목적지가 계속 수정 보완된다. 인생도 처음부터 목적지가 정해지지 않는다. 어떤 계기를 만나면서 확실한 목표가 자연스레 정해진다.

"나는 내가 뭔가를 할 수 있을 것이라 믿어" 라고 말하며 행동하지 않는 까닭은 믿음이 잠재의식 속에 뿌리를 내리지 못했기 때문이다(밥 프록터) 反復과 시각화를 통해 믿음은 잠재의식 속에 뿌리를 내리고 성과로 드러난다. 지루한 반복이 핵심이다. 양적 축적 후 질적 전환된다. 즉시, 반드시, 될 때까지 '반복'해야 한다.

깨달음이란 관점 이동(Paradigm Shift)이다. 머리 지식이 가슴에서 "아하!"와 함께 내뱉는 순간이다. 해가 지구를 돈다는 천동설 관념이 지동설로 검증되는 순간처럼 새로운 시각으로 세상을 보면 신천지가 열린다. 통찰은 크게 보고(通察) 인과를 꿰뚫어(洞察) 보는 것이다. 깨달음(1%) 후에는 신천지에서 실천해야(99%) 한다.

앱(Application: 用'용')이 세상을 바꿨다. 우버, 배민(배달의 민족)이 그 증거다. 앱스토어와 GPT스토어 차이점은 코딩을 모르는 일반인도 자기만의 경험/지식을 콘텐츠로 만들어 우버 창업자처럼 부자가 될 수 있다. 작용 > 사용 > 적용 > 활용 > 애용이라는 실'용'을 넘어 상'용'으로 가는 역사적 길목에 있다. 실제로 써보고 파는 게 App이다.

영혼을 위해 하루에 두 가지 정도는 싫은 일을 하는 게 좋다(Somerset Maugham) 좋고 쉬운 일만 하면 인간을 나태하게 만들고 도전정신이 약해진다. 집안청소, 설거지, 주변 정리정돈 등 별로 마음에 안 들고 귀찮은 일을 찾아서 직접 실천하면 마음공부가 된다. 좋고 싫고 등 분별하지 않고 행동하는 게 무(분별) 지혜다.

우리가 링컨은 되기 힘들더라도, 링컨을 선택할 수 있어야 한다. 투표가 되든, 스승을 만나든 '순간의 선택'(인연과의 만남)이 인생과 나라의 장래를 좌우한다. 선택 기준은 개인의 이익을 위함인지, 전체가 잘되도록 하려는 것인지 판단하면 된다. 대개는 말과 행동과 따로 논다. 꾸준히 목표를 향해 가는지 행동을 보라!

짐승은 클수록 오랫동안 새끼를 품고 성장도 늦다. 서둘러 이룬 것은 나중에 보면 좋지 않고, 좋은 것은 쉽게 이뤄지지 않는다. '혼자서 빨리' 보다 '천천히 같이'가 바람직하다. 독주보다는 여러 악기가 모여 하모니를 이루는 기술 오케스트라가 향후 대세이다. 오케스트라는 다른 악기와의 하모니가 핵심으로 절대 시간이 필요하다.

스스로 생각하고, 스스로의 언어로 말할 수 없는 무능함이 악의 평범성을 누적시켜 인류를 말살시키는 살인 괴물을 만들었다(예루살렘의 아이히만, 한나 아렌트) 스스로 생각하고, 스스로 목표 설정하고, 스스로 방법을 도출하는 것에 가치를 두는 교육이 필요하다. '스스로'란 남에게 '의존'에서 혼자 일어서는 '독립'이다.

인간은 자기 사후의 영속을 바라며 해야 할 일을 안 하고 다른 일에 힘쓰다 결국 폐해를 발생시키는 어리석음을 범한다. 기업도, 권력도, 국가도 그렇다 (김원일 벤처 4천억원 벌어 은퇴 후 문화재단 운영) 그 시대 자기에게 주어진 하늘의 뜻을 알고 즉실천 하면 된다. 은퇴/사후까지 영속되어 기억되기를 바라면 일을 그르친다.

시간이 쏜(화)살처럼 흘러간다. 활쏘기는 1) 매 순간 집중해야 하고 2) 시위 떠난 화살에는 미련두지 말고 3) 바람 등 상황에 따라 오조준도 하며 4) 경쟁자의 화살에 신경 쓰지 말아야 한다. 최고수 경지에 가면 남이 만든 과녁에 쏘지 않고 화살을 쏘고 자기가 과녁을 그린다. 탁월한 리더는 표준을 만든다.

사기는 상대를 믿었기 때문이다. 사기임을 알게 되면 자기 약점을 빨리 파악해야 한다. 댐에 구멍이 나면 모든 물이 거기로 몰리듯 약점이 있는 곳에 위기가 몰린다. 사기인 줄 모르고 있으면 사기꾼들이 귀신처럼 몰려온다. 靈界(영계)통신은 5G보다 빠르다. 두 번째 화살을 피하려면 상처를 부릅뜨고 보아야 한다.

세상은 점이 이어져 선, 선이 커져 면이 만든다. 기획은 면 → 선 → 점을 찍으려 펴내는 연습이 필요하다. 면은 5 Why를, 선은 스토리 라인과 What을, 점은 How와 '무릎 탁'이 필요하다 (김주환 교수) 머리로 만드는 스토리와 가슴으로 느끼는 기획이 1%라면, 손발로 행동하는 실천은 99%이다.

복잡한 것을 만났을 때는 方法이 생길 때까지 한쪽에 던져두는 것도 좋은 방법이다. 대책 없이 달려들면 번아웃 될 수 있다. 그때는 이해하지 못했는데 시간이 지나며 경험과 지식이 쌓이면서 개념이 서로 연결되어 맥락을 만들고 통찰의 순간이 온다. 通察(Overview)은 전체를 보고, 洞察(Insight)은 꿰뚫어 보는 것이다.

사회에 가장 보탬이 될 방법 외에 다른 결정은 최소화하기 위해서 회색 정장만 입는다(아인슈타인) 성과의 최강자는 꾸준히 잘하는 사람이 아니라, 꾸준히 하는 것을 잘하는 사람이다. 아인슈타인의 선택(사회 기여)과 집중(관리 포인트 줄이고 정진)은 북극성을 정하고 꾸준히 걷는 단순한 방법이다. 단순함이 위대함을 이룬다.

동행은 같은 방향으로 가는 게 아니라, 같은 마음으로 가는 것이다. 뜻을 같이한 사람을 同志라고 한다. 상해 폭탄투척 거사 날 아침 도시락 폭탄을 앞에서 "윤 동지! 우리 하늘나라에서 만납시다" 하면서 부둥켜안고 울었던 윤봉길 의사와 김구 선생. 조국독립 숭고한 목표에 자기 한 몸 던지는 분들이 동지이고 동행인이다.

감사한 일은 바위에 새기고, 서운한 일은 물 위에 적어야 한다. 바위에 새기지 못한다면 종이에 적어 매일 아침 읽어야 한다. 서운한 일은 상대에게 편지를 쓰고 즉시 찢어 버리면 된다. 바위와 물 위에 쓰는 대신에 할 수 있는 쉬운 방법이다. 감사함을 잊지 않고 서운함을 쉽게 잊을 수 있다.

실패가 두려워서는 성장할 수 없다. 일단 해보면 성공하건 실패하건 내 자산이 된다. 실패자산은 머리 아닌 돈과 시간이 사용되는 실제 몸 체험이라야 한다. 큰 실패로 바닥을 힘껏 쳐야 하늘 높이 올라간다. 오랜 세월 지나 되돌아보면 '실패조차 하나도 버릴 게 없다'는 것을 절실히 느낀다. 그래서 귀중한 자산이다.

타인에게 말과 글로 쉽게 설명할 수 없으면, 제대로 이해하지 못한 것이다(아인슈타인) 상대방과 공통적으로 경험한 것으로 설명해야 한다. 누구나 경험하는 하늘, 땅, 나무 등 자연과 비유하고 Easy & Simple 해야 이해하고 따라 하기가 쉽다. 나무 한그루, 물방울에도 위대한 진리가 숨어 있기에 비유를 하면 된다.

인간은 근본적으로 변화를 거부한다. 하지만 변화를 받아들일 때는 1) 절박하거나 2) 신바람나는 2가지 경우뿐이다. IMF 사태나 리만브라더스 금융 위기처럼 갑자기 직장을 잃어 육체적이나 경제적 절박할 때는 당연히 변화한다. 그리고 참나를 찾아 자기를 정확히 바라보고 하는 일에 소명감을 가지면 신바람 나서 변화한다. 자기를 찾아가는 여행을 자주 해야 한다.

위대한 성과는 문제해결이 아니라 새로운 기회를 개발함으로써 얻어진다. 주어진 일에 반응하거나(Reactive) 주도적으로 새로운 일을 개척하는 적극적이고 능동적인(Proactive) 역할을 선택하는 순간 운명이 바뀐다. 유능한 소방수는 불 끄는 일이 아닌 불나지 않는 기회에 선택과 집중을 한다.

자신을 지키는 데 중요한 건 무기가 아니다. 발과 주먹으로 붙잡고 싸우는 것도 아니다. 올바른 자세로 균형 잡고 호흡 잘하고, 올바른 정신 유지이다(미국 특수부대 네이비실 교육) 대개 기본을 무시하며 멋진 기술에만 끌린다. 실제 고난을 만나면 정신 + 육체적으로 균형을 잃어 기술을 활용치 못한다. 조선 '교육'기관 '성균'관의 成均은 '균형을 이룬다'이다. 교육은 균형이다.

인간은 완전한 존재가 아니다. 얼마든지 실수할 수 있는 존재다. 얼마나 다행한 일인가. 자신을 되돌아보며 겸허해지고, 새롭게 배우고, 익힐 수 있다(법정 스님) 시행착오를 거치며 인간은 완벽에 가까운 존재가 된다 죽는 날까지 배우고(學) 익혀야(習) 가능하다. 학습은 학교에서만이 아닌 평생 하는 것이다.

목표가 정해졌다면 자전거를 아무리 빨리 타도 벤츠를 따라잡지 못한다. 무엇이든 '基本'이 중요하다. 기본은 올바른 방향을 정하고 올바른 방법으로 실천하는 것이다. 벤츠도 목표가 없다면 자전거에 질 수 있다. Do Right Things Right!

돈은 쌓아두면 똥이 되지만 흩어버리면 거름이 된다(진주 부자 김장하) 2백억여원을 50년간 '지속적 기부'하는 것은 인간의 최종 목표인 '지속적 성장'의 다른 지표다. 한 번에 1천억원을 기부하는 것보다 훨씬 가치가 높다. 건강한 사회는 평범한 사람들의 선한 '지속적 행동'이 거름이 되기에 유지된다.

누구든 그가 받은 것으로는 존경받지 못한다. 존경심은 그가 준 것에 대한 보상이다(캘빈 쿨리지) 명성은 삶에서 '얻는 것'을 바탕으로 하고, 위대함은 살면서 '주는 것'을 바탕으로 한다. 위대함은 행동을 통한 '기여'이다. Give & Give 고수 수준을 넘어 Give & Forget이 최고수 경지다.

'꾸준함'은 세상에서 가장 저평가된 가치다. 일도, 운동도, 공부도 지속이 핵심이다. 한두번 영혼을 불사를 듯 무리하여 깜짝 성과를 낼 순 있지만, 자기 속도와 맞지 않으면 금방 멈추게 되고, 심하면 진절머리가 나 아예 반대쪽으로 갈 수도 있다. 하늘이 준 재능(천재)은 IQ 고지능이 아니라, 정진하여 사회에 기여하는 것이다.

자기 일을 사랑하는 것, 그것을 끝없이 반복함으로써 투입된 양(量)이 질(質)로 바뀌는 순간 천재는 태어난다. 부지런함이 천재를 만든다(해리엇 비처 스토) IQ가 높다고 천재는 아니다. 하늘이 준 재능은 그 시대에 해야만 하는 소명을 죽는 날까지 하는 것이다. 소명을 알고 정진해야 천재다.

인간 근육 중 가장 강한 게 바로 혀다. 힘들이지 않고도 누군가 거뜬히 들어 올릴 수도 있고, 수만 명의 사람들을 통째로 무너뜨릴 수도 있다(팻 크로스) 사람이 지닌 최고 도구는 바로 언어다. 말로 자기와 상대를 살리고 죽인다. 칼이 칼집에 있어야 안전하듯이 혀를 입속에서 잘 간수하는 게 묵언 수행이다. 꼭 필요한 말만 해야 자기를 살린다.

아무리 지략이 뛰어난 사람도 福 많은 사람만 못하다(삼국지 조조) 복은 자기가 갖지 못한 것을 바라는 것이 아니라, 자기는 있고 남은 없는 것이다. 자기 통장에 차곡차곡 잔고가 쌓이듯이 복은 꾸준히 지어야 한다. '복 많이 받으세요' 새해 인사는 '복 많이 짓겠습니다'로 하는 게 바람직하다. 복(잔고)이 있어야 베풀 수 있다.

인간은 죽을지는 몰라도 패배하는 것은 아니다(헤밍웨이, 노인과 바다) 84일째 고기를 잡지 못한 노인이 거둔 수확이 청새치의 잔해뿐이었어도 실망하지 않는 게 꺾이지 않는 불굴의 정신이다. 봄에 피는 활짝 피는 개나리도 있지만, 가을에 향기를 내뿜으며 피는 국화도 있다. 기다리는 자에게 복이 있나니.

독일인은 정리정돈에 대한 집단 강박이 있어 Alles in Ordnung (Everything is alright) 표현을 자주 쓴다(김정운 문화심리학자) 정리는 불필요한 것을 버리고, 정돈은 남겨진 필요한 것을 손쉽게 사용하도록 제자리에 놓는 것이다. 사람도, 사물도, 사건도 정리정돈 즉, 선택과 집중을 해야 편안해진다.

세상에 도움이 되는 것은 그 어떤 것도 진리고, 그렇지 않은 것은 부처 가르침이라도 헛된 것이다(김시습) 예수님 가르침이라도 그 말을 전하는 누군가의 이득을 위한 도구로 이용될 뿐이라면 그것은 진리가 아니다. 세상에 도움이 된다면 열 살 아이가 하는 말이라도 그것이 진리다. 세상과 인연과 자신에게 도움이 되어야 한다.

마음

고집멸도를 다시 구별하면 5ㅁ으로 나눌 수 있다. 1) 마음은 개체인 혼으로서 사람에 대한 가장 중요한 역할을 하고, 2) 몸 부분은 우리들이 이 세상에서 살아가는 실체이다. 꿈참힘(3ㅁ)에서 3) 꿈은 목적과 목표와 수단을 이야기하며, 4) 참 태도는 자기 자신이 지킬 성실함과 배려/용기와 풍요심이 기반으로 되어져 있고 5) 힘은 전문기술, 개념 능력과 상호의존적 창조력으로 구성된다.

꿈참힘(3ㅁ)은 인간의 생존에 가장 필요조건인 의식주를 기반으로 하는 물질적인 풍요를 뜻한다. 몸과 마음(2ㅁ)은 충분조건으로서 정신적 풍요를 뜻하며 이는 知好樂 즉, 알고 좋아하고 즐길 수 있는 최고 상태이다.

영은 큰 마음, 혼은 작은 마음이다. 달에서 본 지구와 인간은 하나이다. 인간 몸과 장내 미생물도 하나이다. 유해 미생물이 많으면 선상을 해치듯, 인간이 유해 환경을 자꾸 만들면 지구도 아프다. 허파가 아플 때 심장도 병원에 같이 가야만 한다. 이제는 혼만 깃든 작은 마음을 넘어 영적인 큰마음이 필요한 때이다.

마음은 야생마라서 제멋대로 날뛴다. 마음에 들면 좋다고 하고, 안 들면 성질내고 미워한다. '야생마 길들이기'가 마음공부이다. 마음 고삐를 잡는 방법은 틈틈이 입꼬리를 올리고 들숨과 날숨을 관찰하면 된다. 입꼬리 올리니 남들 보기에도 웃는 낯이라 돕고 싶은 마음이 생겨 결국 자기에게도 좋다.

물건을 훔치면 도둑이 되지만 마음을 훔치면 리더가 된다. 마음 훔치기는 상대 이야기 잘 듣고, 고개 끄떡이고, 그럴 수 밖에 없던 입장을 존중하기만 해도 된다. 해결방안을 제시하지 않아도 된다. 매일 왼쪽 바지 주머니에 1백원 동전 3개 넣고 상대방 마음을 훔칠 때마다 오른쪽 주머니로 옮기면 된다.

無心이란 마음이 없는 게 아니라, 使用하지 않는 것이다. 마음은 하루 5만 가지 생각에 흔들리지만, 한순간 하나만 생각한다. 마음을 붙들어 매고 '사용'하지 않는 게 명상수행이다. 지금(Now 天 시간) + 여기(Here 地 공간)있는 내(Me 人 인간) 존재를 객관적으로 보는 것이다. 천지인과 무심을 깨우치면 세상이 달리 보인다.

마음공부는 일정 실력이 필요한 (수학)경시대회가 아니라, 누구나 참가하는 보물찾기다. '내가 욕심을 내는지, 내 뜻에 안 맞는다고 성질내는지, 세상 진리를 훤하게 깨우치지 못해 얼마나 어리석은지' 나를 객관화시켜 보는 것이다. 지금 + 여기 + 자기 알아차림(Awareness)이 마음공부 시작이다.

걱정한다고 걱정이 사라진다면 걱정할 일이 없겠네(티베트 속담) 걱정이란 먼 풍경을 보는 창문을 가려버리는 먼지와 같다. 자꾸 쌓이는 먼지를 깨끗이 닦아내는 것이 마음공부다. 진정한 용기는 미래의 불확실함을 받아들이고 그럼에도 불구하고 전진하는 것이다.

소든 말이든 굴레는 씌우고 벗겨야 하고, 멍에는 지우고 풀어야 한다. 멍에는 일을 할 적에만 메었다가 끝나면 풀어서 잠시 벗어나지만, 굴레는 한 번 쓰면 죽을 때까지 자나 깨나 쓰고 있어야 하기에 멍에보다 더욱 괴롭다. 인간도 굴레를 벗어나야 진정한 자유인이다. 마음공부를 해야만 하는 이유다.

힘이 든다거나 나이를 먹어서 못하겠다는 의식은 전혀 없다. 그저 편하고자 한다면 죽어가는 것이나 다름 없다(82세 현역 감독 김성근) 야구 아닌 삶의 타석에서 평생 지켜온 철학이다. 어느 분야에서든 익어가는 100세 현역은 누구나 가능하다. 퇴직은 빨라지고 수명은 길어지는 시대다. 모든 게 행동하기 달렸고 자기 하기 나름이다(一切唯'行'造 일체유행조).

끝날 때까지 끝난 게 아니다(It ain't over, till it's over 우표에 등장하는 미국 프로야구선수 요기 베라). 보통 목표를 세우고 중도에 쉽게 포기한다. 목표가 가슴을 울리는 진정한 것이 아니거나 몸이 편한 것만을 찾기 때문이다. 분명한 목표와 꾸준한 노력은 마음먹기에 달렸다. 나이가 많다고 '포기' 하지 말라. 포기는 배추를 세는 단위일 뿐.

진리는 드러나 있다. 우리네 주변에 공기처럼 널려있다. 다만 드러난 진리와 한 몸을 이루지 못하는 것은 습관의 고리, 집착의 병을 이어오고 있기 때문이다(향봉 스님) 습관과 집착은 마음먹기 달렸다. 긍정심으로 크게 보면 진리가 보이고, 부정적으로 작게 보면 죽는 날까지도 보지 못한다.

눈은 간과 연결되고 눈빛은 심장과 연결된다(동의보감). 인간의 여러 구멍 중에서 빛이 나와서 에너지로 변환되는 것은 오로지 눈이다. 살인자 눈빛에서 섬찟한 기운을 느끼고 엄마의 눈빛에는 순수한 사랑이 전달된다. 상대와 이야기할 때 눈을 바라보면 심장에서 나오는 진심을 알 수 있다.

눈이 눈을 보려고 하지만 볼 수 없다고 눈이 없는 게 아니다. 눈이 있다는 것은 믿어야 한다. 확인이 아니라 확신이다. 죽은 사람과 산 사람이 다른 점은 스스로 움직일 수 있는 점이다. 움직이게 만드는 것이 마음이다. 마음먹기에 따라 움직일 뿐만 아니라 모든 것을 이룰 수 있다. 마음은 확신을 가져야 보인다.

코끼리 생각이 개미보다 반드시 크지는 않다. 인간의 생각은 한없이 커서 우주를 담을 수도 있고, 작을 때는 물방울 담기 힘든 정도로 작다. 뼈저린 고통도 "이 또한 지나가리라!" 웃으며 받아들인다면 우주보다도 큰마음 그릇이다. 위대한 인간 여부는 마음 크기로 이는 갈고 닦는 노력 여하에 따라 커질 수 있다.

화는 어린아이처럼 달래주어야 하는 에너지 덩어리이다. 화가 날 때 자기를 제3자적 관점에서바라보면 금방 가라앉는다. 은하계까지 자기 시야를 넓힐수록 요술처럼 빨리 가라앉는다.

행복의 반대어는 불행이 아니라 고통이다. 돈, 병, 타인과의 갈등이 "Why 생겼나?" 원인을 찾아 없애면 된다. 보통 사람은 고통스런 현실에의 불평만 한다. 고통을 감사하게 생각하고 원인 제거를 하자. 불평과 감사 태도는 종이 한 장 차이이다. 모든 게 마음먹기 달렸다.

기도 형식을 논하지 말라. 자신이 하는 말이 모두 기도이다. 부정적 말이 나오지 않는 한 기도는 반드시 성취한다. 엎드려 절하든, 두 손으로 눈감고 하든, 절박하고 긍정적으로 원하는 자만이 성취한다. 아무리 간절해도 부정적 생각으로 한숨이 나오면 성취되지 않는다. 마음먹기에 달렸고, 생각하기 나름이다.

세상은 둥근 실선 큰 원이고, 인간은 그 안에 작은 원이다. 인간 원은 실선/점선으로 고통 유무가 정해진다. 실선은 생각이 확고하여 폐쇄 상태, 점선은 개방적이라 메시지가 드나들어 세상 전체(영)가 개체 인간 마음(혼)과 쉽게 소통한다. '옳다/틀렸다' 분별심 대신 '모르겠다' 비우는 마음공부는 실선에서 점선으로 이동이다. 크게 비워야 크게 채워진다.

건강은 인간이라는 존재의 3개 구성요소인 영(靈 Spirit) 혼(魂 Soul) 육(肉 Body) 모두 해당된다. 혼과 육은 같이 움직이나, 영은 대개 따로 움직인다. 영에서 나온 느낌인 영감이 세상을 변화시킨 큰 발견/발명 혹은 인생의 전환점을 가져온다. 혼(개체 = 자기)에서 영(전체 = 자기)에의 관점 이동(개체 아닌 전체가 잘살기)은 몸과 마음이 건강해야 가능하다.

마음을 정복한 사람에게 마음은 최고의 하인이고 마음에 정복당한 사람은 채찍질 당하는 노예이다. 마음을 정복하는 방법은 조금 떨어져서 자기를 바라보는 연습을 하는 것이다. "Why 그리 고통스러운가?" 자기를 주체 아닌 객관 대상으로 하루 3분씩만 바라보자. 편안해진다. 그게 바로 행복이다.

마음은 원래 허공이다. 허공에다가 아무리 주먹질하고 욕을 해도 반응이 없다. 편안한 마음도 이와 같아 흔들리지 않는다. 불편한 마음은 주먹질과 비난에 반응하면서 생긴다. 반응할 것인가 여부는 전적으로 자기 선택이다. 선택에 따라 자기 인생이 행복과 불행으로 나뉜다.

날씨는 바꿀 수 없으나 날씨를 보는 마음은 자기가 선택할 수 있고, 일이 잘못되더라도 실패를 보는 마음은 선택할 수 있다. 긍정/부정 선택은 자기의 결정이고, 결과는 훗날 받아들여야 한다. 콩 심은 데 수박이 나지 않는다.

얼굴을 성형수술 하듯 마음도 性形수술 한다. 얼굴을 다쳐 남 보기가 흉하면 의사가 成形수술 하지만 마음은 자기가 쉽게 수술할 수 있다. 자기 아닌 것 덕분에 사는 점을 단번에 깨우치는 순간 불평, 불만, 후회, 걱정이 한꺼번에 사라진다. 덕분인 줄 깨우치면 감사할 수 밖에 없다.

행복은 저녁에 돌아갈 집이 있고, 힘들 때 마음속으로 생각할 사람이 있는 상태이다(나태주 시인) 숲 속 혹은 운동경기장에서 소리를 지르면 잠시는 시원해진다. 지속적 편안하려면 마음을 비워야 한다. 마음이 파동치면 화내고 있는 자기 존재가 보인다.

물이 깊으면 큰 배가 뜨고 얕은 물에는 접시 하나 뜨지 못한다. 종이배가 뜨는지, 항공모함이 뜨는지에 따라 마음 크기가 다르다. '내 탓이요' 하는 순간 태평양이 되지만 '너 때문이야' 하면 눈에도 안보이는 물방울 하나 크기로 마음이 작아진다. 마음먹기에 달렸다.

정말 성공하고픈가? 성공자격이 있다고 생각하나? 성공할 수 있다고 믿나? 3개 질문 모두 '예' 대답할 수 없다면 성공 가능성은 제로이다(존 맥그레이스) 3개 질문 모두 마음이 관여한다. 절박하고 자기 능력과 꿈 성취를 믿는 것은 결국 마음이다. 모든 것은 오로지 마음먹기 달렸다(一切唯心造 일체유심조).

전화해서 도움이 필요하다고 말했을 때 거절한 사람은 단 한 사람도 없었다. 대개는 요청하려 조차 않는다. 무언가 이루려는 사람과 그저 꿈만 꾸는 사람 차이이다(스티브 잡스) 절박함이 꿈을 이루게 한다. 전화를 거는 용기와 설득이 Soft Power다. 경제력 군사력인 Hard Power와 달리 상대 마음을 움직여야 한다.

누가 더 대단할 것도 없고 누가 더 특별할 것도 없다. 그저 저마다의 꽃을 저마다의 시기에 피울 뿐이다(식물학자 이소영) 인간도 그렇다. 남과 비교로 좌절하고 미래를 걱정하지 않아도 때가 되면 꽃이 핀다. 봄에 피는 개나리도 있지만, 가을에는 화사한 국화도 핀다. 우주와 계절 순환원리를 알면 일희일비하지 않는다. 크게 바라보고 자기 위치를 아는 게 마음공부다.

分水嶺은 물이 나뉘는 고개이다. 마이산에서 물은 섬진강 남해와 금강 서해로 흐른다. 인생 분수령이 될 계기를 만들어야 한다. 돌감나무가 접붙이기로 풍성한 감나무로 변하듯이 주변에 접붙이기할 좋은 스승과 환경을 스스로 찾아야 한다. 풍요로운 인생은 자발적 행동에 달렸다. 일단 움직이고 마음의 눈을 크게 떠야 한다.

울음이란 至極(지극)의 마음이 터지는 窮極(궁극)의 언어(조지훈 시인) 하루 5만 가지 생각하는 등 따로 노는 마음과 몸이 한순간 일체가 되어 표현되는 것이 울음이다. 어떠한 군더더기 말도 당할 수 없다. 더이상 물러설 수 없어 새롭게 바뀌는 순간이 지극이다. 1백도 끓어야 물이 수증기로 바뀐다. 무슨 일이든 죽기를 각오해야 이룬다.

행복과 불행은 그 크기가 정해진 것은 아니다. 다만 그것을 받아들이는 사람의 마음에 따라서 작은 것도 커지고, 큰 것도 작아질 수 있다. 현명한 사람은 큰 불행도 작게 처리하고 어리석은 사람은 조그마한 불행을 현미경으로 확대해서 스스로 큰 고민 속에 빠진다. 현명함 여부는 마음먹기에 달렸다. 긍정과 감사의 마음은 불행함을 녹여 걸림돌 아닌 디딤돌로 만든다.

肉眼(육안)-눈을 감고 세상이 어둡다고 불평하고, 눈을 뜨면 대개 남 탓, 세상 탓을 한다. 心眼(심안)-마음눈은 너와 내가 다르지 않기에 모두를 이롭게 하려는 성인의 눈 聖眼(성안), 인과 법칙을 아는 法眼(법안), 무분별로 '만사가 이미 이루어져 있다'는 慧眼(혜안), 나무 돌과도 소통하는 天眼(천안)이다. 마음 눈 열기 기본은 만사에 감사하기

顧客(돌아볼 고, 손님 객)은 매일같이 자신의 손익을 '돌아보고' 언제나 떠날 만반의 준비를 하는 사람이다. 10년간 잘해도 1번의 실수로 마음을 바꾸는 게 고객이다. 생존전략을 고객 만족, 고객감동 더 나아가 아마존은 고객 집착이 슬로건이다. 돈 가는 곳에 마음 간다. 상대를 먼저 이롭게 해야 살아남는다.

경영자가 10번을 얘기해야 직원들이 비로소 머리로 이해하기 시작한다. 머리로 이해하고 가슴으로 느껴야 행동하는데 보통 오른쪽 귀로 듣고 왼쪽 귀로 바로 나가는 것은 자기 이익과 별 관계가 없기 때문이다. 탁월한 리더는 팔로워가 이익이 되는 방향으로 이야기를 해야 한방향으로 움직일 수 있다.

인간이 변하는 것은 두 가지 경우이다. 1) 수입이 없거나, 병에 걸려 대안이 없어 더 이상 내려

갈 곳 없는 바닥인 切迫한 상태에서는 변한다. 2) 스스로 마음챙김(Mindfulness) 깨어있음(Awareness) 공부하는 상태가 되면 변한다. 인간을 온전/완전하게 변하게 만드는 것은 '절박'하게 마음공부를 '꾸준히' 하는 것이다.

인생은 멀리서 보면 희극, 가까이서 보면 비극이다. 남의 인생은 멀리서 보고, 자기 인생은 가깝게 보니 남은 즐거워 보이고, 나는 슬퍼 보인다(찰리 채플린) 자기가 가슴이 뜨거워지며 이루고 싶은 꿈을 갖고 '멀리서' 본다면 한편의 즐거운 '희극'이 된다. 모든 게 마음먹기 달렸다(일체유심조一切唯心造).

한 사람은 한 사람이 아니다(조 지라드) 결혼식과 장례식을 통해 인간 평생 교류 범위가 250여 명임을 알고 한 사람 마음 얻으면 250명 잠재고객을, 한 사람 불만은 250명에게 나쁜 평판을 얻기에 감동시키며 자동차 판매왕이 되었다. 咸(다할함) 心(마음심) 動(움직일동) 感動은 마음 다해 움직이게 하는 것이다.

국가 쇠퇴 시기 특징은 1) 향락적 소비 2) 관료주의 3) 포퓰리즘과 극단주의 4) 계급투쟁 5) 진실이 사라진 언론 6) 희미해진 준법정신과 원초적 투쟁 등이다(레이 달리오). 한국이 쇠퇴하는 시점에 변곡점을 만들 방법은 1백세 시대 '돈은 피보다 진하다' 관점 교육 + 창의성 + 경쟁력을 가질 마음 Reset이 필요하다.

'주인 精神'의 삶은 언제나 축제이며, 일터는 내 꿈을 이루는 터전이다. 일은 소명으로서의 직업이 된다. 소명을 가지면 일터로 소풍 가는 것과 같다. '하인 정신'은 주인 눈치를 보면서 시키는 일만 하고 조금이라도 편한 삶을 찾으려 한다. 주인이 되느냐 하인이 되느냐는 한 생각 '마음' 먹기에 달렸다(일체유심조) 마음이 신(神)이다.

자신을 가장 행복한 사람이라고 생각하면 정말 그대로 되지만 자신을 가장 지혜로운 사람으로 본다면 가장 큰 바보가 된다. 죽는 날까지 마음공부를 해야 하는 이유다. 지금(Now) 여기(Here) 존재가 충분하다고 느끼면 행복하지만 아무 데도 없다(Nowhere)고 불평불만 상태라면 불행해진다. 마음먹기 달렸다.

피할 수 없는 고난을 만나면 엄청난 고통을 경험한다. 지금 생각하면 그때 겪은 시련은 일에 전념하는 법을 가르쳐주었고, 그것을 통해 내 인생을 새롭게 바꿀 수 있었다. 그것은 가혹한 운명이 아니라, 신이 준 최고 선물이었다(헬렌 켈러) 안 보이고 안 들리는 최악 상황을 膳物이라는 긍정적 마음이 그녀를 위대하게 만들었다. 모든 게 마음먹기 달렸다.

과거나 미래는 실재하지 않는다. 실재하는 것은 지금-여기뿐이다. 몸을 통해서만 지금-여기에 존재한다. 마음은 불안과 두려움 때문에 미래로 뛰어가고, 분노와 트라우마로 인해 과거로 달려간다. 삶은 지금-여기에만 존재한다(김주환, 내면소통) 과거와 미래로 날뛰는 마음 고삐를 잡는 좋은 방법이 호흡과 명상이다.

해맑은 미소는 아름다움을 보여주지만 해맑은 미소를 짓는 상태는 無心(무심)이다. 순간 생각으로 모든 게 결정된다면, 어떤 생각을 해야 하며 자칫 떨어질 수 있는 절벽 앞에 있는 나를 '안으로 끌어당기겠는가? 앞으로 밀겠는가?'는 당신 선택이다(덕분스쿨 성담) 긍정과 부정의 마음이 절벽에서 나를 살리기도 죽이기도 한다.

인생에 있어 중요한 두 날은, 당신이 태어난 날과 그 이유를 깨닫는 날이다(마크 트웨인) 태어나는 것은 내 의지가 아니지만, 내가 누군지 알고 自由롭게 사는 것은 내게 달렸다. 자유로움은 '내가 없고(存在) 내 것 없고(所有) 내 옳은 것 없다(主張)'는 생각과 행동에서 나온다. 존재, 소유와 주장을 내려놓는 하심(下心)은 행복의 첫 걸음이다.

철학은 개념을, 문학은 感動을 우선한다. 감동하면 마음이 움직인다. 마음에 움직여 반응하면 감응, "와우 이건 내가 할 일이네" 감탄하고, '자발적 행농'하면 감격한 상태다. 무거운 손수레(마음)가 처음엔 움직이기 힘들지만 일단 움직이면 천리도 간다. 감동 > 감응 > 감탄 > 감격이 실천 프로세스다. 1톤 말보다 1그램 실천!

발 걸려 넘어지는 곳에 보물이 있다(마릴리 아담스) 넘어져 다리가 부러져도, 목이 부러지지 않음에 감사하는 게 마음 보물(心寶 심보)이다. 긍정적이면 디딤돌이지만, 부정적이면 걸림돌이다. 공짜인 공기 덕분에 살고, 이쁜 꽃 볼 수 있는 눈 등 만사에 감사하는 마음이 결국 자기를 살린다. 순간순간 마음먹기에 달렸다.

바닷물과 파도는 원래 하나다. 마음이 일어나면 험한 파도가 되고, 마음이 평정하면 잔잔한 바다가 된다. 욕심내고 화내고 어리석은(탐진치) 마음 파도의 주인이 된다면 윈드서핑 하면서 당당히 삶을 즐길 수 있다.

평온한 마음은 나약함이 아닌 自信感의 다른 이름이다. 자신감이 있으면 내가 원하는 것이 무엇이고, 얻을 수 없는 것이 무엇인지 바로 구분할 수 있다. 그리고 무엇보다도 타인으로 부터 인정을 받으려고 바둥거리며 애쓰지 않는다. 행복은 평정심(자신감)이 만든다.

가벼움은 예술이다. 우리는 수천 가지 무게에 짓눌려 산다. 과거, 잃어버린 행복, 실연, 현재 이뤄야 할 것 등. 특히 무엇보다 자아의 무게에 눌려 있다. 견디기 힘든 가장 무거운 것이 자아다. 자아가 무거운 이유는 내 모습 현재가 아니라, 되고 싶은 모습 미래 욕심 때문이다. 지금 + 여기 + 자기를 차분히 보면 가벼워진다.

땀은 세포의 눈물이다(덕분스쿨 성담) 고통과 슬픔이 아닌 아닌 感動의 눈물이다. 어쩌다 한번이 아닌 지속적 운동으로 인한 땀방울은 나를 미소짓게 만든다. 무거웠던 몸이 점차 가벼워지고, 무엇이든 하고픈 마음을 일으킨다. '감동'은 마음이 움직이는 것이다. 마음 '주인'이 움직이면 몸 '하인'도 복종한다.

입력은 고장이 났고, 출력이 많으면 '꼰대'다. 나이와 상관없다. 마음속 이상화한 과거를 현실과 비교한다. 과거를 찬양하고 현실에 불평불만을 한다. 이 경우 추억은 마취제다. 보통 퇴직자의 자화상이다. 깜깜한 방에 스위치 켜면 단번에 환해지듯 부정적 생각을 긍정으로 바꾸면 된다. 마음먹기 달렸다. 코 만지기보다 쉽다.

우리를 행복하게 해주는 사람들에게 감사해야 한다. 그들은 우리의 영혼에 꽃이 피도록 가꾸는 신비로운 정원사이다(마르셀 프루스트) 감사하면 스트레스를 덜 받고, 잠도 잘 자고, 행복감이 커진다는 사실을 깨닫게 된다. '사람' 뿐만 아니라 모든 '사물' 특히 무한 공짜인 공기에게도 감사하면 세상이 달리 보인다.

마음은 알아차림(바다)의 움직임이나 활동이다. 생각은 수면 위 움직이는 파도, 느낌은 바다 밑 해류다. 바다 속 깊은 곳은 고요하듯이 '알아차림(Awareness)'의 중심은 평온하고 고요하다. 마음이 갈망하는 평온함을 얻기 위해선 알아차림 중심으로 가라앉아야 한다(루퍼트 스파이라) '알아차림'을 '알아차리는' 게 명상(동양)이고 기도(서양)다.

We are the World(1985년 46명 정상급 가수의 협업 히트곡 주제) 평소에 '내 생각은 옳고 너는 틀렸다'라고 격론, 비방, 비난 등 分別心으로 나와 상대를 나누다가 '너와 나'가 한 몸임을 깨우칠 때 지동설처럼 세상이 다르게 다가온다. 내 몸을 아끼는 것처럼 상대를 아끼는 게 바로 사랑이다. 분별하지 않는 마음이 無(분별)心이다.

큰 산을 자기 콧구멍 속으로 들락날락하면서 거리낌이 없는 상태가 사사무애법계(事事無碍法界) 마음 씀씀이가 이런 정도 되어야 구극(究極) 즉 최고 상태다. 세상은 그대로 물처럼 흐르는 데 자기 이해관계에 따라 분별해서 '좋다, 나쁘다, 크다, 작다...'로 어리석게 판단한다. 모든 게 마음먹기 달렸다. 무(분별)심!

우리는 보통 윤회를 전생과 관련된 부정 이미지로 보기에 "내 힘으론 어쩔 수 없어" 포기하기에 걸림돌이 된다. 한 생각 바꾸어 윤회는 '변하기에 바뀐다'는 긍정 이미지로 해석하면 디딤돌이 된다. 모든 사물을 긍정으로 보면 디딤돌이 되고, 부정으로 보면 걸림돌이 된다. 마음이 긍정 스위치를 ON 하면 내 방과 세상이 밝아진다.

밥 먹으면 졸리는 건, 뇌에 공급될 피가 위장으로 가기 때문이다. 뇌와 위장의 활력은 반비례 관계에 있다. 탐욕이 커지면 지성이 추락하는 것은, '불변의 진리'이다(전우용 교수) 가진 돈을 곶감 빼먹듯이 하면 누구나 불안하다. 항상 수입이 있어야 편안한 마음이 지속된다(恒産恒心 항산항심). 욕심을 지성으로 바꾸는 방법이다.

심전(心田)-마음은 밭이라서 심는 것이 그대로 자란다. 미움을 심으면 증오가 자라고, 믿음을 심으면 희망이 자란다. 눈을 감고 세상이 어둡다고 탓하고, 눈을 뜨고도 제대로 보지 못해 편견 속에 남 탓과 세상 탓을 한다. 시청각 장애 가진 헬렌 켈레는 心眼(마음눈)을 떠서 세상을 긍정적으로 보고 큰 족적을 남겼다.

누가 알몸으로 수영하는지는 파도가 빠져나가면 안다. 다른 사람들이 욕심을 부릴 때 두려워 하고, 두려워할 때 욕심을 부려라(워렌 버핏) 사람들이 두려워할 때 수영복 입고 수영 잘하는 사업에 주목해야 한다. 눈에는 안 보이지만 땅속에서 튼튼한 뿌리가 있어야 좋은 열매를 맺는다.

세상을 바꾸는 유일 방법은 남을 바꾸려 하지 말고 자신을 먼저 바꾸는 것이다. 자신을 바꾸는 방법은 '~~ 때문에' 하고 남 탓이 아니라 '~~덕분에' 하고 매사에 감사하는 마음이다. 자기 마음 하나 먼저 변하면 나중에 남과 세상이 변한다.

인생을 살아가는 데는 오직 두 가지 방법밖에 없다. 하나는 아무것도 기적이 아닌 것처럼, 또 하나는 모든 것이 기적인 것처럼 살아가는 것이다(아인슈타인) 모든 게 마음먹기 달렸다. 절대 긍정심이면 지금(Now) 여기(Here)가 천국이고 극락이다.

멸(滅 What)

꿈이 없이 일을 하는 것은 택시를 타서 운전 기사에게 "무조건 좋은 데 갑시다" 하는 것과 같다. 꿈은 만병통치약이라 해도 오해하기 딱 좋은 약이다. 바람 부는 대로 물결치는 대로 살다 보면 어느 순간 방향을 잃은 배가 좌초하여 침몰하는 최후를 맞는다. 목적지 항구가 꿈이다.

오랫동안 꿈꾸는 사람은 마침내 그 꿈을 닮아간다. 한 글자로는 꿈, 두 글자로는 희망, 세 글자로는 가능성, 네 글자로는 '할 수 있다'이다. 80세 노인도 꿈이 있으면 20세 청춘이고, 20청년도 꿈이 없으면 80노인이다. 가슴이 뛰는 꿈은 누구의 강요나 추천이 아니라 자기가 스스로 만들어야 한다. '꿈'이 있고 '참'태도로 살면 저절로 '힘'이 생긴다.

최고보다 위대함이 바람직하다. 위대함은 자신을 넘어선 가치 추구에서 나온다. 수많은 실패, 권력/명예를 잃어도 차별을 없애고, 공감과 소명의식이 있고, 세상을 더 낫게 하려고 산다면 위대하다. 최고는 해당 분야에 한 명이지만 위대함은 누구나 가능하다. 한 번뿐인 인생, 최고가 되려고 살건가? 작아도 큰 뜻을 품고 위대함을 만들어 볼 것인가?

보통 사람은 30분 동안 열정을 가질 수 있다. 유별난 사람이라면 30일간 열정을 보일 수 있다. 그러나 30년 동안 열정을 지탱할 수 있다면 그는 보통 사람이 아니다(버틀러) 열정을 가질 대상을 먼저 정해야 한다. 그것을 우리는 꿈이라 부른다.

열정은 엔진을 처음 움직이게 하는 스타터, 인내는 연료이다. 가치를 창출하는 Engineer의 어원은 Engine에서 나왔다. 한번 움직이면 지속적 동기부여 하는 Self-Motivated Person이 어느 분야이든지 가장 바람직한 인간형으로 공통점은 꿈이 있다.

정체성 확립은 평생에 걸친 과업이다. 존재에 대한 의문을 계속 던져야, 자기가 살아가는 사명과 소명, 또한 자기만 할 수 있는 일이 무언가 찾게 된다. 육체 체력운동과 더불어 매일 독서와 글쓰기가 마음을 단단히 하는 근력운동이다.

부와 명예가 이루어져도 사명감이 없으면 쉽게 잃는다. 사명감은 왜 사는가(Why So), 무엇을 위해 사는가(So What)에 대한 생각이 정해질 때 생긴다. 너무 조급하게 사명감을 만들려 하지 않아도 된다. 현재를 충실히 살다 보면 자기만의 소명이 생긴다.

영혼이 지구에 와서 육신에 갇힌 목적은 경험을 통해 성장하기 위함이다. 야구선수가 타석에서 안타를 치든, 스트라익 아웃을 당하든 실제로 경험할 기회가 인생이다. 그래서 인생이 소중하다. 후보 선수일 경우에는 삼진아웃 실패할 기회조차 없다.

개인 사명서는 인생의 의미와 목적에 대한 자기 견해를 표현하는 유용한 문서이다. 이는 개인이 의사결정을 하고 행동하는 데 있어 지침이 되는 개인 헌법 역할이다. 자기 사명을 적어보면 모든 일이 쉬워지고 행복해진다. 내 시대적 사명은 '다함께 잘사는 세상 만들기'이다.

개인 사명은 자기가 잘하고 원하며 남들이 잘한다고 인정하는 것으로 종이에 쓰고 매일 아침에 보자. 사명 유무에 따라 성공과 행복 확율이 높아진다.

어리석은 자는 할 수 없는 일을 잘하려고 애쓰고, 지혜로운 자는 할 수 있는 일에 최선을 다해 성공하는 사람이다. 내 인생에서 할 수 있는 일을 먼저 찾고 즐기면서 하도록 하자. 비전이 없으면 바람 부는 대로, 물결치는 내로 넋없이 흘러 종국에는 실패한 인생이 된다.

열정 없이 되는 일은 별로 없다. 하지만 열정만으로 되는 일은 역시 별로 없다. 열정이 오래 지속되려면 반드시 인내가 필요하다. 열정과 인내를 동시에 가지는 방법은 개인, 회사, 국가라는 존재가 세상에 있는 이유인 비전을 가지는 것이다.

이룰 수 있는 목표는 목표가 아니다. 30미터 앞 과녁보다는 하늘을 향해 화살을 쏘는 꿈을 가져야 한다. 역사는 꿈 가졌던 인간을 기억하고 기록한다.

새우잠을 자더라도 고래 꿈을 꾸어라. 달팽이도 마음만 먹으면 바다를 건널 수 있다(정호승 시인) 자기의 꿈은 무엇이 될까(Be) 무엇을 할까(Do) 무엇을 가질까((Have)를 1년/3년/10년 단위로 종이에 써보는 것에서 출발한다.

아일랜드 소년들은 높은 담장을 만나면 일부러 쓰던 모자를 벽 너머로 던진다. 줍기 위해 모든 방법을 동원한다. 아일랜드 출신 케네디 대통령도 인간을 달에 보내겠다는 원대한 목표도 그런 정신에서 나왔다. 원대한 꿈을 꾸어야 이룰 수 있다. 인간은 목표만큼만 노력한다. 청년이여, 야망을 가져라!

꿈은 머리로 꾸는 것 아닌 가슴으로 품어야 한다. 명품 도자기가 1,250도 고온에서 만들어지듯 더 나은 세상으로 변화시키는데 기여하겠다는 꿈은 열정이 가슴을 뛰게 만들어야 가능하다. 현재가 미래와 연결된다. 미래의 가슴 뛰는 일 상상하면 현재 열정 에너지는 무한대 공급된다.

성공은 정상이 하나임을 확인하고, 눈바람을 이겨낸 자에게만 허락되고, 뒤따라오는 자에게 길을 알려주는 것이다(히말라야 세르파) 같은 목표 경쟁에서 넘버원 아닌 자기 분야에서 온리원이 되어야 하고, 자기와의 싸움에서 이긴 자는 후학에게 나눌 수 있는 마음 여유가 있다. 이것이 진정한 성공이다.

누구나 행복을 원한다. 하지만 행복은 추상적이기에 구체적 표현으로는 풍요이다. 정신과 물질이 풍요로운 것이 인간 삶의 목표이다. 정신이 풍요로워야 넉넉하게 나눌 수 있고 그래야 넉넉히 돌아온다. 콩 씨를 3개 심어야 벌레와 새도 하나씩 먹고, 1개가 자라서 100개이상을 거둔다. 먼저 나눔 行(행)이 있어야 福을 받는다. 幸福은 行福이다.

미래 모습은 Be/Do/Have(3개 쉬운 동사)로 선명히 보는 것이다. 먼저 되고픈(Be) 모습을 그리고 그에 알맞는 활동을 하면 자연히 가지게 된다. 소유(Have)를 목표로 하면 활동에 욕심이 붙어 일을 그르친다. 소명의식 가진 Be가 우선이다.

오늘 6,500일차 기도 회향일. 나의 기도는 욕심과 고집을 버리고 '다함께 잘사는 세상을 만든다' 서원 세우고 성취하려는 노력이다. "그렇구나" 단순 확인만 하면 작심3일(作心三日), 절박하고 신바람 나서 확신이 들면 정진만일(精進萬日)도 가능하다. 10,000일 실행하면 아무리 어려운 일도 이룬다.

태풍이 오면 큰 나무는 부러지지만, 마디가 있는 대나무는 부러지지 않는다. 마디는 삶의 휴식이다. 워라밸(Work & Life Balance)이 되어야 죽는 날까지 지속 가능한 삶이 된다. 하지만 즐기면 힘든 일도 취미 활동이 된다. 돈버는 일 직업과 취미가 같은 워라샘(Work & Life Same)이 최고 경지이다.

느낌이 없는 책은 읽으나 마나, 깨달음 없는 종교는 믿으나 마나, 진실성 없는 친구는 사귀나 마나, 자기희생 없는 사랑은 하나 마나(청춘 예찬 한근태) Aha! 깨우침(Heart) 느낌(Head), 희생(Hand/Leg) 모두가 영적/사회적/정신적/육체적 건강(Health)을 목표로 한다(4H).

돈, 육체 병, 마음 고통에서 자유로운 사람이 자유인이다. 세상에 태어난 존재 이유를 안다면 힘들고 괴로워도 웃을 수 있다. 인간(human being)이라는 영어 단어 의미가 여기에 있다.

사람은 적성과 직업이 맞을 때 가장 행복하다(베이컨) 시간 가는지 모르고 몰입하는 일이 적성이다. 그런 일이 직업이라면 금상첨화이다. 자기 적성과 직업을 단번에 알 수는 없다. 시행착오를 하다 보면 소명 단계까지 도달한다.

몸이 가는 길은 걸을수록 지치지만 마음이 가는 길은 멈출 때 지칩니다(정용철 시인) 꿈이 사라지면 만사가 힘들어진다. 꿈조차 없는 사람들은 매 순간이 고통이다. 단순히 원하는 것을 넘어 갈망하는 것이 있어야 한다.

포르투칼 민속음악 파두를 세계 정상 음악으로 만든 국민 여가수 로드리게스가 3일간 국가 조의기간 마치고 운구될 때 리스본 시민은 박수를 치며 환호했다. 죽었을 때 '당신 덕분에 우리가 행복했다'하고 박수받을 수 있는 인생은 하루아침에 만들어지지 않는 존경 그 자체다.

잘 익은 과일은 냄새도 맛도 좋다. 성숙한 인품 가진 인간은 맑고 향기로운 냄새가 풍겨 사람들이 닮아지려고 모여든다. '숙성하기 전 풋과일이라서 아직 떫은 맛을 내고 있다'는 깨우침 인식이 있으면 조만간 인품이 완성된다는 신호이다. '아침에 깨침을 가지면 저녁에 죽어도 좋다'는 마음으로 살아야 한다.

자유란 묶여있지 않은 상태이다. 타인의 승인을 반드시 받아야 한다면 진정한 자유가 아니다. 독립은 의지하지 않고 정신/육체/경제적 '홀로서기'이다. 자유롭고 독립적인 상태가 되어야 진정한 존재이다. 죽는 순간까지 화장실 혼자서 갈 수 있도록 자유롭고 독립을 한다면 주변 모두가 행복하다.

사명이란 만들어 내는 것이 아니라 찾는 것이다(빅터 프랭클) 유태인 수용소에서 주도적 태도를 찾으면 의존적 삶에서 독립적 자유를 가질 수 있음을 그는 증명했다. Why 살아야 하는지? What을 위해 일해야 하는지? 자유로운 우리도 찾아야 한다.

인생은 속도가 아닌 방향이다(괴테) 2013년 영국 마라톤 대회에서 정확한 경로를 달린 선두주자를 제외한 나머지 5천명은 결승점을 통과하고도 264m를 덜 뛰어 실격됐다. 그들은 열심히 달리면서 한번도 자신이 잘못된 길로 간다고 의심치 않았다. '속도'란 생각 없이 바쁘게만 보내는 것, '방향'은 내가 의도한 삶을 사는 것이다.

예전 지도 없이 바닷길 찾기는 밤에 보이는 북극성만으로 방향 잡고 수시로 바뀌는 파도와 바람에 따라 지그재그로 무작정 나갔다. 인생도 처음부터 길이 보이지 않는다. 하지만 일단 시작해야 한다. 배가 항구에만 있다면 존재 의미가 없듯이 인간도 가만히 있다면 존재할 수 없다. 'Why 살아야 하는지'가 정해지면 How와 What도 점차 구체화 된다.

Vision은 에베레스트 정상과 같다. 이루고픈 꿈(What)을 마음속에 선명히 그려야 한다. Goal은 정상을 위한 중간중간 1~4 캠프다. 시간과 돈을 들여 구체적으로 달성해야 한다(How Long/How Much) 코끼리를 냉장고에 넣으려면 작게 잘라서 문 열고 차곡차곡 넣고 닫아야 한다. 가슴을 뛰게 하는 코끼리를 먼저 찾아야 한다.

선택의 순간에 나는 망설임 없이 더 어려운 선택을 했다. 힘든 선택을 하는 순간 오래된 낡은 생각 패턴에 젖어있던 뇌가 깨어나며 새로운 해결책을 찾는다(예지 그레고렉) 쉽고 편한 방법을 선택하는 게 보통이다. 남들이 하기 싫어하는 일을 해야 선구자가 된다. 남과 다른 희소성과 상징성이 있어야 역사에 남는다.

몸

최근에 감기, 몸살, 배탈, 설사를 한꺼번에 앓으면서 뼈저리게 느낀 점은 꿈참힘(3ㅁ)보다 먼저 몸(4ㅁ)이 중요하다는 것이다. 몸 육체 건강이 성공/행복의 '기본의 기본'이고, 정신건강 꿈참힘이 기본이다.

젊었을 때 내 몸은 가장 친한 벗이더니, 나이 들며 차차 삐치기 시작했고, 늘그막에는 한평생 모시고 길들여온, 나의 가장 무서운 상전이 되었다(소설가 박완서) 생각은 과거와 미래를 오가나 몸만은 늘 현재에 머문다. 현재의 몸은 모든 것에 우선한다. 몸을 돌보지 않으면, 몸은 반란을 일으킨다. 인생에서 마음은 몸의 주인에서 점차 몸의 노예로 된다. 하지만 '세상을 변화시키며 공헌하는 위대한 삶을 살겠다'라는 꿈을 갖고 행동하면 평생 주인이 된다.

정상에 오르게 한 건 30년간 하루도 빠짐없이 아침에 짧게는 20분간의 스트레칭 덕분이었다 (발레리나 강수진) 매일의 작은 습관이 위기를 극복할 수 있게 해준 힘을 만든다. 운동이 성공한 사람들의 공통적 습관 1순위인 이유이다. '꿈' 갖고 '참' 태도로 '힘'을 키워야 한다(3ㅁ).

소방서 구호는 '닦고 조이고 기름치자'이다. 즉시 출동해야만 하는 소방차가 항상 고장 없이 유지하듯 소방관도 '심장, 혈관을 닦고 근육, 인대를 조이고 바람직한 식습관으로 기름치자'-몸 사용설명서 따라 운동을 한다. 부작용 없는 만병통치약인 운동과 올바른 식습관이 핵심이다.

인간은 정상체온에서 1°C 떨어지면 신진대사가 15% 감소하고 면역력은 30% 정도 떨어지나, 무병 상태에서 정상보다 1°C가 올라가면 면역력이 2배 이상 올라간다. 냉수보다 온수를 먹어야만 하는 이유이다. 정신적 사랑과 육체적 건강은 따뜻함에서 온다.

허리 디스크 8할은 감기처럼 자연히 낫는다. 장사꾼 속성 가진 의사는 처음 양심 속이고 하다가 세 번쯤 반복하면 자신도 그런 시술이 정말 옳다고 믿는다(척추명의 이춘성) 사람은 합리적 존재(명사)가 아니라 자기 합리화(동사)를 한다. 몸은 자연치유력이 있다. 마음 건강이 몸 건강을 이끈다. 암 말기에서도 다시 살아나는 비결이다.

모든 게 불확실하다. 불확실성은 위기가 아닌 현재 시스템의 부패를 막는 방부제이다. 위기에 따른 위험을 예측하기보다는 자주 노출되는 것이 궁극적인 생존법이다. 장내 미생물 약39조개 중 20%인 유해균을 통해 자연 면역체계를 스스로 갖추며 인간은 건강을 유지한다.

웃음은 1초 만에도 인생을 바꾼다. 박장대소, 눈물이 날 정도 감동은 엔돌핀 호르몬의 4천배 효과가 있는 다이돌핀이 자연적으로 나와 건강한 몸으로 바뀐다. 절망 속에 헤맬 때 '이 또한 지나간다' 한 생각 바꾸어 미친 사람처럼 크게 웃어보면 신기하게도 걱정 근심이 사라진다. 마음먹기 달렸다. 밝은 생각 행동 저절로 밝아진다.

한 생각 바꾸기를 머리가 아닌 몸으로 얻으면 세포가 달라지고 변화가 일어난다(변화 관리) 수많은 사람들이 똑같은 지구를 보았어도 다르게 보아 지동설을 주장한 것은 코페르니쿠스의 발상 전환, 즉 한 생각 바꾸기인 Think Different 세포였다.

누에는 10일간 살 집을 지을 때 창자에서 실을 뽑고, 제비는 6달간 살 집에 자기 침을 뱉어 진흙으로 만든다. 완전한 소유란 어디에도 없다. 인간을 포함한 모든 생물체는 지구에서 사는 동안, 자연에서 잠시 빌려 쓰고 떠날 나그네 존재이다. 가질 것은 물질이 아닌 아름다운 마음이다. 마음에서 얻은 것이 진정한 소유물이다.

집밥이 맛있는 이유는 맛은 최고가 아니라도 가족의 따뜻한 마음이 담긴 덕분이다. 마음이 더해지면 수수한 밥상도 에너지를 충전할 수 있지만, 단순히 돈을 주는 거래로만 이루어진 음식은 진수성찬이라도 영양분이 아닌 해로운 물질을 먹는 것이다. 성인병 원인은 몸에 독소 물질이 들어와 빼내지 못하고 축적된 결과이다.

뇌는 멍청이가 되어 자기 입이 말한 대로 각인한다. 희망차고 긍정적인 말을 항상 해야 하는 이유가 여기에 있다(자기 최면 원리).

육체적 고통은 '자연이 내게 신체 어떤 부분에 더 신경을 쓰고 잘못된 부분은 고쳐야 한다'고 알리는 경고이다. 고통은 저주 아닌 축복이다(나폴레옹 힐) "착하게 사는데, 왜 이런 고통을 당해야 하나" 신세 한탄하는 걸림돌인 부정적 사고와 축복으로 뭔가 주시려 하는 디딤돌인 긍정적 사고는 하늘과 땅 차이이다. 선택은 자기 몫이다.

늙음 정의는 '기력이 약한 상태'이다. 기력은 기운과 근력이다. 근력은 꾸준한 운동으로 유지가 되지만, 기운은 꿈이 있어야 유지된다. 나이로 노인을 구분하는 게 아니라 꿈과 운동의 유무로 결정한다. 꿈 없는 20대는 기운이 없으며, 꿈을 가진 80대 청춘은 아플 겨를조차 없다.

마음과 몸 모두 힘이 있어야 한다. 몸은 음식으로, 마음은 생각으로 힘을 얻는다. '나 아닌 것' 덕분에 '나'가 존재함을 깨우치고 감사하며 그에 보답하려는 밝은 생각은 마음의 힘이 되는 영양분이다. '덕분입니다-감사합니다-보답합니다'를 큰소리로 자주 말하면 불안, 걱정, 좌절 어두운 생각을 단번에 바꾼다.

인생 성공관리는 1) 몸은 영양섭취와 에너지 소모가 균형 이루도록 부지런히 움직여야 한다. 2) 마음은 주변에서 도와준 덕분에 산다는 자기 자신 위치를 알면 겸손 덕목이 저절로 함께 한다. 3) 말은 씨가 된다는 확신이 있으면 밝은 마음을 주변에 뿌릴 수 밖에 없다.

心身이 아픈 것은 완벽한 소우주인 인간의 균형이 무너진 경우다. 病理로 치료하는 의사 도움 없이 자기 혼자서 生理적 치유가 가능하다. 1) 마음을 "더 좋아질 수 밖에 없다" 긍정적으로 2) 몸을 전후좌우 균형 잡히도록 운동하고 3) 작은 대상(사람 사물 사건)에도 감사하고 4) 온도(37도) 염도(충분한 소금) 물(2L/일)이면 균형으로 되돌아간다.

육체 건강은 깨끗한 공기, 자연 음식, 적절한 운동으로, 마음 건강은 명상만으로 된다. 명상은 화장실 등 언제 어디서나 할 수 있다. 일단 멈추고, 입꼬리 올려 웃고, 제3자로 자기를 바라보면 된다(Stop + Smile + See) (건강)'기술'은 일단 해보고 자기에게 맞는 것을 찾아 지속하면서 남에게 가르치면 완전히 자기 것이 된다.

무병장수 삶 8가지 친구(하버드 의대) 1) 금연 2) 규칙적 운동 3) 건강 체중 4) 건강한 식사 5) 7-9시간 밤 수면 6) 정상 혈압 7) 정상 혈당 8) 건강 콜레스테롤. 병치레가 많고 일찍 죽는 데는 다 이유가 있다. 여러 항목이 균형을 이루지(成均) 못하면 비효율로 실패한다. 개인 건강뿐만 아니라 사회도 균형을 이루어야 건강해진다.

본근한(3ㄴ)

프로는 핵심을 알기에 단순화하고 아마추어는 모르기에 복잡하게 만든다. 아이폰 성공의 핵심은 더 뺄 것이 없는 기능, 디자인의 단순화이다. 단순화는 프로의 성공 비결이다.

타 방송사가 현상에 치중할 때 본질에 穿鑿(천착: 후벼서 구멍 뚫기)했다. 그들이 말단과 지엽에 집착할 때 우리는 뿌리와 근본에 호소했다(EBS 김유열 Delete) 딜리트(삭제)만 잘해도 누구나 창조자, 혁신가, 개척자, 개혁가가 될 수 있다. 딜리트 하면 무엇을 해야 할지 명확해진다. 버리면 얻는다. 철저히 버리면 본질/근거/한계(3ㄴ)가 보인다.

'자기 자신'에 대한 본근한(3ㄴ) 정리하면 지혜가 생긴다.

본질: 靈魂肉(영혼육) 3중 구조 온전 완전한 존재
근거: 地水火風(지수화풍) 에너지 인연 덩어리
한계: 영혼육 사용설명서 확인하고 세상과 초연결(시간) 초융합(공간) 필요

수면제를 먹이려고 잠자는 사람을 깨운다. 어리석음은 본질을 파악하지 못하는 데서 나온다. 자기만의 틀에 갇혀 상대와 세상이 무엇을 필요로 하는지 모르고 자기 생각대로 행동한다. 시간과 공간을 넓히면 본질과 비본질이 보인다. 본질은 철저하게 하고, 비본질은 대충 해야 한다.

(本)質(疑)問(본질의문)의 약자가 질문이다. 본질은 내공(인격)이 있어야 지속적 의문이 가능하다. 육하원칙-지금(When) 여기(Where) 자기(Who) 불편함과 고통은 어떤 것인가? Why 고통스러울까? 고통이 사라진 모습은 What인가? How 행동하면 되는가? 질문이 아닌 대답에 익숙하다면 품격이 아직 낮은 상태이다.

강점이 같으면 경쟁자가 되지만, 약점이 같으면 급속히 친해진다. 약점이 가진 강점이다. 성숙한 인간일수록 자기 存在 위에 약함을 알고 협업을 한다. 1) 나라는 존재 혹은 비즈니스 모델이 본래 무엇인가?(본질) 2) 어떤 근거(데이터, 법칙)와 사례가 있나?(근거/증거) 3) 영원히 지속할 방법은 있나?(한계) 본근한(3ㄴ)으로 Easy & Simple 하게 만들면 상대가 공감한다.

문제해결 원칙: 59분을 문제 정의하는데, 1분을 해결책 책정하는데 쓴다(아인슈타인) 문제를 Why 풀어야 하는지 What 목적인지도 모르고 무작정 풀려고만 한다. How 풀 것인가? 솔루션은 다양하다. 과거에 있는 대답보다 미래를 결정하는 열쇠는 질문이다. 생각이 없으면 질문도 없다.

사람의 본근한(3ㄴ) 1) 본질: 靈魂肉 3종 세트-영(자연)에서의 느낌(영감) 받으면 바로 움직이나(화장실 가기) 혼(내면)이 하루 5만가지 생각으로 즉실천을 안한다. 2) 근거: 생각이 있는 에너지 인연 덩어리로 태어나면서 모였다가 죽으면 자연으로 돌아간다(죽는다). 3) 한계: 3종 세트 자기자신 사용설명서 확인하고 다른 것과 연결/융합이 필요

지금 여기(When Where) 고통을 가진 인간 존재(Who)가 자기 근거(Basis), 본질(Essence)과 한계(Limit)에의 의문(Why What)을 지속적으로 가지다가 Aha!하고 (Head로) 알고 (Heart으로) 느끼는 인식이 깨달음이다.

위기가 왔을 때 문제제기보다는 기회(가능성)에 집중해 질문하면 긍정 에너지가 생긴다. 위기를 '예'측하고 '준'비하고 '대'응하면 된다(예-준-대). 소방관은 불 끄는 일(대응)이 전부가 아니다. 불이 날 곳을 예측하고 불나지 않게 미리 준비하고 그래도 불나면 준비된 체력을 바탕으로 불을 향해 물로 대응한다.

시도했다가 실패하는 것은 죄가 아니다. 유일한 죄악은 시도하지 않는 것이다.(Suellen Fried 저술가) 행복은 그냥 만들어지는 것이 아니라 노력으로 확인하는 것이다. 성공이든 행복이든 시도해야 발견할 수 있다. 행복은 만들기 어려운 발명품 아니라 주변에서 찾기 쉬운 발견품이다.

문제 지적은 누구나 하지만 문제 해결은 아무나 할 수 없다. 안목과 판단력이 '필요조건'이다. 문제가 있다거나 해결되었다고 판단하는 것은 모두 사람의 몫이다. 문제해결의 시작과 끝은 사람과의 소통(충분조건)이다. 문제점을 발견하여 설명할 수 있어야 한다. 본질과 근거, 한계(3ㄴ)를 요약하여 설득해야 한다. 근거는 법, 원칙, 데이터로 제시되어야 한다.

나의 본질은 광명의 빛이다. 영원, 무한한 가능성, 풍요, 여유 이것이 바로 나의 본질일세(덕분스쿨 성담) 인간의 육체와 마음이 물질을 넘어 에너지인 것은 과학적으로 이미 증명이 되었다. energy가 함께(syn-) 하면 synergy가 나온다. 부족한 개인 energy가 모여 완벽한 팀 synergy를 만든다.

나의 본질은 본래 깨달아져 있다. 깨달음은 얻는 것이 아니라 기억하는 것이다(덕분스쿨 성담) 바른 앎인 지혜를 기억하고, 바른 삶을 위하여 즉시 행동하는 게 본질의 본질, 극본질이다.

나는 '나 아닌 것' 덕분에 존재한다. 나 아닌 것이 바로 나다. 우리의 본질은 온전하고 완전하다. 존재한다는 이유 하나만으로 우리는 무한한 사랑을 받을 자격과 권리가 있다. 그것은 우리의 영원한 권리이다(덕분스쿨 성담).

우주 큰 마음(靈)이 나의 작은 마음(魂)으로 들어오는 것이 영감이다. 어디를 거치지 않고 직접 오기에 직감이다. 영과 혼의 관계를 이해하고 영감/직감을 받아 즉실천 하면 우주와 하나가 된다. We are the Universe.

우주는 언제나 나를 위해 내가 상상도 할 수 없는 숭고한 계획을 가지고 있다. 그러므로 나는 최선을 다할 뿐 믿고 맡긴다. 우주는 거대한 복사기이며 상상이 창조주다(덕분스쿨 성담).

4차 산업혁명 시대는 창조해야 살아남는다. 창조는 남과 다르게 하는 것이다. 남과 똑같이 하는 것은 복사이지 창조가 아니다. 다른 사람과 작품을 일단 가슴으로 느끼고 머리로 배우고 조금만 비틀어 손발로 행동하면 창조다. 가슴, 머리, 손발, 온몸으로 하는 것이 창조이다.

영성이란 국경, 종교, 인종, 문화, 전통을 뛰어넘어 모두는 동등하고 상호의존하여 연결되어 있는 존재로서 우리는 하나라는 것을 표현하는 원천지이다(덕분스쿨 성담).

3차 산업혁명 시대는 개체 지성이면 살 수 있었다. 4차 산업혁명 시대 생존은 전체 영성시대임을 절박하게 확인하고 확신을 가져야 살 수 있다. 존재의 상호의존 연결은 www(world wide web)기술이 만들었다.

통합화(Integration)와 최적화(Optimization)가 모든 일의 핵심이다. 오케스트라 튜닝은 목관악기 오보에가 A(라)음을 길게 불면 바이올린 등 현악기가 먼저 음을 맞추고 목관악기, 음량이 큰 금관악기와 타악기 중 유일하게 음높이가 정해진 팀파니가 소리를 맞춘다. 관악기는 연결부를 빼거나 넣어 관 길이를 조절한다.

물과 파도가 둘이 아니다(不二 불이). 만사를 별개 존재로 분별하기에 사람들은 힘들게 산다. 사랑과 미움, 많고 적음, 밝음과 어둠 등으로 분별보다는 본질을 생각하면 모든 게 하나로 모인다 (萬法歸一) 세상에 만 가지 물질(법칙)이 있는 것처럼 보여도 결국은 하나다. 파도와 물이 하나이듯 본질을 보아야 한다.

함축이란 상세하되 비만치 않고, 간결하되 뼈가 드러나지 않는 것이다(연암 박지원) 함축은 뜻은 유지하는 상태에서 형태를 최소화하는 것이다. 몸의 구성 핵심인 뼈와 근육만 남기고 불필요한 지방이 없는 상태와 같다. '본'질과 '근'거와 '한계'(3ㄴ)를 묻고(?) 느낀다면(!) 함축된 상태다.

일 잘하는 사람들의 공통점은 달리기가 아닌 원의 안쪽을 파고든다. 원의 안쪽을 파고드는 것은 일의 本質을 잘 파악하고, 根據를 제시하며, 限界를 알고 있기에 자기 언어로 Easy & Simple 표현하는 것이다. 본질-근거-한계(3ㄴ)를 One Sentence, One Word로 표현할 수 있다면 그 분야 내공이 쌓인 최고 전문가이다.

인간의 본질은 불완전하다. 인간 사고는 뇌세포 속 불안정한 전자 이동으로 뇌의 활동이 활발하게 된다. 테니스 선수는 경기 내내 불안정성을 위해 뒤꿈치를 든다. 위기가 닥치면 인간은 불안정함을 극복하려고 온갖 수단을 쓴다. '위기가 기회'라는 확실한 증거다. 자주 위기를 갖는 게 도전정신이다. 지하철에서도 건강을 위해 뒤꿈치를 들어야 한다.

죽는다는 사실을 기억하면 기대, 자부심, 망신, 실패에의 두려움 등 모든 게 죽음 앞에서 사라지고 정말로 중요한 것만 남는다. 죽는다는 사실을 기억하는 한 이미 잃을 게 없기에 가슴 뛰는 일을 하지 않을 이유가 없다(스티브 잡스) 아이폰, 최고 부자, 암투병 사망-시대 아이콘이기에 어떤 철학자의 말보다 울림이 크다. 가슴 뛰는 일을 하라!

우주에 존재하는 모든 것이 심장 안 작은 공간에 있다. 원하는 것을 창조하려 기도할 때 뇌가 아닌 심장에서 하라(드룬발로 영성과학자) 임신 7주에 심장이 맨 먼저 생기고 세포분열로 혀→팔→다리→내장→뇌 순서로 인간이 구성된다. 본질인 심장으로 맨 먼저 느끼고, 손발로 익혀야 내 것이 된다.

아는 자는 말하지 않고, 말하는 자는 알지 못한다(노자 도덕경) 24시간 깨어 있는 것이 청각이다. 그래서 세상의 근원은 소리라서 존재의 근본원리 찾는 사람이 하는 수행이 묵언이다. 묵언으로 실제 몰입하고 있으면 말할 시간이 없다. 존재를 깨치면 얼굴이 맑아진다.

사랑(솔소사)

다함께 잘사는 세상(다잘세) 만들기는 방향이고 솔선수범 > 소통 > 사랑(솔소사) 프로세스는 방법이다. 올바른 방향과 올바른 방법이 만나야 행복할 수 있다.

항산항심(恒産恒心) 솔소사 프로세스 혁신

• 꿈 + 참 + 힘: 衣食住(3ㅁ) 물질적 풍요(恒産) 필요조건 • 몸 + 마음 : 知好樂(2ㅁ) 정신적 풍요(恒心) 충분조건
1. 솔선수범(Lead & Example): 등 보이기 • Self(나)/Others(나 아닌 것) • Leadership(책임)/Leader(역할) • Coaching(수평관계)/Mentoring(수직관계)
2. 소통: 자연(靈Spirit)/내면세계(魂Soul)/인연 • Open Mind + 공감적 경청 + 긍정적 질문(5W1H/5W3H)
3. 사랑: 상대 생명 보호와 성장에의 관심(존중) • 널뛰기(상대 먼저 올리기) Give & Take/Forget

양손에 물건을 가득 잡고 나서 뭔가를 더 가지려는 욕심을 부려도 더 얻을 수가 없다. 손에 있는 것을 내려놓고 버려야 다른 좋은 부분을 잡을 수 있다. 이 부분을 실천하는 것은 솔선수범과 소통과 사랑이 한 세트로 되어야 한다. 사랑을 주면서 '뭘 (도와)주지?'라고 하는 부분이 전제되어야만 한다.

솔소사 프로세스는 프로세스 단어가 의미하는 것이 행동을 전제로 한다. 아무리 머릿속에서 개념이 잘 잡혀서 마음이 일어나더라도 행동이 99% 뒷받침되어야만 가능하다.

솔선수범은 영어로 Lead & Example이다. Example 모범을 보인다는 것은 '이거 해라 저거 해라. 이렇게 하면 좋다. 저렇게 하면 좋다.'는 잔소리로 가르치는 게 아니고 행동하는 모습을 보고 다른 사람들이 '아 저렇게 하면 되겠네'라는 가슴으로 느끼는 것을 의미한다.

Lead는 두 가지로 목적으로 나눌 수가 있다. '나'와 '나 아닌 것'이다. 못마땅한 부분에 대하여 '세상이 문제가 있다'고 하고 세상 탓, 남 탓하는 사고에서 벗어나 모든 것은 '100% 내 탓이오' 할 수 있는 부분으로 바뀌지 않으면 절대적으로 자기혁신이 일어날 수가 없다.

Self는 부분은 역할과 책임으로 나누며 역할은 리더로서, 책임은 리더십이다. 축구선수는 자기 포지션에 따라 책임이 달라진다. 골키퍼는 대개 공격에 가담하지는 않는다. 공격과 수비 포지션에 따라서 자기 팀의 승리를 목표로 움직여야 한다.

인간도 행복이라는 목표를 위하여 영혼육(靈魂肉) 3중 구조가 일사분란 하게 움직인다. 영은 우주 전체로서의 대아, 혼은 개체로서의 소아, 육은 개체의 행동 주체이다.

자기 자신의 역할로 이끌어야 하는 주체가 리더이다. 보통 리더를 이야기하면 팔로워가 상대방 혹은 부하직원을 의미하지만 여기서는 자기 내면세계에의 리더를 의미한다.

소통 대상은 전체로서의 자연(대우주)과 개체로서의 내면세계(소우주)와 주변 인연이다. 자연은 靈(영) 부분이며, 자기 내면은 魂(혼) 부분이고 그 외에 자기와 관련이 있는 여러 주변 인연들이 있을 수 있다.

소통 프로세스는 우선 Open Mind가 되어야 한다. 상대방 이야기를 받아들이지 않고 담장을 쌓은 상태로서는 다른 부분과 소통할 수 없다. Closed Mind 상태라면 다른 의견이나 느낌이 들어올 수 없다. Open Mind는 점선 상태로 자기만의 성을 쌓지 않고 다른 것들을 자유롭고 원활하게 받아들이는 잠금장치가 없는 문이다.

자기 자신이 점선 상태로 자기가 '모른다' 하고 비울 때만 얻을 수 있다. 고기압에서 저기압으로 바람이 부는 것과 같은 상태일 때 소통이 원활하게 이뤄지게 된다. 오픈 마인드가 되면 다음에는 공감적 경청이 되어야 한다. 경청이 되지 않으면 모든 것이 힘들다.

공감적 경청은 상대와 내가 같은(共) 감정을 가진다는 것으로 가장 안되는 부분이다. 나이가 60세(耳順 이순) 정도 되어야 남의 이야기를 듣기 시작한다고 한다.

공감적 경청이 전제되어야 긍정적 질문을 하게 되고 그것이 육하원칙 5W1H로 연결된다. 이 책의 목적인 워크북도 5W1H(5W3H)를 잘 사용하는 데 있다.

솔소사 프로세스의 마지막은 사랑이다. 사랑은 상대방 생명에의 보호와 성장에의 적극적 관심으로 존중의 의미가 있다. 여기서 상대방은 배우자, 애인뿐 아니라 동식물, 무생물, 코로나 바이러스까지 모두 해당된다. 고양이를 사랑하고 식물을 사랑하고 돌멩이조차도 사랑할 수 있고 아낄 수 있는 것이 사랑의 기본이고 단순하게 생명 보호만이 아니라 성장할 수 있도록 적극적 관심을 가져서 존중하는 것이 진정한 사랑이다.

이 경우 바람직한 방법은 상대를 먼저 올리는 것이다. 우리가 민속놀이 널뛰기처럼 상대를 먼저 하늘로 올려야 다음에는 내가 하늘로 올라갈 수 있다. 하지만 보통 사람들은 Take & Take 계속 받기만 하려고 한다. 그렇지만 이제는 Give & Take 주고받는 관계가 안정적으로 시스템화 되어야 한다. 가장 바람직한 부분은 성인들의 Give & Forget 단계까지 갈 수 있는 것이 바람직하다.

복잡한 4차 산업혁명 시대에 생존함에 있어서 혼자만 잘살려고 하지 않고 다함께 잘사는 세상을 만들어 본다고 하면 이를 위해 서로 간 솔선수범과 소통과 사랑을 하는 세상에 되어야만 한다. 이 부분을 개념적으로 쉽게 실천할 수 있는 것이 One Page/One Sentence/One Word이며 쉽게 간단하게 설명할 수 있어야 한다.

솔선수범 하는 방법은 1) 자기에 힘들고 부끄럽고 어려웠던 한 과거는 잊어야 한다. 2) 자기가 자신과의 굳은 약속 즉 '내가 무엇이 되겠다', '무엇을 하겠다', '무엇을 가지겠다'라는 쉬운 영어 동사 3개 Be/Do/Have 약속, 다른 의미로 욕심 혹은 서원을 지켜야 한다. 3) 자기가 가지고 있는 성품과 역량을 자연스럽게 알린다면 저절로 될 수 있다. 나이가 들수록 '입은 닫고 지갑은 열어야 한다'가 적절한 표현이나 지갑이 두툼하도록 지속적 수입이 전제되어야 마음이 평화로워진다.

2차 세계대전까지 보이는 적과 싸웠던 미국은 항상 승리했다. 하지만 보이지 않는 적과의 싸움이었던 베트남(베트콩)과 아프카니스탄(탈레반) 전쟁에서는 참패했다. 눈에 보이지 않는 코로나와 인간의 관계도 없애기보다 공존이 바람직하다. 인간을 넘어 세균까지도 사랑할 수 있어야 한다.

관심은 마음에 일어나는 파도, 관찰은 머리와 눈으로 하는 분석, 관계는 손발이 움직여 자신과 연결하는 것이다. 연애, 사업 등 주도적 인간관계는 關心 > 觀察 > 關係 순서로 이루어진다. 내가 관심이 없으면 관찰하지 않고 모르니까 당연히 관계하지 않는다. 사랑의 상대어는 미움이 아니라 무관심이다.

인생에서 가장 멋진 일은 모든 일에 감사하는 것이다. 삶의 의미와 신비를 모두 꿰뚫고 있다(슈바이처) 진정한 감사는 온몸으로 하는 것이다. Heart로 진정 느끼고, Head로 감사 대상을 생각하고, Hand로 감사 충만 일기를 쓰면서 보답하는 행동으로 나누는 것이다. 재능, 시간, 돈을 나누는 게 사랑이다. 감사는 사랑이다.

自尊心은 '나는 잘 났다'로 자신을 지키는 마음이고, 自尊感은 '나는 소중하다'로 자신을 존중하는 마음이다. 자존심은 분별심에서 나오고, 자존감은 자기 '사랑'에서 시작된다. 남과 비교하는 분별심은 경쟁의식 등 부정적 결과로 이어지나, 이 세상 가장 위대한 단어인 사랑은 나부터 사랑해야 남도 사랑할 수 있다.

사랑이란 상대에게 무조건적 생명 보호와 성장에의 적극 관심이다. 어머니의 자식 사랑만이 진정한 사랑이다. 조건 없이 키우고 잘되도록 지원을 한다. 배우자 간 사랑도 대개는 조건 달고, 생명 보호까지는 해도 성장까지 적극적으로 지원하는 경우는 드물다. 요즘 어머니 24시간 돌보며 진정한 사랑을 알게 만든 힘든 상황에 진심으로 감사합니다.

부모가 자식을 選擇한다고 대개 생각한다. 하지만 실제로는 자식이 부모를 선택한다. 아기를 가지려 아무리 노력해도 안되거나, 원치 않은 덜컥 임신이 그 증거다. 자식을 부모와 동등한 존재로 보면, 자식에게도 존대말을 쓰고 영적/사회적/경제적 인간으로 자립하도록 생명 보호와 성장 지원하는 진정한 사랑(혁신)이 가능하다.

남을 무조건 사랑하기 힘들다. 자기부터 사랑해야 한다. 새끼발가락 세포부터 시작해 온몸 세포에 감사하면 된다. 아픈 부위 세포를 집중적으로 감사하면 마음이 엔돌핀을 생성해 고통이 사라진다. 지기 몸을 진정 사랑해야 남도 사랑할 수 있다. 사랑은 감사함에서 나온다. 나를 지탱하고 도와주는 모든 것에의 감사하면 행복해진다.

한국이 미래의 인류에 기여할 것을 꼽으라면 그것은 바로 孝(효)사상이다(역사학자 아놀드 토인비) 가장 큰 은혜는 이 세상에 태어나도록 만든 부모님 은혜다. 부모에게 베푼 건 강물에 흘리고, 받은 은혜는 돌에 새겨야 한다. 더 나아가 돌에 새기기보다는 가슴에 항상 새기고 '보답행'하는 게 孝道이다.

상대방이 싫어하는 것은 물질적인 피해, 정신적인 상처, 죽음이다. 좋아하게 만드는 방법은 반대로 하면 된다. 자기 것 나누어 도와주고(물질), 배려하여 상처나지 않도록 하고(정신), 생존하도록 도와주는 것이 사랑이다. 상대가 진심으로 좋아하는 것을 생각(Head)아닌 직접 하는 것(Hand + Leg)이 사랑이다.

심장 힘은 뇌 힘보다 크다. 제3 눈인 마음눈이 열리면 어떤 병도 치유된다. 뇌에서 시각화하여 창조하면 뇌의 이원성으로 물리법칙이 작용이 되어 원하는 것과 함께 원치 않는 것도 함께 끌어당긴다. 심장의 창조는 뇌 특징인 계산이 아닌 무조건 사랑이기에 남을 위하고 나도 잘되는 '원하는 것'만을 창조한다.

하나부터 열까지 달라도 같이 살 수 있는 것은 오직 사랑하기 때문이다. 한 가지만 달라도 못 견디는 것은 사랑하지 않기 때문이다. 상대가 나와 다르다를 인정치 않고 틀렸다 하는 순간 원만한 관계는 성립되지 않는다. 사랑하지 않으려면 미워하지 말고 무관심이 훨씬 낫다.

성공

성공은 한순간 대박이 아니라 오랜 세월의 누적이다. 택시 기사는 올바른 방향으로 가서 누적 거리가 나와야 돈을 받는다. 갓난아기는 뒤집기, 앉기, 기어가기, 걷기와 달리기를 하나씩 익힌다. 모든 게 절대 시간을 필요로 한다.

낙타 등을 부러뜨리는 마지막 지푸라기는 짐을 낙타에게 계속 싣다가 마침내 주저앉게 만드는 의미로 임계점이다. 양적 축적 후 질적 변화를 의미한다. 모든 일은 양적 시행착오가 전제되어야 돈, 명예, 성공이라는 질적 변화가 따른다.

임진왜란 연속 패전 속에 관군은 목을 베어도 도망자를 막을 수 없었으나 의병은 "떠나기를 원하는 자는 허락한다" 해도 떠나는 자가 없었다. 우리 역사상 국가 환란 시에는 관군이 아니라 의병이 나라를 구했다. 나 혼자만 아닌 다함께 잘 살려는 뜻이 있었기에 목숨을 버릴 일에 동참했다. 죽기 살기로 하면 무슨 일이든 성공한다.

성공 체크리스트: 1) 현명하고 (단점이 아닌 장점을 활용) 2) 지혜롭고 (원인 + 조건 = 결과 원칙 확신) 3) 예의지키며 (은혜를 알고 감사하고 보답) 4) 성실함 (말/시간/돈 약속지키기) 내가 우선 현명 + 지혜 + 예의 + 성실한가를 항상 체크하고 행동하며, 상대방도 현 + 지 + 예 + 성 체크하여 일을 도모하면 반드시 성공한다.

1만시간-법칙이 아니라 20시간이면 충분하다(Josh Kaufman). 1) 무얼 원하는 지 명확히 결정 2) 스킬을 세분하고 기본에 충실 3) 3-5개 다른 정보매체로 공통 부분 찾기 4) 실천의 장벽 없애기 5) 미리 계획하기. 아무리 바빠도 하루 40분씩 30일이면 된다. 핵심은 간절히 원하는 것을 즉실천하고 정진하기

힘 빼기는 골프, 야구 등 운동 기본이다. 휴식할 때 아무 것도 안하고 힘 뺀다고 쉬는 게 아니다. 힘 줄 때 주고, 뺄 때 빼는 게 고난도 기술이다. 시간배분, 업무집중, 인간관계도 정리정돈이 안되면 쓸데없는 곳에 에너지를 낭비한다. 힘의 강약을 조절하려면 필요한 것을 선택하고 거기에 집중해야 한다. 선택과 집중이 성공의 핵심이다.

나는 성공보다 성장이라는 말을 더 좋아한다. 성공 뒤에는 실패가 기다리지만 성장은 끝이 없다(박상영 리우올림픽 펜싱 금메달) 삶이 계속 성장한다면 죽는 그 순간이 가장 행복하게 된다. 성공보단 성장이 아름답다.

성공자는 우주선이 3단계 분리처럼 인생에서 몇 번의 극적 변화를 거친다. '내가 항상 옳다'에서 '내가 옳지 않을 수도 있다'라고 바뀌는 순간 가족, 친구, 지인과 싸움을 하지 않아 관계가 원만해진다. 자기의 편견과 고정관념을 전환하면 세상이 밝게 보인다.

미래는 WOW 프로젝트 시대이다(경영컨설턴트 톰 피커스) 결혼, 취업, 사업 등 모든 프로젝트는 책임감과 압력이 있어야 성공한다. 자기 어깨에 짊어지고(책임) 시간과 손익이 걸린(절박한 압력) 재미있는(WOW) 일이라야 성공한다. 무슨 일이든지 절박해야 Hand/Leg가 움직인다.

거창고교 직업 선택 10계명(월급이 적은 곳, 나를 필요로 하는 곳, 승진 기회가 없는 곳, 처음 시작하는 황무지, 아무도 가지 않은 곳, 사회적 존경이 없는 곳, 부모와 애인이 반대하는 곳, 장래성이 전혀 없다고 생각되는 곳, 중심 아닌 가장자리, 왕관 아닌 단두대)은 절박함이 있는 직업을 선택하라는 인성교육 방침이다. 밑바닥을 경험하고 절박함이 있어야 성공한다.

인간 세상에 없어야 할 직업은 의사와 변호사이다. 그러나 생노병사와 서로 간 다툼으로 있어야 할 직업이다. 건강 유지와 다툼을 예방하는 삶이라야 성공이다.

재미와 의미가 교차되는 지점이 글쓰기의 핵심이다(김정운 문화심리학자) 성공에 대한 Why와 What에 대한 글쓰기를 하여 의미를 부여하면 일에의 재미를 느낀다. 성공할 수 밖에 없다.

성공인 공통점은 주인의식을 갖는다. 주인(하인)은 답을 내고(문제 제기만 하고), 할 수 있는 방법을 찾고(변명을 먼저 찾고), 해결방안을 제안하고(불만부터 말하고), 책임을 지고(비판부터 하고), 항상 감사한다(불평만 한다).

'기본에 충실하라' 지키면 성공한다. 눈에 보이는 기본은 정리(불필요한 것 버리기) 정돈(필요한 것 제자리 두기)이다. 보이는 것을 강조하는 것은 기본이기 때문이다. 보는 것이 믿는 것이다.

성공자의 공통점은 성공과 실패에 일희일비하지 않고, 비난과 칭찬에 신경쓰지 않고, 묵묵히 자기가 정한 목적을 향해 가는 사람이다. 결국 자기만의 철학을 가지는 사람이 성공한다.

일제 치하 35년 중 5년을 남긴 1940년경 거의 모든 독립운동가들이 변절했다(법륜스님) 뜻을 세우고 30년 이상 한 분야를 파야 내공이 만들어진다. 실패한 사람들이 현명하게 포기할 때 성공한 사람들은 미련하게 참는다. 동트기 전이 가장 어둡다.

실수로 인해 자아에 상처를 입으면 어린 시절 가졌던 호기심 충동의 상당 부분을 잃게 된다(폴 슈메이커, 빛나는 실수) 호기심이 왕성하면 노년 청춘이고, 호기심이 없으면 애 늙은이다.

성공한 사람들은 대개 편집증을 갖고 있다. 기대치가 높고 기대치를 달성하기 위해 지나치리만큼 집착을 한다. 메모하고, 시간을 지키고, 정리정돈을 잘하고, 하기로 한 약속은 확실히 지킨다. 이유는 자기 일을 사랑하기 때문이다. 사랑의 어원은 思量(사량)의 양이다(경영코치 한근태) 聞問思用(듣고 묻고 생각하고 적용한다) 이후 확인하고 확신하고 생각 후 사용한다.

바람직한 인간관계는 상생 아니면 무거래이다. 모든 사람과 Win-Win은 불가능하다. 자기 가치관, 철학과 맞지 않을 때는 무거래 하는 것이 상책이다. 시시비비 통해 상대를 바로 잡으려는 것은 바보짓이다. 인간 숫자만큼 각자 세상이 존재한다.

남을 위해 산 가치 있는 사람이 되기 위해 힘쓰라(아인슈타인) '나 아닌 것'이 나 라는 무분별심 경지에 가면 자기에게 하는 것처럼 남에게도 1) 최저 가격 2) 최고 품질 3) 최상 서비스를 하게 된다. 결국 성공할 수 밖에 없다.

Think Different(스티브 잡스) 넘어 Feel Different(發心 발심)해야 성공한다.

- Who 나와 다른 '나 아닌 것'
- When 지금까지 삶과 다른 '즉실천'
- Where 여기 한국 로컬과 다른 '글로벌'
- Why 대충 사는 것과 다른 '존재 사명감'
- What 단독과 다른 '융합'
- How '분리'와 다른 '통합'
- How long 혼자 빠름과 다른 '같이 천천히'
- How much 가격과 다른 '가치'

品質은 品 > 格 > 質 단계이다. 인간의 본성 중 성품은 인연과 법칙을 내면으로 깨치고 행동하며, 성격은 이미지 등 외적 표현에 중점을 두고, 성질은 감정적 기복이 강하다. 최종 성공자들은 대개 성품을 가진 사람이다.

이기고 싶다는 열망, 이기겠다는 의도, 이길 것이라는 기대-3가지 마인드가 있어야만 진정한 성공이 가능하다(스탠 비첨) 마음 챙김, '만사 마음먹기 달렸다'가 성공을 좌우한다.

이 몸은 내가 아니며, 나를 가둘 수 없으며, 생사는 오가는 출입문이며, 나고 죽는 것은 숨바꼭질 놀이다(틱낫한 스님) 생사에의 확고한 인식이 있으면 죽는 것도 두렵지 않다. 사람들이 목숨 걸고 하는 일에 정진하는 이유다. 시간과 돈, 생명까지 손해 볼 수 있는 Risk를 받아들이면 성공한다(Risk-taking).

1) 자기가 누군지 알고 2) 사회에 기여할 대상 찾고 3) 올바르게 행동하기(토크쇼 여왕 오프라 윈프리) 사생아로 태어나 9살에 성폭행당하고 마약을 하면서 밑바닥 헤맸던 자기 성공비결이다. 지금(When) 여기(Where) 내(Who) 어려운 현실 이유(Why) 알고, 꿈(What) 가지고 실제로 행동하는(How) 것이다. 5W1H(육하원칙)가 성공 핵심이다.

음식은 地氣 받고 자란 것이고, 산소는 天氣이다. 천기 흡입하는 코와 지기 섭취하는 입 사이가 人中이다. 인중 위로 눈, 귓구멍, 콧구멍 각 2개씩, 아래로 입, 배꼽, 항문, 요도, 산도(産道) 각 1개이다. 1은 陽, 2는 상수학(象數學)에서 陰이다. 1(양)은 아껴 쓰고 조심해야 하고, 2(음)는 많이 쓰기 즉, 냄새 잘 맡고 열심히 보고 잘 들어야 한다. 입조심과 경청이 성공 핵심이다.

판매는 거절(No)당한 때부터 시작(On)이다(엘머 레터맨) No-On의 비밀은 꾸준함이다. 오늘도 묵묵히 담금질해야 쇠가 강해진다. 구태여 더 잘하려고 노력할 필요도 없다. 오늘도 어제처럼 그냥 하면 된다. 하다 보면 길이 보인다. 답답해서 그만두고 싶을 때가 바로 성공 직전이다. 실패자는 다 그 순간을 못 넘기고 멈춘다.

진정한 등반가는 산을 무서워한다. 하는 일마다 성공이 계속되다 보면 과욕을 부리고, 성공에 취해 자만하면서 큰 실패를 한다. 주기적으로 작은 어려움이 있어야 강해진다. 열대와 달리 온대 나무는 추위와 더위로 인해 나이테가 생긴다. 밤 + 낮처럼 실패와 성공은 단짝이다. 실패와 친해져야 성공한다.

성공은 그가 오른 위치로 평가되는 게 아니라 성공을 위해 노력하는 동안 얼마나 많은 장애물을 극복했는가로 평가된다(부커 워싱턴) 고려 18대 왕, 조선 22대 영의정 이름은 기억에 없지만 노비 출신 장영실의 과학업적, 문익점의 목화씨 몰래 가져와 면화 보급은 삶을 풍요롭게 하였다. 지위나 부가 아닌 사회 헌신 여부가 후대 기억에 남는다.

성공하려면 운이 따라야 하고, 당장 운이 닿지 않으면 우직하게 기다려야 하며, 용케 운이 닿아도 근기가 있어야 내 것으로 만들 수 있다(삼성 창업주 이병철) 운둔근[運鈍根]에서 運은 生活이다. '생'기가 돌고 '활'기차게 사는 것이다. 긍정적 태도로 생활하면 주변 좋은 에너지를 끌어 당긴다. 성공은 자기 노력 5% 미만과 주변 도움 95% 이상이 만든다.

세상에서 가장 어려운 일은 매일 첫걸음을 떼는 것이다. 첫걸음을 떼고 나면 다음 걸음부터는 가볍고 빨라진다. 성공은 머릿속에 존재하지 않고 걸음과 걸음 사이에 존재한다.(토니 로빈스) 精進은 매일 꾸준히 한 걸음씩 나아가는 것이다. 세상에 긍정적 큰 흔적은 천재 끼가 있든 없든 죽는 날까지 정진했던 자들의 결과이다.

서울로 가는 길 천 갈래도 넘지만 길이 없다. 떠나지 않은 사람에게는(홍사성 시인) 일단 출발하면 목표도 계속 보이고 발걸음도 가볍다. 한마음 일으키고(發心) 꾸준히 걸으면(精進) 서울에 닫는다. 발심과 정진이 성공 핵심이다. 일단 해보기(Just Do It)

계속 실패하는 것은 오르막길을 걷고 있는 까닭이고, 더이상 실패하지 않는 것은 내리막길에 접어든 때문이다(조정민 목사) 높은 꿈은 필연적으로 오르막이다. 꿈은 오르막인데 쉽고 편한 내리막길만 찾는 게 보통 인간이다. 자연법칙을 거슬러 오르막을 올라가야 頂上에 도달한다. 정상도달 성공에는 반드시 피와 눈물과 땀이 있다.

얼룩말을 쫓아 간 사람들 모두가 잡지는 못한다. 하지만 잡은 사람은 쫓아간 사람이다(아프리카 속담) 수많은 실패가 전제되어야 성공도 있다. 실패와 성공은 실제 행동이 전제되어야 한다. 뉴욕 2천여 개 동상 중에서 비평가를 기리는 동상은 하나도 없다. 대안없이 입과 글로만 하는 반창조적 행동 때문이다.

나는 '성공'을 어떻게 정의하는가? 성장, 연봉, 워라밸, 의미, 재미, 인간관계 6개 항목중 2개를 선택하라(김나이 커리어코치) 2개를 선택하면 '모범생'이지만 6개 모두 만족하는 삶은 '모험생'이다. 일이 휴식인 '워라밸' '재미' 상태로 '연봉'이 작아도 자기 '성장'과 '인간관계'를 중시하여 '의미' 가진 꿈을 이루려는 자가 모험을 한다.

내 핸드폰이 해킹되어 세상에 공개돼도 문제가 될 게 없는 삶을 살려 한다. 누구와 만나고 무슨 얘기를 나누고 무슨 행동을 했는지, 세상에 다 알려져도 문제 될 게 없는 삶, 그게 매일 내가 살아가는 기준이다(가수 박진영) 하늘을 우러러 한 점 부끄럼 없기를(윤동주 서시) 하늘을 우러러 지금 하는 일이 당당하다면 성공적 삶이다.

계속 頂上에 머무르려면 정상에 오른 다음 즉시 내려와 다시 처음부터 시작해 새로운 정상에 오르는 것이다. 에베레스트 정상에 올랐어도 확인 사진을 찍고 바로 내려오지 않으면 죽는다. 히말라야 16좌 연속 정상에 도전 자세가 진정한 산악인이듯 한 분야 비즈니스 성공도 빨리 잊어야 한다. 대개는 성공에 도취되어 있다가 폭망한다.

나는 11살 때 주식을 시작했습니다. 돈을 모으는 것은 눈덩이를 아래로 굴리는 것과 비슷합니다. 눈을 굴릴 때는 높은 언덕 위에서 하는 것이 중요합니다. 전 56년짜리 언덕에서 굴렸습니다(워렌 버핏) 어느 분야의 최고수가 된다는 것은 30년 이상 장기 목표를 세우고 지속적으로 노력한 결과이다. 씨 뿌리고 가꾼 만큼 열매 거둔다!

관찰이 관망을 이긴다(유영만 교수) '가보는 것'(행동)과 '보는 것'(생각) 사이에는 크나큰 차이가 있다. 직접 가서 보면 전혀 다른 느낌이 보이지만, 멀리서 혹은 책으로 보면 그냥 멋있어 보일 수도 있다. 멋있어 보이는 이면에는 처절함이 있다. 대개 성공스토리가 결과에 초점을 맞추지만, 피나는 사투 과정은 지나친다. '적극적 행동 없는 무난한 과정은 없다'

'성공 = 태도 × 열정 × 능력 × 꿈' 자동차 운전에 어느 하나라도 빠지면 성공 힘들다.

1. 시동(태도: 호기심, 개방성, 희생정신)
2. 연료(열정)
3. 운전(능력-면허증)
4. 목적지(꿈-목표)
5. 핸들/엑셀/브레이크(품질/비용/납기)

성공 철학은 패배를 기회의 디딤돌로 바꾸는 기술(나폴레옹 힐) 기회는 뒷문으로 몰래 들어오고, 종종 불운이나 일시적인 패배로 위장하고 찾아온다. 그 때문에 많은 사람들이 기회를 알아차리지 못한다. 걸림돌/디딤돌 마음먹기 씨앗에 실천 조건이 더해 실패/성공 결과(열매)로 나타난다. 세상은 因緣果(인연과: 원인 + 조건 = 결과)로 돌아간다.

태도 × 열정 × 능력 = 성공(일본 경영의 신 이나모리 가즈오 회장 사람 판단 시 체크리스트) 곱셈이라서 하나가 0이면 다른 게 탁월해도 전체가 영이 되어 인간관계도, 사업도 실패한다. 특히 열정은 세상을 변화시키며 공헌하려는 열망이다. 열정은 연료 없이 움직이는 무한엔진이다.

축구선수 중 하수는 공과 사람을 쫓아가고, 고수는 공간을 보고 움직이고, 최고수는 경기 흐름을 본다(전우용 역사학자) 승리가 목표라면 상대방 상승세는 맥을 끊고 우리 팀 상승세는 유지 시켜 흐름을 유리하게 만드는 게 최고수다. 업무도 무조건 바쁘게 일하는 게 아닌 맥락 읽기를 적용해야 한다.

1) 책벌레 2) 무거운 입 3) 매 순간 몰입 4) 타인성장 돕기 5) 거절의 달인. 성공하는 사람의 5가지 특징이다. 거절은 용기를 필요로 한다. 사기꾼에 속는 사람들은 거절하지 못해서다. 목표가 확실하기에 '해야 할 일'과 '하지 말아야 할 일'에 대한 구분이 있어 거절의 달인이 된다.

사람을 똑같이 대우하는 게 공평이 아니니다. 능력, 성과, 기여도, 성향에 따라 다르게 관리, 평가, 보상되어야 한다. 인간적인 불평등은 안되지만, 능력이나 성과에 따른 차등화는 오히려 공평성의 원리에 부합된다. 개개인에게 동기부여가 되어야 조직에는 창조적 성과가 만들어 진다. 동기부여가 즉시, 반드시, 될 때까지 하도록 만든다.

유도는 처음에 잘 넘어지는 방법을 배운다. 사람들은 한 번 넘어지면 다시 일어서기 어렵다고 생각하면서 기를 쓰고 안 넘어지려고 하나 누구나 넘어진다. '넘어짐'이란 '실패'가 아닌 다시 일어날 '기회'다. 넘어지는 법을 배운 사람은 다음에 넘어지는 것을 두려워하지 않는다. 회복탄력성(Resilience)이 전제되어야 성공한다.

세월의 주름은 사건과 사고를 겪으며 나도 모르게 내 몸에 각인된 직간접적인 경험의 흔적이다(유영만 교수) '구겨진' 종이비행기는 내 의지와 방향대로 멀리 날아간다. 마찬가지로 시련과 역경을 경험한 다양한 주름은 세상을 살아가는 밑거름이다. 자기 자신을 자꾸 '구겨야' 성공 확율이 높아진다.

태종은 신하 유형을 自燃性 : 可연성 : 不연성(10 : 80 : 10)으로 분류하고, 자연성 충신을 제외하고 무자비하게 숙청하여 아들 세종이 인류 역사상 최고 치적이 되도록 디딤돌을 만들었다. 학습(배우고 익히기)은 가연성 인간에게 집중해야 성과가 난다. 스스로 불이 붙는 자연성 인간은 자기계발(알아차림)로 항상 새롭게 태어난다.

성공 방법론: 개념 → 이해 → 추론 → 해결(먼저 시간 + 공간적 통합 개념을 잡고, 자연과학적 관찰 + 인문과학적 성찰인 통찰을 통해 이해하고, 이를 유추하여 예측하는 추론을 하고 행동하면, 고민되는 문제가 해결된다). 역사를 배우는 목적이 성공하기 위함이다.

作心三日(작심3일) 현상은 스트레스 방어 호르몬이 3일간만 유효한 것으로 이미 증명되었다. 힘차게 시작은 했지만 계획, 착수, 지속, 완수단계에서 지연된다. 인내력은 노력에 대해 즉각적 보상이 없어도 시작한 일을 지속하는 것이다. 행동을 유지하는 게 학습과 변화의 핵심이다. 성공의 관건은 '느린 변화의 시간을 견디기'이다.

진정한 성공자는 '똑똑한 중도 포기자'로, 현재의 길이 최종 목표에 더이상 도움이 안된다는 것을 깨달았을 때 과감히 방향을 수정한다. 여우가 따먹지 못하는 포도를 보며 '신포도'라고 자위하는 게 아니라, 최종 목표에의 확신을 가지고 길을 잃었을 때 원점으로 돌아가며 그간 노력이 헛수고 아님을 확인하는 것이다.

소통

미국 마이크로소프트(MS) 회사는 상대를 죽여야 내가 고과를 잘 받는 내부 총질 문화를 바꾸면서 시총 1위로 올라섰다. 핵심은 성과평가 방식 변경: 자기 실적(2/3) 타인 성공돕기(1/6) 타인에게서 도움받기(1/6). 자기만 잘해서는 좋은 평가를 받을 수 없어 연봉과 보너스에 불이익을 받는다. 돈과 연계된 (돕고 도움받도록 만든) 소통혁신이 세계 최고를 만든다.

체중 2%, 혈액 공급량 20% 소비, 1천억 개 세포가 100조 개 연결, 언어/행동/혈압/감정 등 모든 활동을 관장하는 유일 기관인 뇌 건강법은 혈류(피의 소통)에 있다(크리스틴 윌르마이어) 뇌는 혈액이 유일한 영양 공급원으로 간/근육과 달리 영양분을 저장할 수 없어, 영양 섭취를 혈액에만 의존한다. 뇌를 넘어 타인과의 건강한 '소통'시대가 왔다.

말하기는 3년, 잘 듣기는 60년도 부족하다. 공감적 경청이란 상대방 입장에서 눈을 바라보며 고개를 연신 끄덕거리는 태도이다. 온몸을 던져야 경청이 가능하다.

덕은 신과의 소통 능력이다. 신은 넓은 의미의 대상(세상, 사람, 사물)이다. 소통은 자기를 비우고 대상을 받아들일 공간이 있어야 가능하다. 가득 쓰여진 칠판을 싹 지워야 새로 쓸 수 있듯이 비우기와 내려놓기가 마음공부 기본이다. 소통할 수 있음은 대상 덕분이고 불통은 나의 잘못이다.

초등학교 3학년부터 도덕을 배운다. 道는 인간의 길이요, 진리요, 생명이다. 德은 자연과 사물, 타인, 특히 자기와의 소통 능력이다. 도는 지도이고, 덕은 지도를 보는 능력이다. 도덕이 있어도 실행하지 않으면 무의미하다. 임무 실행은 목표를 정하고 직접 걷는 것이다.

소통은 대화이다. 운동은 몸과의 대화, 독서는 저자와의 대화, 글쓰기는 자기 생각과의 대화이다. 생각은 문득 떠오른다. 아르키메데스가 목욕하다가 영감이 떠올라 "Eureka(알았다)"를 외친 것처럼 깊은 고민을 거쳐야 한 줄기 빛을 볼 수 있다.

이 세상 모든 일의 끝에는 글쓰기가 있다. 끝에 가면 모든 게 글쓰기로 판명이 난다(최재천 교수) 학자(논문) 회사원(기획/보고서) 연인(연애편지) 개업(상호) 광고(홍보전단) 등 모두가 글쓰기이다. 짧게 써라(상대가 읽는다) 명료하게 써라(상대가 이해한다) 그림같이 써라(상대가 기억한다) 글쓰기의 3원칙은 결국 타인과의 소통 방법론이다.

Teamwork는 혼자 완주하는 대신 적절한 순간에 더 빨리 달릴 수 있는 동료에게 바톤을 넘기는 릴레이 정신이다. 400m 계주에서 1번 주자가 출발이 늦어 다소 실패해도 다른 주자가 만회해 금메달 따는 것이 협업이다. 결국은 사람이고 소통이다.

말을 잘하는 건 지식 영역이고, 말을 잘 듣는 것은 지혜 영역이며, 움직이지 않는 천재보다 움직이는 바보가 낫다. 경청은 이야기를 잘 들으면 몸과 얼굴이 상대에게 저절로 기울어진다.

개념이란 세상만사가 원인과 조건에 의해 결과가 되는 상관관계를 구분해 소통이 잘 되기 위함이다. 바르게 알고 쓰임이 목적이라서, 누구나 알기 쉽고 간단해야 활용하기가 편하다. 고수는 쉽고 간단하게 개념을 설명한다.

소통을 위한 개념 능력은 쉽고 간단해야 한다. 30초 룰인 엘리베이터 테스트(NASA)는 주제를 One Page 분량으로 장황하지 않게 30초 안에 상대를 설득하는 것이다. 바람직한 리더는 자기 혹은 조직의 비전과 미션을 30초 안에 설명한다. 우선 자기 자신의 리더가 되어야 한다.

좋은 선물은 물건을 주는 것이 아니라 내가 가진 좋은 인물을 소개하는 것이다. 최고 선물은 전문가 집단을 소개하여 배울 수 있는 기회를 주는 것이다. 추천으로 직원을 채용하고, 파티에 초대받아 좋은 사람과 사귀는 이유이다.

세계적인 영국 문호 세익스피어는 3만 개 단어의 조합으로 햄릿, 맥베스 등 위대한 작품을 만들었다. 물리적 통합, 화학적 융합, 생물학적 통섭 등 3대 조합을 통해 새로운 주체와 위대한 작품이 나온다. 새로운 주체인 통섭과 통찰인은 소통을 통해 갈등이 없기를 원하는 인간이다. 소통은 자기에게는 비움, 상대에게는 귀 기울임과 받아들임이다.

머리로 생각하는 것보다 입으로 말하는 것이, 입 보다는 손으로 쓰는 것이 남과의 소통에 효과적이다. 남과 소통을 잘하는 사람이 성공한다.

Smart는 원활한 소통이다. 그림, 음악, 문자, 파발마, 전신, 전화, 인터넷까지 인간끼리 소통 수단으로 진화했다. 이젠 사람과 기계, 기계끼리 소통하는 시대가 Smart Factory(Farm, City 등)의 원활한 소통은 마음으로 듣고 묻는 것이다. 인간도 기계도 생각이 있는 에너지다.

효과적 대화 방법은 Yes, No를 유도하는 폐쇄적 질문을 하지 않고 So What?(그래서 뭘 하려고? 목적의식)과 Why So?(왜 그렇지? 인과관계 알기)의 개방적 질문을 잘 활용하는 데 있다. 개방형 질문이 인간관계에서 바람직하다. 당신은 어떻게(How) 생각하나요? 같은 방법으로 묻기 위해서는 상대방 관점에서 먼저 잘 들어야 한다. 경청은 인간관계 소통의 기본이다.

'보는 것이 믿는 것이다'처럼 보는 것은 아는 것을 넘어 믿게 만든다. 여행을 통해 견문을 넓힌 사람이 성공확율이 크다. 믿음이 전제되니 각종 어려움을 쉽고 즐겁게 이겨낼 수 있다.

당대에 스승과 사표는 없다. 집단지성이 있을 뿐이다(신영복 교수, 감옥으로부터의 사색) 1천원권 화폐인물 퇴계와 5천원권 화폐인물 율곡은 35년 나이 차에도 편지를 교환하며 삶의 성찰을 통한 집단지성을 실행했다. 호구조사 하거나 삶에 참견하기, 과거 자랑하기, '인생 선배로서 조언컨대' 같은 수사 사용하면 자기 과시를 위한 꼰대이다(한겨레 이준행 칼럼) '너는 틀렸다'가 아닌 서로 다름을 인정하고 소통한 경우가 35년 나이 차이 퇴계와 율곡 어른이다.

집단 지성(Head)보다는 집단 감성(Heart)을 우선으로 하는 게 필요하다. 비전을 같이 하는 조직과 가정, 회사, 국가는 융성 번창한다. 구성원은 같은 길을 가는 동반자이다. 같은 꿈을 가진 사람을 만들자. 반드시 성공한다.

감사는 '당연한 것을 특별하다'고 느끼는 긍정적 마음이다. 긍정 여부에 따라 감사는 기적을 만들기도 하고 무한한 잠재력과 소통의 계기도 된다. 자기 직전 그날 있었던 것을 감사하기

기억은 유한하고 비전은 무한하다. 비전은 역사보다 크고, 선입견보다 크고, 과거 감정의 상처보다 크다(스티븐 코비 성공하는 사람들의 8번째 습관) 경험은 과거, 역량은 현재, 꿈은 미래이다. 꿈은 자신이 잘 하는 것(역량) 하고 싶은 것(열정) 사회가 원하는 것(시대 정신) 옳다는 확신이 드는 것(양심)을 정리한 것이다. '역량'과 '꿈'이 공유되어야 쉽게 소통한다.

사과하는 방법은 먼저 "미안합니다", 이어서 "제가 잘못했습니다", 그리고 의문문으로 "용서해 주시겠습니까?" 상대방은 예외 없이 "네, 용서하지요"라 한다(마이클 하이엇) 사과는 양방향 소통이라야 효과가 극대화된다. 상대 의중 확인은 무시하고 일방적 사과는 진정성이 없어 도리어 관계가 악화된다.

소통과 리더십은 같다. 일관되고 신뢰할 수 있으며, 효과적이며 사려가 깊고, 예측이 가능하게, 따뜻한 마음으로 소통을 하는 것은 리더의 책임이다. 가족과 친구와 직장에서 원활한 소통을 하지

못해 불통 인간형으로 살아간다. 하루 최소 세 사람과 소통하려고 왼쪽 주머니에 있는 동전을 소통 후 오른쪽으로 옮기는 CEO도 있다.

소통혁신은 1) PC와 인터넷 2) 스마트폰과 와이파이 3) 메타버스다 (장동선 뇌과학 박사) 사람과 사람 사이 디지털 세상을 넘어 자연과 소통해야 진정한 소통혁신을 이룰 수 있다. 세상(하늘과 땅)과 인간(내면)과 주변 인연들과 소통이 완전한 소통혁신이다. 이 경우 반려동물과 나무, 돌과도 이야기할 수 있다.

부모 자식 주변인과 단순한 소통을 넘어 자연(靈)과 자기 내면세계(魂), 몸(肉)과 진정한 소통혁신이 필요하다. 몸이 이상이 생기면 미리 신호를 보내고, 자기가 해야 할 일은 영혼이 영감을 떠오르게 만든다. 송신은 영혼육이 하지만, 수신을 안해 일을 그르친다. 영혼육과 송수신을 원활하게 하는 게 소통혁신이다.

탁월한 리더란 팔로워에게 자기가 듣고 싶은 것이 아닌, 자신이 알아야 할 것을 말할 수 있도록 격려하는 사람이다(존 맥스웰) 상대가 부담없이 편하게 말할 수 있도록 하는 게 소통혁신이다. 성공은 자기 노력 5%와 주위 도움 95%로 구성된다. 소통혁신 없이 상대 도움을 절대 받을 수 없다. 탁월한 혁신의 결과가 성공이다.

남을 配慮하는 말은 사람과 사람 사이에 신뢰를 쌓아주고, 激勵하는 말은 사람의 마음을 밝게 해주며, 稱讚하는 말은 사람을 적극적으로 만든다. 웃는 얼굴로 '배려'하고 '격려'하고 '칭찬'외에는 묵언하는 게 바람직하다. 뒷담화, 비난 등은 돌고 돌아 결국 인간관계를 나쁘게 만든다.

다름이 문제가 아니다. 다름을 대하는 소통방식 때문에 싸운다. '당신이 옳다'는 사실이 '내가 틀렸다'는 사실을 의미하지 않는다. 서로 관점이 다를 뿐이다. 자기는 '절대 선'이고 상대는 '절대 악'으로 分別하기에 힘들어진다. '무분별심' 내기가 힘들면, '내가 옳지 않을 수도 있다'는 생각만으로도 삶이 편안하다.

밖에서 안으로 먼저 들어가야 한다. 소통은 남과의 소통보다 내면소통이 더 중요하고, 사랑도 타인 사랑 이전에 자기부터 화끈하게 사랑해야 한다. 동기부여도 자기에게 먼저 해야 한다. 모든 게 나를 알고, 내가 먼저 불이 붙어야 오래 탈 수 있다. 열정은 자식에게 물려줄 첫 번째 덕목이다.

"잘 지내셨냐?"는 이야기로 대화를 시작하면 "덕분에 잘 지내고 있습니다."라고 대답한다. 이 "덕분에"라는 말속에는 "내가 잘되고, 잘살고, 잘하고 있음은 당신의 관심과 사랑 때문이다." 라는 고마움과 감사함이 오롯이 담겨 있는 말이다. '나 아닌 것'이 없으면 '나'도 없다. 모두가 연결되어져 있다.

잔소리는 왠지 모르게 기분 나쁜데 충고는 더 기분이 나빠요(유퀴즈 출연 초등학생) 대개 상대가 원치 않는데 잔소리, 조언, 충고를 한다. 일방적으로 자기 경험과 지식을 기반으로 하면 부모 자식간에도 인간관계가 불통된다. 초등학생 자녀라도 수용하고 이해하고 인정하고 존중해야 서로 마음이 상하지 않는다. 하물며 성인에게는 요청하지 않는 한 입을 닫아야 한다.

지구와 태양의 거리가 달라지면 둘은 공존할 수 없다. 인간관계도 최적 거리 유지 시 공존한다. 부부나 친구도 가깝다고 반말하거나 농담이 지나치면 어느 순간 상처 입고 오랜 좋은 관계도 바로 깨진다. 상대를 수용, 인정, 이해, 존중해야만 최적 관계가 된다. 양팔 벌려 서로 부딪히지 않을 안전 거리에서 존중해야 한다.

方便이란 편리한 방법이다. 상대와 疎通(소통) 시 나이, 과거 경험과 현재 상태 고려치 않고 일방적 이야기만 한다면 불통이다. 창문 '안' 배고픈 아이에게 창문 '밖' 하늘을 설명할 수 없다. 천국/지옥 이분론적 주관 가진 성인은 지금 + 여기 + 자기 깨어있는 상태가 극락임을 이해하지 못한다. 상대 눈높이에 맞추고 배고픔 등 급한 상황을 해결해야 방편이 가능하다.

스승(코치)

인천공항에서 김포공항 갈 때 공항철도를 이용하면 38분 걸린다. 방법을 모르면 인천공항을 출발하여 전 세계를 방황하다가, 그나마 30년만에 김포공항에 도착하는 사람은 극소수에 불과하다. 지도와 내비가 눈밝은 스승이다. 불안하다고 속도를 내기보다는 올바른 방향 알려 주는 스승을 먼저 찾아야 한다.

눈 밝은 스승을 만나면 인생의 북극성이 어딘지 묻고 배워야 한다. 삼천년 어두운 동굴도 촛불 하나에 환하게 밝아진다. 북극성을 보고 방향(핸들)을 잡고 속도를 내다가 멈추어야 할 시점에 서는 것(엑설레이터/브레이크)은 결국 자기 몫이다.

세상에 공짜는 없다고 하나 가장 비싼 건 공짜이다. 공기, 어머니 사랑, 참된 스승의 언행이다. 자기 주변에서 진정한 스승을 찾아야 한다. 그들은 쉽고 간단하게 가르침을 주며 언행이 일치한다. 스승은 학교 은사만이 아니다. 자기를 깨우치게 하는 자연 만물이 스승이다.

빛을 퍼트리는 방법은 촛불이 되거나 거울이 되는 것이다(이디스 워튼) 자기 자신을 태우는 촛불이 되기는 어려울 수 있어도 좋은 스승의 지혜를 거울로 반사하여 여기저기 퍼트리는 것은 쉽다. 인류 4대 성인과 학교 은사만이 스승이 아니다. 풀 한 포기에게도 배울 마음이 있다면 자연에서 존재하는 생물과 무생물 모두가 스승이다.

혁신 리더는 불쏘시개, 주변 기술은 산소, 동기부여는 인화물질이다. 주변에 산소처럼 생명 살리는 아무리 좋은 기술이 많아도, 인화물질은 자발적 행동하는 인간의 몫이다. 불연성 인간을 제외하고 可燃性 인간에게 불쏘시개 역할을 하는 게 코치이고 (인류의) 스승이다. 움직일 기회인 動機(동기)는 남이 아닌 자기가 만들어야 오래 탄다.

인연은 자기 조상, 부부, 자녀, 이웃 등이 있지만 그중에서도 가장 중요한 부분이 스승이다. 스승을 잘 만나야 자기 인생이 바뀔 수가 있다. 똘감(인간)이 접붙이기(스승) 잘하여 단감(행복한 인생)이 된다. 스승은 쉽고 간단하게 가르치며 언행일치하는 인간이다. 어렵게 가르치거나 말과 행동이 다르면 참된 스승이 아니다.

코칭과 멘토링의 개념인 스승은 대학교수나 학교 선생님만을 의미하는 등 수직적 관계가 아니고, 돌에서도 배울 수 있는 상대가 모두 스승이라고 생각할 수 있다. 하지만 보통 우리들이 일반적으로 통용하는 스승은 멘토링 입장과 같이 수직적 관계 개념이지만 코칭은 수평적 관계로 서로 배우는 익히는 관계이다.

박지성 선수가 평발이라는 축구선수 결정적 약점에도 불구하고 히딩크라는 스승(코치)을 잘 만나서 세계적인 선수가 되었다.

기본 코칭 방향과 방법

- Open Mind + 공감적 경청 + 긍정적 질문 프로세스 실습하고 배워서 남주자
- PBL(Project Based Learning)-프로젝트를 만들어 직접 하고 추상적 아닌 구체화 하기
- (가슴으로) 느낀 점, (머리로) 배운 점, (손발로) 실천할 점 피드백하기

경험/지식으로 방향을 제시하는 수직적 관계인 Mentor, 개인이 스스로 마음을 일으켜 발심하도록 지원하는 수평적 관계인 Coach는 모두 지식(Head) 지혜(Heart)를 통해 행동(Hand/Leg)하도록 만드는 조언자이다. 진정한 행복은 자발적 행동에서 나온다. 스승은 Mentor보다는 각자가 고민하는 문제와 대안을 찾도록 도와주는 Coach 명칭이 바람직하다.

사람들의 병통은 남의 스승이 되는 것을 좋아하는 데 있다(맹자) 가르치려 하거나 지시하는 일에 익숙함은 상대방에의 우월감으로 변형된다. 더욱이 진실이 아닌 것을 가르치는 것은 상대에게 마약을 파는 것과 같다. 종교, 문화, 우주에 유일한 진리는 원인과 결과 인연과 법칙이다.

무조건 주는 사람이 아니라, 받을 사람을 돕는 사람이 되어야 코치가 된다. 씨가 흩날려서 바위, 물, 땅에 떨어지지만 정작 싹이 나는 것은 땅이다. 싹이 자라 꽃피고 열매 맺기까지는 공기, 물, 햇빛 등 많은 Helper가 있어야 한다. 식물 인과도 조건이 필요하듯이 인간도 지혜를 갖기까지 많은 조건이 필요하다.

코칭은 제자에게 자기 존재(Who When Where)를 머리로 인식하게 하고, 존재 이유(Why)와 삶의 목적(What)을 가슴으로 느끼게 하며, 5W 의문에의 해결 방법(How)을 긍정적 질문을 통해 스스로 찾도록 도와주는 것이다. 진정한 코치를 만나야 참된 인간이 된다.

어린이를 보고 웃을 수 있는 것은 그들의 순수한 행동과 가능성 때문이다. 흰 종이이기에 무한 가능성이 있다. 흰 종이에 스케치를 통해 모나리자 명작을 만드는 것은 스승을 잘 만나는 것이다. 감

씨앗을 심어 자란 똘감나무는 접붙이기를 잘해야 단감이 열린다. 본인 노력에 스승 도움을 만나야 한다.

청소년의 중요한 3가지 선택은 1) 인생관(Why, What을 위해 살아야 하는가?) 2) 배우자(인생 동반자) 3) 직업(경제적으로 독립)이다. 중장년의 3가지 선택은 1) 인생관과 우주관 2) 동지 3) 평생 직업이다. 운명은 누구를 만나는가에 따라 바뀐다. 평발 박지성 선수가 히딩크 코치처럼 눈밝은 스승을 만나야 한다. 만난 인연에 따라 인생이 달라질 수 있다.

"진짜 맞나?"는 과거-현재-미래 전체에 변치 않는 법칙을 찾기 위한 화두이다. 무엇을 얻기 위해 스스로 질문하고, 묻고, 판단하고, 실천에 옮기면 경험과 지식이 고스란히 내 안에 저장된다. 좋은 스승을 찾기 위해 많은 수고를 하지만 진정한 스승은 내 안에 있다.

돌은 물에 던지면 가라앉지만, 배 위에 던지면 하늘을 바라보며 여행할 수 있다. 자기를 이끌어 줄 스승을 찾아야 한다. 물에 가라앉든지 하늘을 보면서 즐기든지 자기가 찾기 나름이다. 자기를 받쳐줄 배 같은 스승을 찾아야 한다.

최고 부자 워렌 버핏의 성공 이유는 2명 스승에게서 배운 장기적 관점 가치투자(그레이엄 교수)와 사실 수집 원칙(필립 피셔)에 기초한 투자이다(앤드루 킬패트릭) 저평가 주식이나 사람을 알아내는 통찰력과 현장을 다니며 눈으로 확인하고 가슴으로 확신하는 방법론은 주식만이 아니라 만물에도 적용된다.

뭔가를 배우고 익힌다는 것은 感覺을 익히는 과정이다. 머리로 생각하는 것은 배우는 데 도움을 주지만 손발로 실행은 감각을 익히는 데 도움을 준다. 실행을 하고 이 방향이 맞는지 여부는 먼저 해본 분(스승)께 물어보고 판단한다. 이 과정이 반복되면 아무도 가르쳐 주지 않았는데 스스로가 맞는지 깨우침이 온다. 이것이 직관이다. 주변에 스승이 필요한 이유다.

히딩크처럼 유능한 코치(스승)는 '촉매'이다. 촉매(Catalyst)란 화학반응 과정에서 소모되지 않으며 반응 속도를 변화시키는 물질로 소량만 있어도 반응 속도에 영향을 미친다. 상대가 변화하여 자발적 행동을 하도록 '작은' 조언과 칭찬이 '큰' 변화를 가져온다. 진정 변하길 원하면 유능한 코치가 주변에 있는지 찾아야 한다.

인류의 위대한 스승은 코치(멘토)로 최고수이다. 상대와 싸우지 않고도 이기고, 입맛에 맞추는 게 아니라 입맛을 바꾼다. 글과 말로 변화를 일으키는 촉매 역할을 한다. 자기를 변화시킬 최고수를 찾아 배우고 익혀야 최소한 고수라도 된다.

탁월한 코치는 상대가 잘되기를 진정으로 바란다. 어떤 방식으로든 주어진 문제를 잘 해결하고, 더 성장하는 모습을 보고 상대를 향한 따뜻한 마음이 조화를 이룰 때, 상대도 마음을 열고 생각을 바꾼다. Open Mind + 共感적 傾聽 + 긍정적 질문이 핵심이다. 공감은 상대를 수용 + 이해 + 인정 + 존중해야 가능하다. 경청이 쉽지 않은 이유이다.

코치가 할 일은 선수에게 축구를 가르치는 게 아니다. 호날두에게 프리킥 차는 법을 가르칠 수 없다. 코치는 선수들이 '팀에서 축구하는 법'을 가르쳐 이기는 게 본질이다(호세 모리뉴 감독) 개인의 역량을 키우고 성장하기는 리더 아닌 본인 몫이다. 리더는 개개인의 전문성을 길러주는 것이 아니라 그들에게 팀으로 일하는 법을 코칭하고 리딩하는 것이다.

내가 도운 사람 중 훌륭한 리더로 성장한 사람이 몇 명이 있는가?(빌 캠벨) 올바른 성공이란 멋진 팀을 만들어 세상에 선한 영향을 주는 것이다. 규모가 작더라도 세상에 독특함을 주는 조직이 되어야 한다. 새끼발가락도 소중하다. 모두 머리만 되려고 하면 괴물이 된다. 튼튼한 잔뿌리가 있어야 튼실한 열매를 맺는다.

선의를 가진 사람이 많아야 세상의 복잡한 문제를 해결할 수 있다. 사람은 특별히 선하지도 악하지도 않다. 弱(약)하기에 자신에게 가장 이득되는 방향을 선택할 뿐이다. 부처, 예수조차도 세상을 구하려는 관점에선 이기적이었다. 小貪大失과 대탐소실의 선택 문제다. 다함께 잘사는 큰 비전을 탐낸 분이 인류의 스승이고 보통사람은 작은 부귀영화를 탐내다 크게 실패한다.

스승은 생사를 건네주는 사람이다(이성복 시인) 멘토, 롤 모델이 아니라 정확하게 죽음이 무엇인지 알려주려고 생사를 공부하는 사람이다. 죽음이 무엇인지 알면 삶이 무언지 알게 된다. 살면서 뼈아픈 고통이 다가와도 웃을 수 있는 것은 생사를 초월한 상태다. 인류의 스승들 모두가 그러한 과정을 거치며 북극성이 되었다.

많은 학생들을 가르치기 보다는 많은 스승을 키우는 사람이 진정한 스승이다. 많은 추종자를 거느리기보다 많은 리더를 키우는 사람이 진정한 리더이다(닐 도널드 월시) 고수와 최고수의 차이다. 음식 고수는 손님의 입맛에 맞추지만, 최고수는 상대의 입맛을 바꾼다. 각 분야 최고수가 세상을 살기 좋게 만든다.

5월 15일은 스승의 날이다. 학창시절 영향력 있던 선생님만을 스승이라 생각했다. 스승의 의미가 자기가 살아가는 데 깨우쳐 주는 '모든 것'이라고 새롭게 정의하고 풀 한 포기, 개 한 마리, 하늘 땅 아래 모든 인연 '덕분에'라고 생각을 확장하면 스승이 아닌 것이 없다. 나는 새롭게 스승을 정의한 깨어있는 삶을 산다. '어제의 나'보다 '오늘의 나'가 참 대견하다.

性品의 性은 心 + 生 조합이다. '생'은 '살다'와 '낳다' 의미가 있다. '나'와 '나 아닌 것'(전체)을 구분하여 분해/재조립하면 1) 내가 잘 산다. 2) 내가 자기 계발로 매일 나아진다. 3) 내가 전체를 나눔과 사랑으로 잘 살게 한다. 4) 내가 전체를 '다함께 잘사는 세상'으로 창조한다. 인류의 스승은 올바른 성품을 갖고 4가지를 실천한 분들이다.

단순하고 쉽게, 큰 그림을 보며 핵심에 집중하고, 설명이 아닌 감동을 주었다(스티브 잡스 발표) Easy & Simple 소통은 이슈를 1) 처음과 마지막에 알리고, 2) 상대의 수준 눈높이에 맞추고, 3) 적절한 비유를 하면서 4) 일방적 전달 아닌 Q&A로 해야 한다. 고객이든 학생이든 확신을 거쳐 행동하게 만드는 게 최고수이다.

스승은 (이해하기) 쉽고, (따라 하기) 간단하게 (Easy & Simple) 가르치고 시대를 정확하게 읽는다. 제자들이 준비하여 시대의 흐름을 타도록 지도한다. 자본주의에서 인본주의로 시대가 바뀐다. 주식회사 폐해에서 DAO(Decentralized Autonomous Organization 탈중앙화 자율조직)로 경제 주체가 바뀐다. 인터넷의 개방, 공유, 참여 공간에 공정한 배분까지 하는 블록체인 시대가 왔다. 누구나 스승이 되고 제자가 되는 시대이다.

공자님 말씀 옳다는 것은 누구나 안다. 하지만 가슴에 와닿지 않는다. 비싼 수업료를 내고 바닥을 쳐서 절박해야만 Heart에 Aha! 와닿는다. Head 지식으로만 아는 게 아닌 Hand/Leg로 체득한 뼈저린 경험이 전제되어야 Happiness로 갈 수 있다. 옛날 아닌 현시점에서 스승의 조언과 자신의 영감/직감이 필요한 이유이다.

명작은 한결같이 지루한 부분이 있고 위인들의 생애도 지루한 기간이 있었다(버트란드 러셀) 일주일 울고 죽는 매미도 40cm 땅속에서 애벌레로 13년 혹은 17년을 지내야만 된다. 매미조차도 참고 기다리는 시간이 필요한데 위인이 아닌 보통 인간도 기다림의 시간이 당연하다. 최고의 스승은 시간이다.

습관

짐승을 잡는 올가미는 몸부림치는 속성을 이용한다. 사람을 잡는 올가미는 습관이다. 현실이 힘들다고 몸부림을 치는 것은 부정적 습관이라는 올가미가 더욱 죄는 것과 같다. 몸부림을 멈추고 Why? What? How? 할지를 차분히 고민하는 시간을 가져야 한다. 멈추면 보인다.

인생의 가치가 있는 것, 소망하고 이루고픈 것 모두 오르막이다. 문제는 대개 사람들 꿈은 오르막인데, 습관은 내리막이라는 사실이다(존 고든) '성공하는 사람들 7가지 습관' 세계적 베스트 셀러 저자로 부와 명예 얻은 스티븐 코비가 파산했다. 파산 이유가 성공 '습관'으로 바꾸지 않았기 때문이라고 자인했다.

水滴石穿(수적석천) 물방울이 돌을 뚫을 수 있는 이유는 '물의 힘'이 아니라 '돌을 두드린 횟수' 때문이다. 단번에 잘하는 천재보다 둔재의 꾸준한 정진이 인류 역사상 큰 자취를 남겼다. 개인 건강도 꾸준한 좋은 습관이 핵심이다. 진리는 단순하고 평범하다. 꾸준히 즐겁게 한다(정진바라밀).

습관은 하루아침에 생기지 않는다. 이로써 스스로 손목과 발목을 꽉 잡고 있다. 긍정 씨앗으로 긍정 열매를 얻을 수 있음을 알고 있으면서, 자기가 놓은 덫에 걸려서 꼼짝 못한다. 습관도 하루아침에 바뀔 수 있다. 긍정 태도로 발상의 전환을 이루면, 관점이 바뀌어 습관도 즉시 바뀐다. 폭식, 흡연에서 습관 변화가 건강을 만든다. 습관을 바꾸면 새로 태어나는 것이다.

일이 막힐 때 무조건 걷다 보면 불필요한 생각 나가고, 누구에게 답을 안 구해도 스스로 알게 된다. 신선한 에너지가 몸 구석구석 흐르기 시작하면 의식이 명료해지고 사고는 단순해진다. 무엇이 중요한지 알게 되고 행동도 진취적으로 바뀐다. 걸음을 잘 걷는 습관이 운명을 바꾼다. '걸음아 날 살려라' 난 행복할 운명이다.

펠레는 경기장 전체 빨리 보고 빈 공간에 집중해 행동하여 축구 황제가 되었다. 외교를 포함한 모든 일도 그렇다. 크게 보고 빠르게 움직이려면 평소에 크게 보는 습관이 배어야 한다. 지구, 나, 주변 인연을 하루 3분만 꾸준히 보아도 생각 수준과 행동이 달라진다.

인생의 반은 변하는 것들과 싸우고, 나머지 반은 변하지 않는 것들과 싸운다. 아무 생각도 없이 그대로 하는 습관이 제일 무섭다. 자기와의 싸움을 피하려는 습관은 결국 인간을 쇠퇴시킨다. 인생은 성찰과 성장을 위하여 끊임없이 자신과 싸워야 한다.

당신을 시작하게 하는 것은 의욕이며, 의욕을 지속시키는 것은 습관이다(Jim Rohn 성공철학자) 무엇이든 하고 싶은 마음이 일어나야 시작하고, 절박함과 신바람이 어울려야 습관으로 자리 잡는다. 억지로 하는 일이 성공하는 일은 없다. 자발적 행동만이 성공한다.

탁월은 하나의 사건이 아니라 습관이다(아리스토텔레스) 습관은 Heart, Head와 무관하게 Hand/Leg가 몸에 배어 생각하지 않고 저절로 움직이는 것이다. 좋은/나쁜 습관(원인)은 성공/실패(결과)를 가져온다.

인생을 완전히 바꾸는 핵심 습관 3가지는 운동, 정리정돈, 재테크이다(NYT기자 Charles Duhigg) 볼링에서 킹핀 1번과 5번을 동시에 쓰러뜨려야 스트라이크가 나듯, 핵심 습관은 다른 습관을 쉽게 변화시킨다.

포기할 것이 없어서 죽는다(마크 트웨인) 포기할 것이 있다는 것은 더 나아질 수 있음을 의미한다. 건강을 위해 술과 담배를 포기하고, 큰 뜻을 위해 명예, 권력, 직장을 포기한다면 감사해야 한다. 완벽하다면 더이상 뺄 게 없기에 감사하다. 부족하든 완벽하든 만사에 감사하는 습관이 나를 행복하게 만든다.

모든 생각과 기억은 최초 뿌리 생각이 어떤 선택을 하느냐에 따라 그것을 기준으로 꼬리를 물고 생각과 기억이 전개된다. 생각 이전에는 어떤 문제도 없음을 확인하면 된다. 본래 아무 문제가 없었다. 긍정과 부정 바라보는 관점 첫 단추가 모든 것을 결정한다. 긍정은 성공으로, 부정은 실패로!(No Self, No Problem)

일본 아베 '때문에' 보다는 아베 '덕분입니다'가 바람직하다. 습관적으로 남 탓, 환경 탓을 하면 나는 책임을 안 지고, 개선하지 않고, 변화하지 않겠다는 정신 의존 태도이다. 아베 덕분에 기술자립 등 정신독립 긍정적 효과가 나타난다. 남 탓은 순간적 회피와 모면을 가능하게 하지만 영원히 몰락하는 마약과 같다.

매력이 있어야 삶이 편안하다. 나는 나 아닌 것 덕분에 사는 줄 깨우치면 감사하게 되고, 긍정적이며, 웃는 얼굴이 되고, 부드럽고 따뜻한 말과 보답하는 행동을 자연히 하게 되는 매력에 모든 사람이 끌리게 된다. ~덕분에 한 생각이 인생을 변화시킨다.

C19 의료진 영웅에게 보내는 감사와 존경인 '덕분에 챌린지'는 오른쪽 엄지손가락을 왼쪽 손바닥에 받친 모습으로 진행되고 있다. 확진을 막는 분뿐만 아니라 공기, 물, 음식 등 모든 생물과 무생물 덕분에 인간은 살고 있다. 바이러스 덕분에 바쁘게 살던 삶을 진지하게 되돌아 본다. 코로나 바이러스 덕분입니다.

인생의 성공 습관 1) 마음 습관-밝은 생각만을 하는 절대 긍정 습관(콩 심은 데 콩 난다) 2) 언어 습관-비난, 불평, 불만, 짜증 아닌 칭찬과 감사 언어 습관(덕분입니다) 3) 몸 습관-찌푸린 얼굴보다 웃는 습관(입꼬리를 올리면 웃는 얼굴이 된다)

성공에의 무기는 지식/노력보다 습관이 중요하다. 인간은 습관의 노예이다. 습관의 명령을 거스리기가 어려워도 해야 할 첫 번째 노력은 좋은 습관 만들어 노예가 되는 것이다. 유치원에서 성공 습관을 배웠다. 일찍 자고 일찍 일어나기, 편식하지 않기, 친구와 잘 지내기, 인사 잘하기 등 기본을 평생 행동해야 성공한다.

한국 부자 기준이 100억 자산, 연 소득 3억이다(KB금융) 꾸준히 소득이 있는 것이 恒産, 항상 편안한 마음 상태가 恒心이다(항산항심, 맹자) 돈 벌면 행복할 줄 알지만, 대개는 행복을 팔아서 돈을 번다. 항산과 항심은 한쪽에 치우치지 않고 균형을 이루어야 한다. 큰 부자는 하늘이 정하고, 작은 부자는 땀에서 나온다.

성공한 인물은 인간 본성의 결핍과 불안을 활용해 전략을 세우고 실행했다(로버트 그린) 바닥까지 떨어져 절박해야 성공한다. 올바른 목표 정하고 올바르게 실행하면 된다(Do Right Things Right) 카카오 맵에 주소 치고 차량/대중교통/도보 방법을 선택하면 (성공)도착 시간이 나온다. 절박하지 않고, 꿈도 없고, 행동하지 않기에 실패한다.

'바쁜' 생활과 '근심'은 강함의 징표가 아니라 나약함과 열악한 환경의 징표이다(윌리엄 제임스) 바쁘게 무엇을 한다는 것은 미리 준비를 제대로 하지 않은 것이다. 분명한 목표, 확실한 실력, 즉시 + 반드시 + 될 때까지 하는 실천이 전제되면 '천천히' 하는 정진 습관과 '평정심'으로 바뀐다.

고된 노동으로 죽는 사람은 없다(스코틀랜드 속담) 인간은 지루함, 심리적 갈등, 질병 때문에 죽는다. 열심히 일할수록 행복하다(데이비드 오길비) 학교 수업도 50분 공부하고 10분 쉴 때 휴식이 짜릿하다. 좋아하고 즐기는 일을 하면 60분 전체가 일이고 휴식이다. 100세까지 즐길 '일'이 자기 소명이다.

인간의 의식은 5%, 무의식은 95%다. 무의식적으로 그냥 하는 게 습관이다. 올바른 습관을 만드는 방법은 반복이다. 반복하면 익숙 > 숙달 > 달통(익숙달) 과정을 거쳐 무의식에 저장된다. 바닥에 떨어지는 경제적 충격이나 눈물을 흘리는 가슴이 벅찬 감동을 받으면 바로 무의식에 저장된다. 행복도 성공도 무의식 기반 습관에서 나온다.

인간을 성공으로 이끄는 강력한 무기는 풍부한 지식이나 피나는 노력이 아니라 바로 습관이다. 인간은 습관의 노예이기 때문이다(오그 만디노) 유치원에서 좋은 주인이 되기를 익힌다. 거짓말 하지 않기, 친구와 싸우지 않기, 일찍 자고 일찍 일어나기, 음식 골고루 먹기 등은 몸과 마음을 강건하게 만드는 주인 습관이다.

마음을 자극하는 단 하나의 사랑의 명약, 그것은 진심에서 나오는 배려이다(메난드로스) 배려는 쉬우면서도 쉽게 행동할 수 없다. 습관처럼 몸에 밴 배려심이 사랑의 시작이다. 배려와 함께 거절할 수 있는 용기가 사랑의 종점이다. 진정 사랑한다면 거절할 수 있어야 한다. 마음 약해서 거절하지 못해 낭패를 보는 경우가 많다.

인간은 잘 잊어버리기에 머리로 배우고(學) 손발로 익혀야(習) 한다. 지루하고 단순한 것을 반복하는 것은 몸이 저절로 움직이도록 하기 위함이다. 학습의 습(習)자는 새가 날개짓을 하얗게 되도록 해야 비로소 날 수 있다는 의미다. 몸이 저절로 반응해야 고수의 경지에 이른다.

프로와 아마의 차이는 꼭 보면서 해야 하고(아마추어) 안 보고도 할 수 있다(프로페셔날) 프로 즉, 고수는 자기 경영을 잘하는 사람이다. 1) 분명한 목표 2) 확실한 실력 3) 습관 통제 4) 대인 관계 5) 해내는 힘 등을 모두 갖춰야 한다. 어느 하나라도 없으면 아마추어 수준이다.

'의도적'으로 집중하면 안된다. 집중은 (훈련으로 만들어지는) 습관이 되어야 '끝까지 해내는 힘'이 생긴다. 집중은 간절히 기도할 때, 쉽고 간단할 때, 기분 좋을 때, 즐거울 때, 주려고 할 때, 도와줘서 잘 될 수 밖에 없을 때 '저절로' 집중이 된다. '즉시 반드시 될 때까지' 습관이 무슨 일이든 성공의 핵심이다.

신뢰

미더운 말은 번지르르 하지 않고, 번지르르 한 말은 미덥지 않다. 선량한 자는 따지지 않고, 따지는 자는 선량하지 않다. 깊이 아는 자는 넓지 않고(精而不博 과학/기술자), 넓게 아는 자는 깊게 알지 못한다(博而不精 인문/철학자). 깊고 넓게 알려면(精而博 정이박) 서로 믿을 수 있는 선량한 사람들이 오케스트라처럼 모이면 된다.

관제사가 항상 차분한 이유는 아무리 긴박한 상황이라고 절박한 톤으로 이야기하면 듣는 조종사에게 신뢰를 주지 못하기 때문이다. 메시지는 항상 최대한 짧게(One Sentence & One Word) 작문하여 말하고, 말하기 전에 먼저 듣는다. 경청을 기본으로 조종사가 신뢰하는 소통방식으로 항공사고를 미리 예방한다.

믿어야만 하는 것은 지식 아닌 지혜를, 단순한 말과 글 아닌 숨은 의미를, 사람 자체가 아닌 진리를, 개인만 이로운 것 아닌 전체가 이로운 것을 믿어야 한다.

한번 무너지면 다시 쌓기 힘든 덕목은 신뢰이다. 비싼 도자기가 깨져서 접착제로 붙여 원래 상태로 복원하더라도 자국이 남아서 보기 싫은 것과 같이 인간관계를 다시 회복해도 가슴 한쪽에는 불신의 자국이 남아있다. 말 약속, 시간 약속, 돈 약속은 신뢰의 기초로 잃기는 쉬워도, 얻기는 오랜 시간이 필요하다.

가족/인간관계는 완벽함보다 온전함이, 자기 업무는 온전함보다는 완벽함이 행복으로 이끈다. 상대에게 완벽함을 너무 요구하면, 부족함에 짜증을 내며 인간관계가 깨진다.

차도 사람도 사고와 신뢰를 위한 안전거리가 있다. 나무를 처음 심을 때 거리를 두고, 성장 이후 간벌 거리를 유지해야 건강한 나무로 자라듯이 인간도 너무 가까우면 서로 상처가 나기 쉽다. 인간도 나무와 같다.

의견이 언제나 같으면 함께 할 가치가 있을까? 다르다는 사실을 반갑게 맞이하고 환영할 수 있어야 한다. 의견이 다를 때 떠오르는 생각들은 자기 합리화를 하기 위함이다. '비난과 칭찬에도 흔들리지 말라' 경구는 자기 존재에 대한 확신이 있을 때만이 가능하다.

행복의 본질은 믿음(신뢰)이다. 열정을 발휘하게 하는 것은 세상을 변화시키는 데 일조하겠다는 원대한 꿈이다. 열정이 피라면, 믿음은 핏줄이다. 믿음은 열정을 흐르게 만들어 꿈을 이루게 만들어 주는 유일한 통로다. 믿음이 운명을 바꾼다.

기회는 누가 줄까? 자기가 만들까? 작은 것을 소중히 하다 보면 신뢰를 얻고 기회가 주어진다. 신뢰는 '믿고 맡긴다'는 의미다. 새로운 것에 겁먹지 않고, 약속은 성실히 이행하고, 상대 능력을 인정하며, 핑계를 대지 않는 삶을 산다면 기회는 누가 주는 게 아니라, 준비 제대로 했을 때 자기가 자기에게 주는 선물이다.

자신을 신뢰하는 순간 어떻게 살아야 할지 깨닫게 된다(괴테 독일 철학자) 자신이 무엇을 신뢰하여야 하나? 마음먹기 따라 무엇이든 창조주임을 신뢰해야 한다. 대부분 사람들은 하인의식으로 주인이 시키는 일만을 한다. 내가 창조주라면 스스로 무슨(What) 일을 어떻게(How) 할지 깨우치고 스스로 즐겁게 한다.

믿음은 산산이 조각난 세상을 빛으로 나오게 하는 힘이다(헬렌 켈러) 100% 확실히 믿는 확신이 있으면 하고자 하는 마음으로 에너지가 발생되어 지속적 순환하고, 사람으로 하여금 실천하게 하여 정해진 것을 개선한다. 확신 > 신심 > 심기 > 기운 > 운명: 확신은 운명을 바꾼다.

편경은 두께가 다른 16개 질 좋은 돌을 나무로 치는 국악기이다. 나무, 실, 가죽으로 만든 것과는 달리 온도, 습도에 변형되지 않고 기준이 되기에 국악기 조율에 사용된다. 온도, 습도, 주변 상황에 흔들리지 않음은 신뢰와 통한다. 작은 욕심이 생겨도 큰 신뢰를 지켜야 한다.

독자의 신뢰가 핵심적으로 중요하다(뉴욕타임즈 보도준칙과 윤리) 신뢰는 기술이다. 기술은 Head로 배우고, Heart로 느끼고, Hand + Leg로 익혀서 사용하는 것이다. 신뢰를 사용할 때 주변에서 무조건 도와준다. 자기 노력은 불과 5% 미만, 신뢰가 성공의 95% 이상을 차지한다.

믿음이란 아직 보지 못한 것을 믿는 것이며, 믿음에의 보상은 믿는 것을 보게 되는 것이다(St. Augustine) 눈으로 보는 듯한 확실한 꿈을 가지면 미래에 이루어질 것을 미리 보는 것이다. 확신은 운명을 바꾼다. 확고한 믿음은 좋은 운명으로 보상받는다.

개개인 품격은 파도를 보는 것이고, 인간관계는 바람을 보는 것이다. 인간관계 핵심인 신뢰 구축

방법은 서로가 바람직한 경험을 쌓아가는 과정인 시간을 필요로 한다. 파도치는 순간적 공간 개념과 바람 방향도 보는 시간 개념도 보아야 한다. 품격과 인간관계는 즉각 판단이 어려워 겪는 시간이 필요하다. 쉽게 친해지면 쉽게 헤어진다.

사랑하는 사람에게 집착하면 떠나간다. 사랑한다면 놓아주어라. 오지 않는다면 진정한 연인이 아니다(연인의 역설) 돈, 명예, 권력에 집착하면 멀어진다. 스스로 찾아오도록 노력하고, 왔을 때 놓치지 않도록 통발을 미리 준비해야 한다.

믿어라 그러나 증명하라(소련에의 통첩 레이건 대통령) 불신하는 상태에서는 모든 일이 한 발자국도 앞으로 나갈 수 없다. 결과에의 증명이 있어야 비로소 믿게 된다. 좋은 씨앗이 좋은 열매가 되듯 원인부터 살피면 결과가 보인다.

천재성을 가진 자는 경탄의 대상, 부를 가진 자는 시기의 대상, 권력을 가진 자는 두려움의 대상, 품성을 갖춘 자는 신뢰의 대상이다(지그 지글러) 신뢰는 기술이다. 시간, 돈, 약속 지키기를 가슴으로 느끼고, 머리로 배우고, 손발로 익혀 자기 몸에 체화되어야 비로소 기술이 된다.

일반적 믿음은 두려움을 전제로 하지만, 확실한 믿음은 자기 확신에의 신뢰이다. 두려움이 아닌 신뢰의 핵심은 내맡김(letting-go)이다. 두려움에 떠는 사람은 결코 내맡기지 못한다. 흐름에 몸을 내맡길 수 있는 용기와 자신감을 갖고 있다면 필연적 운명이 거기에 있음을 느낀다.

약속은 사람을 보증하는 삶의 보증수표이며 사람 사이를 끈끈하게 맺어주는 연결고리인 신뢰의 기본이다. 시간 약속, 돈거래 약속, 비전 약속이 지켜지지 않을 때에는 반드시 사전에 양해를 구해야 한다. 약속이 자주 지켜지지 않으면 사기꾼이 된다. 상대에게 시간과 돈을 낭비하게 만들기 때문이다. 시간 약속이 첫 단추다.

不確實과 不信을 없애려면 애매모호를 꾸준함으로 바꿔야 한다. 시간 약속을 잘 지킨다고 다른 일까지 잘한다는 보장은 없지만 최소한의 불확실성은 사라진다. 불확실한 불안은 쓸데없이 에너지를 소모시켜 불신으로 이어진다. 불확실을 손발로 현장 확인하고, 가슴으로 믿음을 가지는 게 신뢰 프로세스이다. 믿어야 시간과 돈, 목숨조차 걸 수 있다.

인생 말년에 행복해지기를 원하는가? 그렇다면, 재테크보다 우(友)테크를 잘 하라(괴테) 우리는 지금껏 앞만 보고 달려오느라 출세법, 돈 버는 법만 열중하고 친구 사귀는 법은 등한시한다. 친구는 동년배, 학교 동창만을 의미하지 않는다. 나이가 어려도 생각을 나눌 수 있으면 친구다. 내려놓고 베풀어야 그들과 친구가 된다.

신뢰자를 구별하는 것은 쉽다. 약속을 지키는 사람은 항상 잘 지키고, 어기는 사람은 항상 어긴다. 항상 바쁜 사람은 한가하지 않고, 항상 한가한 사람은 바쁘지 않다. 신뢰란 상대에게 예측 가능하다는 믿음을 주는 것이다. 예측 불가능한 사람을 도와줄 사람은 없다. 위대함은 자기 노력(5% 미만)과 주변 도움(95% 이상)으로 만들어진다.

먼저 상대방을 '신뢰'하고, 치열하게 '토론'하며, 결과에 대해서는 나와 의견이 달라도 실행을 위해 '헌신'하는 '신토헌' 문화가 필요하다. 신뢰는 상대를 수용하고, 이해하며, 인정하고 존중하는 사전단계가 반드시 있어야 가능하다. 애매모호가 사라져야 확신이 생기고 신뢰가 생긴다. 헌신의 첫 단계가 신뢰다. 헌신할 일이 자기 소명이다.

희망은 독수리의 눈빛과 같다. 항상 닿을 수 없을 정도로 아득히 먼 곳만 바라보고 있기 때문이다. 진정한 希望은 바로 나를 신뢰하는 것이다(쇼펜하우어) 자존심이 센 사람은 감정에 휩쓸려 화내고 싸우지만, 자존감이 높은 사람은 항상 '희망'을 갖고 감정을 사용하는 주인이 된다. 홈런도 소중하지만 롱런은 우리를 더 빛나게 만든다.

거짓말하는 사람은 보통 사람보다 말이 많다(철학자 니체) 뭔가 속이려는 자는 수다로 주의를 다른 데로 쏠리게 한다. 자기 분야 통찰(通察 Overview + 洞察 Insight)이 없는 전문가도 마찬가지로 말이 많다. 진정한 최고수는 쉽고 간단하게 말하고 행동한다. 언행이 일치해야 사기꾼이 아니다.

나무는 한 번 자리 잡으면 평생 움직이지 않고 뿌리는 더 깊고 넓어지며, 가지는 하늘을 향해 치솟는다. 인간의 신뢰도 땅속 깊이 그리고 하늘 높이 한자리에서 커져야 한다. 상대가 믿고 전적으로 일을 맡길 수준이 되어야 한다.

역할 책임

책임(Responsibility)은 자극에 반응(Response)하는 능력(Ability)이다. 시대가 요구하는 무거운 책임도 즐겁게 받아들이는 사람이 성공하고 행복해진다.

Leader는 역할, Leader + ship은 책임이다. 타인에 대한 리더십 발휘보다 자신에 대한 책임(리더십)을 우선하는 게 인문학이다. 기술 관련 지식이 아무리 급변하더라도 인문학적 지혜가 있으면 조금도 두렵지 않다. 자기 계발은 매일매일 조금씩 새로워지는 것이다(日新又日新) '일신우일신'은 자발적 선택과 결단에 따른 행동의 결과물이다.

인간은 선하지도 악하지도 않다. 약(弱)하다. 상황과 환경에 따라 변한다(신수정 코치) 진심 조차 변한다. 배고프면 누구나 도둑이 되고, 돈 앞에선 누구도 자제력 잃는다. 인간 본성은 더 큰 이익을 따라 움식인다. 리더(역할)는 팔로워의 충성에 의존보다 이들이 선의를 발현하고 지속할 환경과 시스템을 만드는 게 '책임'이다.

직책은 직급과 책임이다. 리더가 책임지겠다고 하면 팔로워의 경계심은 눈 녹듯 사라지고 영향력은 커진다. 직급이 올라갈수록 책임은 커지고 권한은 작아진다는 것을 알고 실천해야 진정한 리더이다. 리더십은 책임감과 솔선수범이 핵심이다. 자기 내면에의 리더십인 내공이 단단해야 타인에의 리더십도 빛을 발한다.

'내가 심은 나무의 뿌리에 걸려 넘어지고 말았다'고 웃으며 말할 수 있는 노련한 산지기처럼(괴테) 불운과 불행 원인은 100% 자신에게 책임이 있다. 남 탓, 사주팔자 탓 정신의존에서 정신독립을 해야 한다. 기술독립, 경제독립, 군사독립, 정치독립 등 獨立은 모든 분야의 기본의 기본이다.

가치있게 일하는 느낌, 자신에게 선택이 있는 느낌, 그 일을 해낼 기술과 지식을 갖춘 느낌, 실제로 성장하는 느낌을 가질 때 일속에서 재미와 열정을 느낀다(Kenneth Thomas) 조직의 미션에서 자부심, 비전에서 기대감을 가지면서 자율성이 보장되면 나날이 성장하는 기쁨이 있기에 신바람 나게 일한다. 리더는 '일'판을 까는 게 책임이다.

'나 자신'을 자기 자신으로 좁게 분별해 보면 다른 개체와 경쟁 구도가 된다. 크게 보면 나(전체) 자신(개체)으로 전체 속에서 각자 역할을 분담하며 살고 있다. 심장과 폐는 몸 전체 중의 개체이지만 경쟁하지 않고 각기 피 순환과 공기 순환의 막중한 책임이 있다. 자신이 태어나 이 세상에서 역할과 책임을 아는 게 사명감이다.

모든 결과는 사장 책임이다. 눈이 와도 비가 와도 자신 책임이다. 책임을 전가하지 말라(사장의 길, 하마구치 다카노리) 모든 결과는 리더의 책임이다. 책임은 시간과 돈, 손해 위험을 기꺼이 자기가 떠안는 것이다(Risk-taking) 돈 가지고 먼저 도망가는 아프칸 대통령으로 인해 수많은 국민이 고생할 것이다. 민족을 버리고 혼자 잘살았던 매국노 이완용과 같다.

현상만 알고 방법을 찾는 것보다 해야만 하는 당위(Must)를 알고 방법 준비하는 게 바람직하다. 시대가 요구하는 '불가능한 미래'를 목표로 하고 방법을 미리 준비하는 게 탁월한 리더인 영웅의 책무이다. 애벌레 사고를 넘어 영웅 나비는 자기 날개 짓이 지구 반대편에서 태풍을 일으킬 수 있다고 믿는다. 사명감을 가지면 누구나 영웅이 될 수 있다.

내가 처한 현실에서 방법을 찾으면 장애가 나타났을 때 핑계를 대고 책임을 회피한다. 책임감은 누구와도 공유하거나 양도할 수 없다. 그 시점에서 해야만 하는 사명감이 있으면 없던 방법도 만든다. 사명감은 절박함에서 생긴다. 편안함에서 벗어나 절박하게 몰아가는 도전과 열정이 인간을 성숙하게 만든다.

책임 의미는 Risk-taking(시간과 돈 부담을 떠안다)이다. 리더는 즐거이 책임을 진다. 보통사람은 자기 시간과 돈을 손해를 보려고 하지 않는다. 작은 것을 탐내면 큰 것을 잃는다(小貪大失 소탐대실) 리더는 큰 목표를 위해 작은 목숨/시간/돈을 포기한다(大貪小失) 세상을 구하겠다는 절실한 꿈을 가진 리더가 인류의 성인이다(석가, 예수, 공자, 소크라테스).

사기꾼 판별법 1) 만나자마자 자주 보자며 선물 등 환심 사기 2) 당신에게'만' 유일한 정보 등 기대 이상 수익 제안하기 3) 상식 수준 예정 기한보다 급하게 서두르기 4) 법적 구속력이 있는 계약을 피하기 5) 어제의 말과 다르게 행동하기 등. 계약은 역할과 책임, 수익 배분이 핵심이다. 책임은 지지 않으며, 수익만 챙기려고 하면 99.9% 사기이다.

못난 갖바치 세 명이 제갈량을 이긴다(중국 속담) 불완전한 개인이 모여 완벽한 팀을 만든다(영국 캠브리지 대학 조정팀 모토) 나무가 아무리 커도 혼자서 숲을 이룰 수는 없다. 오케스트라처럼 큰 성공은 팀이 만들고, 독주회처럼 작은 성공은 개인이 만든다. 크게 가치를 만들고 혼자 할 때보다 많은 몫이 돌아가도록 하는 게 리더 역할이다.

탁월한 리더는 비전과 세부적인 것에 병적일 정도로 집착하고 디테일을 제대로 처리하는 것에 편집광적으로 매달린다(짐 콜린스) 조직을 이끌기 전에 자신에 대해 우선 리더가 되어야 한다. 내가 누군지 무엇 하려고 이 세상에 왔는지에 대한 비전을 갖고 약속 지키기 등 세부적인 디테일에 집착해야 한다.

리더십은 영향력(Valuable Influence)으로 '가치' 창출 과정이다. 비전, 인간존중과 배려, 솔선수범, 감성, 동기부여, 정직, 성실, 경청과 칭찬, 섬김과 봉사 등이 가치있는 영향력으로 지위와는 전혀 관계가 없다. 리더십을 발휘하는 사람은 누구나 리더다. 수직적 리더와 팔로워 관계가 SNS로 수평적 시대가 되었다.

당신의 행동으로 다른 사람들이 더 많이 꿈꾸고, 더 많이 배우고, 더 많이 실천하고, 더 많이 무언가를 이루게 됐다면 당신은 이미 리더다(존 애덤스) Heart로 꿈꾸고, Head로 쉽고 간단하게 이해하고, Hand/Leg로 행동한다면 Health/Happiness한 삶이다(4H).

진정한 리더는 효과적인 일을 하고, 평범한 경영자는 일을 효율적으로 한다. 새로운 일을 시작할 때 비용과 리스크는 선명하지만, 새로운 일을 하지 않을 때 잃는 기회와 손실 비용은 눈에 안 보여 증명하기 어렵다. 그래서 새로운 일을 주저하고 망설인다. 진정한 리더는 방향과 기회를 보고 고통스런 리스크를 즐겁게 받는다.

Reader가 Leader다. Reader는 책만 읽는 것을 넘어 통찰력으로 세상의 흐름을 읽는 사람이다. Leader는 상급자로 지시하는 사람이 아니라 선견지명으로 방향을 잡고 솔선수범 행동으로 앞장서는 사람이다. AI가 생활 전반에 적용될 시대에는 급격한 변화에 즉각 반응해 먼저 하면 리더가 된다.

모든 선택에는 책임이 따른다. 배우자 선택에는 남편/아내 역할에 따른 책임이 있고, 직업 선택에는 조직 내 역할에 따른 책임이 있다. 책임을 다하지 못한 경우 이혼과 해고라는 결과가 따른다. 인생관을 선택조차 안 하면 모든 게 무책임 상태이다.

모든 생명체는 역할이 있어 존재한다. 꼴(얼굴) 값(가치)에서 해로한 노부부처럼 오랫동안 비슷한 생각을 하면 닮은 형태의 얼굴이 만들어진다. 꼴은 각자 쓰임(Application) 역할이 있다. 성곽 구축은 큰 돌, 중간 돌, 잡석 모두가 필요하다. '큰 돌 쓰임인가? 잡석 수준인가?'는 전적으로 자기 꿈과 목표에 달렸다.

리더는 직위나 직책이 아니다. 리더십을 발휘할 수 있으면 누구나 리더가 될 수 있다. 구성원들에게 꿈을 심어주고, 그들의 잠재력을 100% 발휘할 수 있도록 도울 수 있다면 누구나 리더가 될 수 있다. 리더는 남을 도우며 자기가 힘들어도 즐긴다.

리더는 목표지향과 비타협 원칙을 가진 양치기 개이다. 이는 언제나 뒤에서 이끌고, 시끄럽게 짖는 것은 괜찮지만 양을 물어서는 안되며, 한 마리도 놓쳐서는 안된다. 리더십은 말보다 적극적 행동이며 탁월한 성과이다. 남에게의 리더십 보다는 먼저 자기 마음에의 리더가 되면 행복해진다.

리더십은 '사람들'이 어떻게 하면 나를 믿고 따를까를 고민하며 실천하는 것이다. 하지만 사람들 대상 아닌 '나'를 믿게 하는 것이 자신감이며 Self Leadership이다. 自信感이 있으면 엔진(열정)이 가동되고 핸들(비전) 엑셀레이터(몰입) 브레이크(자기 통제) 작동되어 목적지에 무사히 가는 것이다.

리더가 되기 전에는 자신을 성장시키고, 리더가 된 후에는 구성원을 성장시켜야 한다. 모두가 올바른 방향을 공유하고 한 방향으로 힘을 결집하면 약한 물방울도 강한 바위에 구멍을 뚫는다. 오케스트라는 악보라는 공통된 목표가 있고, 지휘자는 악보 해석에 따라 멤버를 성장시켜 명품음악을 창조한다.

Leader에게는 브레이크를, Follower에게는 엑셀을 달아야 한다. 전자는 무조건 성공 아닌 올바른 성공을, 후자는 '일단 해 봐'가 중요하다. 전자는 타인을 가치가 있는 인간으로 보는 인식을, 후자는 자신을 가치 있는 인간으로 보는 인식이 우선이다. 올바른 팔로워가 올바른 리더가 된다.

리더십 평가 잣대는 당연히 성과다. 그러나 당대의 성과 창출보다 더 중요한 것은 리더가 떠난 후에도 지속적으로 탁월한 성과를 창출하는 조직을 만드는 것이다. 시간을 알려주는 리더보다 시계를 만드는 리더가 많아져야 한다. 유전자와 약간의 영양분 가진 작은 씨앗은 땅에 떨어져 뿌리를 내리는 데 모든 영양분을 쏟는다. 뿌리가 튼튼하면 지속적 열매를 맺는다.

바닷물이 썩지 않는 이유는 3% 염도 덕분이다. 어두움 밝히는 한 자루 촛불만 있으면 억만년간 깜깜했던 동굴도 훤히 밝아진다. 빛과 소금 기능은 리더의 책임이다. 청년에게 꿈과 목표를 세우도록 해야 건강한 주인(리더)사회가 된다.

영혼육

나의 본질은 광명의 빛이다. 영원, 무한한 가능성, 풍요, 여유 이것이 바로 나의 본질일세(덕분스쿨 성담) 인간의 육체와 마음이 물질을 넘어 에너지인 것은 과학으로 이미 증명되었다. energy가 함께(syn-) 하면 synergy가 나온다. 부족한 개인 energy가 모여 완벽한 팀 synergy를 만든다.

Nature calls me(오줌 마렵다) 자연이 나에게 주는 느낌(感)이 영감이다. 영감이 오면 육체는 실천한다. 靈魂肉-영(자연) 혼(내면 마음) 육(몸)은 인간의 3중 구조다. 느낌(영)이 오면 몸이 실천하는데 마음(혼)이 하루 5만 가지 생각으로 가로막는다. 마음을 비우고 내려놓는 연습이 마음공부이다. 영감받아 즉실천 하면 자유인이다.

스마트폰 사용설명서를 완전히 이해한 후 사용하지 않는다. 인간 사용설명서인 靈(Spirit) 魂(Mind) 肉(Body) 3중 구조도 마음공부가 어느 수준이 되어야 이해한다. 작은 마음은 자기 몸에만 있지만 큰 마음은 우주이다. 우주 에너지가 자기에게 내려오는 게 영감이다. 영감받고 즉실천 하면 반드시 이룬다.

빈 병은 병이 없는 게 아니라 내용물이 없고, 빈 집은 집이 없는 게 아닌 사람이 없는 것처럼 無心은 '마음이 없다'가 아니고 분별하는 마음이 없는 것이다. 자기가 괴롭고 힘든 것은 많다/적다, 좋다/싫다 등 남과의 비교에서 오는 분별심이 原因이다. 분별을 내려놓으면(원인 제거) 자기를 제3자 입장에서 보게 되고 평정심이 생긴다.

무심은 자기 마음을 보는 주체를 빈 집, 빈 병을 바라보듯 제3자 관점에서 보는 것이다. 바램(욕심, 걱정, 집착)이 불어 파도가 생겼다가 사라지면 잔잔한 상태가 무심(평정심)상태이다.

영화를 보며 '스크린'을 인식하는 사람은 별로 없다. 스크린 위에 펼쳐지는 영화 내용에 따라 화내고 울고 웃는다. 스크린은 항상 그대로 있음을 깨치는 순간 '진짜 나'의 존재를 알게 된다. 진짜 나의 實在('實'際하는 存'在' 실제하는 존재)를 자주 만나는 게 기도이고 명상이다. 실재는 상상 아닌 현실적으로 존재하는 것, 실제는 있는 그대로의 상황이다.

빗방울은 바다로 떨어지는 게 아니라 바다와 하나가 되는 행위다. 개별 인간의 마음(魂 혼)도 전체(靈 영)와 하나가 될 때 영의 느낌(영감)이 갑자기 다가온다. 골똘히 어떤 문제에 빠져 넋(혼)을 놓고 있을 때 오는 경우가 많다. 위대한 발명자들의 공통적 경험이다. '無心(마음 비우기)'가 영감을 자주 만나는 방법이다.

우주는 陰陽으로 구성되고 인간은 靈魂肉 3중 구조이다. 인간의 영, 혼은 우주의 음(눈에 보이지 않는 에너지), 육은 양으로 눈에 보이고 만져지는 몸이다. 양으로 구성되는 만물은 因緣果 법칙으로 돌아간다. 원인(씨앗)과 조건(땅, 기후)이 맞아야 결과(열매)가 나온다. 음양, 영혼육, 인연과의 원리인 사용설명서인 지혜를 깨치면 행복해진다.

위대한 발명이나 발견은 영감에서 나온다. '전체' 우주(靈)가 '개체' 인간(魂)에게 생각(感)을 전하는 것이다. 고기압에서 저기압으로 바람이 불 듯, 간절한 바램은 '개체' 자기를 내려놓아야 가능하다. 담장을 쌓은 실선에서 쉽게 드나드는 점선이 되어야 영감(직감)을 쉽게 받는다. 영(큰 마음)과 혼(작은 마음) 공부는 실선에서 점선으로 바꾸는 연습이다.

외부인 아닌 자기 내면 세계와의 소통이 먼저다. 1) 자연과는 창조, 기쁨, 감사 등 영감을 받고, 2) 경험 기억의 원망, 후회, 두려움은 걸림돌 아닌 디딤돌로 긍정해야 한다. 입천장에 혀를 대고 입꼬리를 올리면서 자연과 주변인에게 먼저 '뭘(도와) 주지' 하면 영감을 얻는다. 먼저 주면 나중에 반드시 받는다. 씨를 뿌려야 수확한다. 하늘은 스스로 돕는 자를 돕는다.

영성이란 국경, 종교, 인종, 문화 전통을 넘어 모두 평등하고 상호의존 연결된 존재로서 우리는 하나라는 것을 표현한다. 지금까지는 '개체 지성'이면서도 살 수 있었다. 4차 산업혁명 시대는 '전체 영성' 시대임을 확신해야 살 수 있다. 존재의 상호의존 연결은 www(world wide web)기술이 만들었다.

나는 '나 아닌 것' 덕분에 존재한다. 나 아닌 것-우주가 바로 나다. 우리의 본질은 온전하고 완전하다. 존재하는 이유만으로 우리는 무한사랑을 받을 자격과 권리가 있다. 우주 큰 마음(靈)이 내 작은 마음(魂)으로 들어오는 것이 영감이다. 영과 혼 관계를 이해하고 영감을 받아 즉실천 하면 우주와 하나가 된다. We are the Universe.

바둑판이나 주식투자에서 훈수를 둘 때 잘 보이는 것은 욕심이 없기 때문이다. 자기에게 돈과 자존심 등 이해관계가 걸릴 때는 전체 판국이 제대로 보이지 않는다. 無心-마음을 비우면 자기 인생의 위치와 살아갈 방향을 제대로 볼 수 있다. 알아차림(Self Awareness)은 자기를 행복하게 만든다.

책을 읽고, 사색하고, 현장 경험을 쌓으며 공부하는 목적은 결국 자기 자신을 구하기 위함이다. 물질과 정신 양면에서 풍요를 누리기 위한 '자기 구제'다. 정신적으로는 내 인생이 어디서 와서 어디로 가는지, 그리고 무엇을 해야 하는가 혼돈 늪에 빠진 자기를 구제하면서 물질적으로도 풍요함을 누리는 것이다.

공부법은 확인을 거쳐 확신까지 가야 한다. 분석적 방법을 통해 확인하려면 신뢰할만한 데이터가 필요하다. 실험을 통한 과학자들의 접근법이다. 하지만 과거 경험과 지식 등 모든 것을 내려놓으면 텅 빈 것을 확인하고 고요와 풍요를 느끼면서 모든 게 가능하다는 확신을 느낀다. 명상을 통한 직관법이다.

하늘 三寶(해, 달, 별) 땅 삼보(물, 불, 바람) 의해 세상 만물은 태어나고 자란다. 사람은 몸안 삼보(精, 氣, 神)와 몸밖 삼보(눈, 귀, 입)가 있다. 정기신은 물질과 에너지와 정신이다. 정은 초, 기는 촛불, 신은 빛이다. 사람의 생명은 精氣神으로 지탱하고 세상을 창조한다. 엔진(精)이 있고 연료(氣)와 운전능력(神)이 있어야 자동차가 움직인다.

문제는 혁신적 생각을 어떻게 마음속에 넣는 게 아니다. 그보다는 오래된 생각을 어떻게 제거하는가에 달렸다(디 호크) 마음은 낡은 가구로 가득 찬 방이다. 한쪽 구석을 비우면 창의성이 즉시 그 자리를 채운다. 無心은 비교하는 분별심을 내려놓으면 된다. 크다/작다, 좋다/나쁘다 등 비교에서 창의성이 사라진다.

인간은 먹는 양의 1/4로 살고 있다. 남은 3/4은 의사가 먹는다(피라미드에 새겨진 글) 공복 상태에서 걷기는 노폐물 + 독소 + 체지방 제거를 한꺼번에 한다. 과식 + 운동 부족 해결하는 건강법으로 매일 집안 청소를 하는 것과 같다. 오랫동안 집안 청소를 하지 않으면 거미줄 끼고 숨쉬기조차 어려워서 모두 그냥 두고 이사가는 게 죽는 것이다.

'덕분입니다' 명상법-하루 5만 가지 생각 내려놓기. 반듯이 앉아 가슴 펴고 허리 꼿꼿이 손 모으고 엄지 붙여 눈감고 혀를 입천장에 붙이고 "덕.분.입.니.다," 속으로 천천히 말하며 입꼬리 올리고 항문 닫으며 그 자리에 의식을 둔다. '존재를 보는 상태'가 無心에 들면, 고요하며 포근하게 감싸는 게 느껴진다. 무심이 만사형통 방법임을 체험한다.

누군가를 정복할 수 있는 사람은 강한 사람이지만, 자신을 정복할 수 있는 사람은 위대한 사람이다(노자) 전자제품을 구입하면 사용설명서를 읽고 활용하듯이, 인간은 靈魂肉 3중 구조로 구성되어 있다. 자신을 정복하려면 영혼육 사용설명서를 읽고 잘 활용해야 한다.

중꺾마(重要한 것은 꺾이지 않는 '마음')보다 중요한 것은 꺾이지 않는 '몸'이다. 작은 목표를 달성하며 자기를 칭찬하고 응원해야 한다. 크고 자극적 기쁨을 주지만 쉽게 포기하는 도파민 보다, 작고 사소한 기쁨인 세로토닌(행복 호르몬)은 아침 햇빛을 충분히 쬐는 데서 나온다. 일찍 자고 일찍 일어나야 건강한 몸과 마음을 만든다.

사업의 본질이 지속적 성장에 있다면, 경영의 본질은 餘裕에 있다. 여유가 없는 조직은 경영이 없는 조직이다. 뇌의 초기 상태(디폴트 모드)회로가 여유로울 때만 창의성이 작동하며, 습득한 정보를 연결하면서 분석과 자아 성찰을 하고, 향후 뭘 하는 게 현명한지 알게 한다. 샤워하며 멍 때릴 때 좋은 아이디어가 떠오르는 이유다.

잘 사는 사람은 마음(魂)이 부자요, 행복한 사람은 건강한 몸(肉)을 갖춘 부자이며, 건강한 마음과 몸을 갖춘 사람은 풍요를 만끽하는 靈의 삶을 사는 부자이다(영혼육 삼중구조 인간제품사용설명서) 스마트폰을 사서 사용설명서를 잘 읽어야 제대로 쓰듯이, 자신의 사용설명서를 바르게 알면 걱정 없이 살 수 있다.

배움이란 자기 외부에 존재하는 지식과 경험을 내면으로 내재화하는 것이다. 현상에 관한 기본적 조사, 분석, 정리 등 작업을 향후에는 기계가 전담하며, 인류는 철학적 토대 위에서 의사결정 위한 역량 키우기가 배움의 지향점이다(김상균 초인류) 영(Spirit)혼(Mind)육(Body) 3중구조 제품 사용설명서를 확실하게 배우면 만사가 풀린다.

자기 자신이 왜 이렇게 위대한 줄 아는가? 무엇이든 하려는 마음을 낼 수도 있고, 무엇이든 해낼 수 있는 몸도 있기 때문이다. 언제 어디서나 자기 마음을 보며 상황에 딱 맞는 맞춤식 서비스는 복 짓고 덕 쌓는 실천을 하는 것이다(성담 덕분스쿨) 마음과 몸이 건강하면 무슨 일이든 할 수 있다. 즉시, 반드시, 될 때까지 하면 무조건 된다.

맨 밑바닥은 발 디딜 곳이 있다. 단단한 바닥이 있어서 더이상 아래로 떨어질 수 없다. 거기에서 우리는 영(전체 자연)과 혼(개체 마음)이 만난다. 실패해서 경제적으로 절박하거나 기도와 명상을 통해 바닥을 만난다. 거기서부터 나를 새롭게 지어나갈 수 있다. 바닥을 치면 올라갈 일만 남았다. Back to the Basics!

무엇을 알아차리는 데 신경 쓰지 말고 '알아차림' 자체의 경험에 관심을 가져야 한다. 알아차림이 스스로에게 되돌아가는 것, 자신의 본모습을 기억하는 것이 '알아차림에 대한 알아차리기'다. 이것이 명상/기도의 핵심이며 영원한 평온함과 행복으로 향하는 직행로이다(루퍼트 스파이라) 잠시 아닌 영원한 행복을 원하면 알아차림(Awareness)을 익혀야 한다.

두려움을 없애지 않으면 소통이 없고, 소통이 없으면 신뢰도 없고, 행동도 없고, 결국 자기가 원하는 목표에 도달치 못한다. 두려움을 없애려면 자기를 정확히 알면 된다. 우주 전체(눈덩이 靈)와 나 개체(눈송이 魂)가 하나라는 생각에 도달하면 된다. '문득' 영감받는 것은 영과 혼이 만나는 상태다. 문득 아닌 '자주' 영감을 받으면 두려움도 사라진다.

우리가 갈망하는 온전한 평온함과 진정한 행복이 우리 안에 늘 있는데, 그게 바로 '알아차림'이다. 우리는 알아차림을 늘 알고 있으나 주의를 대상적 경험에 집중하느라고 간과한다. 알아차림 자체가 '진짜 나'다(루퍼트 스파이라) 진리를 머리로 아는 것에서 가슴으로 느끼는 것 거리는 33cm다. 단번에 깨칠 수 있다. 코 만지기보다 쉽다.

나의 '본래 자리'를 찾아가 만나는 게 '진짜 나'이다. A4 보고서에 쓰여진 까만 글자가 아닌 '흰 종이'가 본래 자리다. 보통사람들은 글자만 보고, 영화 내용만 보는 경험적 삶에 익숙하다. 백지가 존재하고 있음을 자주 보고, 영화관 스크린이 있음을 알아차리는 게 마음공부다. 너 자신을 알라(소크라테스)는 '너의 본래 자리 진짜 면목을 알아차려라'이다.

I am 'hungry'에서 '배고픔'은 分別하는 경험이다. 분별이 없는 '아이 엠'은 알아차림이며, 우리 경험 속에서 잠깐 빛나지만 워낙 짧아 인식하지 못한다. 이는 영화에서 장면 전환 시 프레임 사이 텅 빈 스크린이 잠깐 드러나는 것과 같다. 스크린은 배경 자아, 영화 내용은 인식 자아/경험 자아다. 배경 자아를 '알아차리는' 게 기도/명상이다.

눈을 꼭 감으면 '안 보인다'가 아니고 '깜깜한 것이 보인다'가 올바른 표현이다. 반짝거리는 점들이 나타나기도 하고 사라지기도 한다. 이 세상 만물은 빛이 있어야 환하게 '보인다'. 눈을 감아도 (캄캄하지만) 보인다는 것은 빛이 있다는 증거다. 나의 본질(진짜 나)은 광명의 빛을 가지고 있다. 빛을 잘 쓰기에 달렸다.

지식의 시대를 지나 靈感의 시대가 왔다. 언제 영감을 만날 수 있는가? 용변 급한 일이 있을 때('Nature' calls me) 머리속이 하얗게 바뀌며 마음(魂)을 다르게 쓸 경황없이 급히 화장실을 찾아가 해결한다. 영(자연)과 혼(마음)이 하나 되어 몸이 즉시 실천 한다(영혼육 사용설명서) 무슨 일이든 마음을 비우면 쉽게 자연과 연결되며 영감을 받는다.

알아차림(Awareness)은 '진짜 나'를 만나는 명상법이다. 상황 따라 '변하는 나'(아들, 배우자, 부모, 직장인 등)를 넘어 변치 않는 나를 만나면 영원한 행복을 느낀다. 미리 준비된 '깨어있음'을 가지고 대상을 관찰하는 '알아차림'을 하면 된다. 스크린 위 영화 내용에 빠지면서도 스크린 존재를 항상 알아차리는 것과 같다. 우선 잠자지 말고 깨어있어야 한다.

아무것도 안하는 상태로 내부 감각을 보는 게 명상이다(김주환 내면소통) 아무 것도 하지 않으려면 몸에 힘을 빼고, 생각은 無心 상태가 되어야 한다. 무(분별)심은 마음을 사용하지 않는 것이다. '크다, 많다, 좋다'의 생각을 내려놓으려면 "공기, 덕분입니다" 등 이 세상 모든 것에 감사하면 된다. 감사하면 행복하다.

하늘은 스스로 돕는 자를 돕는다. 노력하는 사람이 성공할 가능성이 많다는 뜻이다. 인간 본질을 영혼육 3중 구조로 이해하면 명확해진다. 개체인 자신(魂 눈송이 소우주)이 전체인 靈(눈덩이 대우주)과 함께 할 때 큰 힘을 발휘한다. 자기 개인만이 아닌 전체를 위한 기도를 하면 힘이 저절로 난다. 기도는 보이지 않는 세계와 함께 한다.

감추려던 말이 無心코 튀어나왔다. 이런 경우 '무심'의 뜻은 아무런 생각이나 의도가 없는 상태다. 자기 생각을 버리고 내려놓는 것은 생각의 굴레(속박)에서 해방되는 것이다. 진정한 자유는 육체의 속박뿐 아니라 생각의 굴레에서도 벗어나는 것이다. 자유로우면 무엇이든 알게 되고, 무엇이든 할 수 있다(전지전능).

'자유'롭게 살고 싶은 것은 인간의 꿈이다. 자유는 自(己 實際 存在 理)由의 준말이다. Why 이 세상에 태어났고, What을 위해 살려고 하며, How 사는 게 올바른 것인지를 아는 사람만이 자유인이다. 많은 재산과 최고 지위를 가진 역사상 여러 황제조차도 진정한 자유인이 아니었기에 고통 속에서 살다 죽었다. 자유는 자기의 실제 존재 이유다.

기술 혁신은 하드웨어(스마트폰), 소프트웨어(운영체제), 네트워크(LTE/5G 통신) 삼중 융합으로 완성되었다. 인간 혁신은 HW(肉 육체) SW(魂 마음) NW(靈 자연/타인과 疏通)의 삼중 융합이다. 영 + 혼 + 육 3중 구조 사용설명서를 잘 읽고, 첫째 몸, 다음에 마음을 잘 관리해 만물과 '소통'을 이루면 일시적 아닌 영원한 행복을 얻는다.

Parisa + Dana + Sati에의 관점 이동은 일시적 아닌 영원한 행복에 이르는 명쾌하고도 간단한 방법이다. '나(Me)-개체-목적격'이 '우리(We)-전체-주격'으로 바뀌는 인식 전환이 운명공동체(Parisa), 공기/물/음식 등 주위 도움 덕분에 살기에 무조건 보답해야만 하는 나눔(Dana), 지금 여기에 존재하는 나(I) 주체성의 알아차림(Sati)

어릴 적 무서워서 엄마 품에 안겼을 때 공포가 사라지고 편안해진 기억이 누구나 있다. 급격하게 변화하는 세상에서 살아가는 게 힘들고 무서울 때 무(분별)심 명상/기도가 어머니 품처럼 편안하게 만든다. 분별에서 모든 불행이 싹튼다. 자기 자신과 세상과 인연들에 대한 시간과 공간 측면 상관관계를 알면 편안하다.

건강한 어른이 갖춰야 하는 진정한 힘은 몸 근력과 마음 근력으로 같이 지녀야 한다. 마음 근력은 명상과 기도를 통해 '바른 앎'을, 몸 근력은 지속적인 운동으로 '바른 삶'을 유지하게 한다. 어떤 것이든 1) Why 2) What 3) How에 대한 생각이 정리되면 確信이 생긴다. 애매모호함이 명료해지면 불신이 확신으로 바뀐다.

無爲眞人(무위진인)이란 고삐도 채찍도 없이 드넓은 초원에서 자유로이 풀을 뜯으며 머물고 떠남을 즐기는 말과 같다(장자) 쉬고 싶을 때는 쉬고, 일하고 싶을 때는 일하며, 졸릴 때는 잠자고, 목마를 때는 물 마시는 자유인은 無'分別' 지혜를 깨우친 자다. '좋다 나쁘다' 선입견과 고정관념으로 분별하지 말라!

'고정' 관념이 '유연'하게 바뀌는 게 無(분별)心이다. 분별은 선입견, 고정 관념, 기억과 경험, 지식에서 나온다. 우리는 영화에 빠져 슬프고 기쁜 콘텐츠로 웃고 울지만, 영화관 '스크린'은 항상 하얀 상태다. 스크린을 항상 기억하고 알아차리는 게 무심 명상이다. 우주 靈에 자기 魂이 접속되는 상태다. 영과 혼이 하나가 될 때 평온하다.

인간은 정신과 물질적 豊饒를 누리기 원한다. 기억, 지식, 경험, 선입견, 고정 관념을 내려놓은 백지상태에서는 자기에게 딱 맞는 맞춤식 영감이 자주 떠오른다. 백지상태로의 연습이 기도와 명상이다. 자기를 도와주는 영감을 받을 때 '뭘 (도와)주지?' 하고 보답하는 행동을 하면 된다. 자기 노력보다 주위 도움(95% 이상)이 '풍요'를 만든다.

당신의 뒤에 있는 것과 당신의 앞에 있는 것은 당신의 안에 있는 것에 비하면 사소한 것이다(랄프 왈도 에머슨) 과거에 대한 후회나, 미래에 대한 걱정은 일단 버려야 한다. 지금 여기(Now & Here) 나의 존재에 대한 알아차림(Awareness)이 정리정돈 되면 '이유 없는 기쁨'이 확 밀려온다.

마음과 몸이 하나 되는 간절한 기도가 빨리 성취되는 방법은 전체를 위해 기도하는 것이다. 이 경우 개인의 바램은 저절로 된다. 시험이 있으면 남부터 합격하도록 기도하고, 돈 벌고 싶다면 전체가 돈 벌도록 기도하면 자기도 번다. 상대를 먼저 빛나게 만들면 자기도 저절로 빛난다. 자기가 먼저 잘되려 하면 주위의 방해로 안된다.

보통 사람은 눈으로 보이고(Seen) 세상에 드러난(Revealed) 것에 탐진치 三毒(삼독: 욕심, 성냄, 어리석음)으로 살아간다. 숨겨져 있고(Hidden) 드러나지 않은(Unrevealed) 靈性 상태를 이해하고 함께 하는 행위가 기도이고 명상이다. 온전 완전, 전지 전능한 영성에 혼(마음)과 육(몸)이 합쳐진 상태가 영혼육 삼위일체 기도의 목표다.

마음 내려놓기(無心)는 삼독(욕심, 성냄, 어리석음)과 '잠시' 헤어지는 것이다. '항상' 헤어지는 사람은 성품이 올바른 사람이다. 아무리 역량이 뛰어나도 성품에 문제가 있으면 반드시 분란이 생긴다. 무심은 내가 Why 존재하고 How 사는지에 대한 지속적 성찰에서 나온다. "주위에서 도와준 덕분에 살았다" 관점 이동이 무심에의 지름길이다.

명분이 바르지 않으면 말이 순조롭지 못하고, 말이 순조롭지 않으면 일이 성사되지 않는다(공자) 일에 의미를 부여해야 자발적 행동을 하며 때로는 희생까지도 감수한다. 스스로 남들을 돕고 있다고 생각하면 더 잘하고 싶은 동기가 커진다. 의미와 목적, 영혼이 미래의 경쟁력이다.

자기 자신이 세상과 초연결/초융합 되려면 無心 명상으로 쉽게 이룬다. 편안한 자세에서 항문에 의식을 두고 호흡을 천천히 하면 蓄氣(축기: 에너지 저장)되면서 '이유 없는 기쁨'에 입꼬리가 올라가고 미소지으며 몰입이 저절로 되는 三昧(삼매, 고요한 상태)에 이른다. 공기/물/음식/주위 도움 등 세상 모든 것에 항상 고마워하면 일상 삼매다.

보통 왼손으로 밥 먹으려면 서툰 것처럼 마음이 分別 습관을 오랫동안 했기에 무(분별)심은 내려놓기 연습이 필요하다. 혼자 노력으로 사는 게 아니라, 공기 등 인연 맺은 전체 도움받고 있다고 생각 바꾸면 바로 내려놓게 된다. 지금껏 도움받고 살았으니 앞으로 전체를 위해 보답행 하겠다는 大願(대원)은 무심과 절친 짝이다.

몸이 추위를 느낄 때 "어~추워" 하면 추위를 더 느끼듯이 마음에서 불평이 일어날 때 분노를 밖으로 터뜨리면 불씨에 휘발유를 뿌리는 것과 같다. 불평 나오는 상황에의 대처는 오로지 無心이다. 무심은 '마음이 없다'가 아니라 마음을 사용치 않는 것이다. '좋다, 나쁘다' '크다, 작다' 등 분별심이 없는 무분별 지혜가 무심의 첫 단계다.

반찬이 싱겁다 짜다 분별하여 불평불만 하는 것은 보통 사람이고, 밥해준 것 자체에 고마움이 일어나 감사한다면 고수 수준이다. 분별하는 마음을 내려놓는 연습이 명상이고 기도이다. 무(분별)심 상태에서는 쉽게 영감받아 판단하고, 모든 생명체와 소통하는 경지에 도달한다. 이런 과정의 첫 단추가 모든 것에 감사하는 마음 태도이다.

운명공동체

지구는 창백하고 푸른 점에 불과하다(칼 세이건 우주과학자) 보이저가 보낸 지구 사진의 점을 지금 보는 인간도 창백한 점 속에 지금 존재하고 또한 인체 내 100조 미생물도 지금 여기 존재한다. 우주-지구-인간-미생물 관계를 떠올리면 겸손해진다. 자기는 대우주이기도 하고 하나의 미생물이기도 하다. 우리는 운명공동체이다.

베를린필하모니 오케스트라 단원 선발은 웬만한 솔리스트를 능가하는 실력은 필요조건, 다른 단원들과 소통 능력과 태도(인성)는 충분조건이다. 오디션 선발 시 인턴으로 2년 활동하면서 다면 평가를 실시한다. 인턴 기간 만료 시점에 정단원들의 투표로 종신 정단원 자격을 결정한다. 오케스트라는 인간이 만든 최고의 조직이다. 기술독립군은 Technology Orchestra.

점이 선을 이루고, 선이 면을 이룬다. 각자 개인역량이 점이라면, 타인 역량은 어떤지 호기심을 갖고 개방성을 가져야 다른 점을 찾아 선을 이루고, 나아가 면을 만든다. 피아노 혼자 연주하다가 바이올린이 붙고 비올라, 첼로가 모였다가 최종 1백여명 이상 오케스트라가 된다. 기술도 마찬가지다. techorchestra.kr이 기술독립군이다.

세상은 자연 전체 우주이며 지구는 인간이 사는 놀이터이다. 우주와 나의 존재 vs 나와 몸속 놀이터내 미생물 세균 한 마리와 같은 비유로 본다면 우리는 운명공동체임을 느낀다.

오케스트라는 인류가 만든 가장 바람직한 조직이다(피터 드러커) 구성원 모두가 평등하며 역할이 5단계(단원-부수석-수석-악장-지휘자)로 작고, 악보라는 공통된 목표가 있으며, 다른 악기의 소리를 경청하여 하모니(Phil-harmonic)를 이룬다. 역할과 책임이 확실하면 모두 성공한다. 음악 외에도 정치, 경제, 기술 오케스트라가 많이 만들어져야 사회가 발전한다.

달에서 지구를 보면 하나이고 서로 연결되어 있다. 발가락이 아파서 병원에 갈 때 심장도 같이 간다. 우리 몸도 하나이고 서로 연결되어 있다. 지구 이상기후인 대홍수도 나와 어쨌든 연결되어 있다. 책임을 느끼고 지금부터 아끼고 사랑해야 한다. 발톱과 심장이 연결되어 있다.

비엔나 필 신년 음악회 TV 실황에서 연륜있는 각 연주자는 자기 악기만을 깊게 알지만 지휘자 주빈메타는 Harmony를 만들어 비싼 입장료를 낸 관중에게 행복감을 선사했다. 각 분야 전문가가 협업으로 큰 가치를 만들어야 할 시대가 되었다. 우선은 내공을 가진 전문가가 되어야 하고 주변 협업할 전문가를 모아서 2-5인조 실내악단으로, 100인 이상 오케스트라로 발전해야 생존할 수 있다. 협업은 미래 생존의 문제이다.

크게 보고, 작고 빠르게 움직여라. 망원경으로 숲을 보고, 현미경으로 나무껍질을 보는 디테일이 있어야 성공한다. 두 재능을 함께 가지기가 어려워 협업이 필요하다. 단독의 악기 소리보다는 오케스트라가 멋진 이유이다. 음악뿐만 아니라 기술도 같다(Technology Orchestra).

개인이 맺는 사회적 관계의 최대는 150명 정도이다(인류학자 던바) 씨족사회 구성원이든, 효율적 현대 업무조직이든 6백만년간 인류가 이어온 최적화 숫자라면 인간관계도 150명에의 선택과 집중을 해야 성공한다. 한 개신교 목회자의 참회 "신도가 5백 명을 넘으니 영적 소통이 관리 모드로 바뀌고 엔터테이너가 되었다"

Specialist(깊지만 넓지 않음)와 Generalist(넓으나 깊지 못함)가 있으나 드림팀은 전문가 연합 통해 Speralist(깊고 넓음)가 되는 것이다. 역사는 개인 탁월함이 아닌 팀에 의해 이루어졌다.

너와 나, 나와 사물, 모든 것을 분별하는 분석적 사고에서 이제는 통합적 사고로 가는 것이 세계적 흐름이다. 융합은 무분별을 기초로 한다. 분별에서 벗어나면 전체가 보인다.

통합은 생존의 문제이다. 분석사고의 한계를 통합사고로 바꾸는 방법은 우선 전문분야를 만들고 타 전문분야와 협업하여 넓게 만든다. 협업만이 4차 산업혁명 시대의 생존법이다.

보수는 과거와 추억에 살고, 진보는 미래와 희망에 산다. 역사는 과거의 경험을 통해 미래를 예측하는 것이라면 진보와 보수가 50:50 융합사고가 바람직하다. 자기와 다른 상대를 포용하는 마음을 키우는 것이 중도이다.

순천의 기적 놀이터는 미끄럼틀, 시소, 그네가 없이 언덕과 개울로 만들어져 아이들이 긁히고 까이며 '조금씩 다쳐야 크게 안 다친다'는 교훈을 얻었다. 놀이터 공급업자 아닌 아이 눈높이에서 만들어져 재미있는 놀이터가 체력을 키우고 다른 아이와 관계를 배우는 학습터가 되었다. 고객 관점으로 보면 세상이 바뀐다.

변화무쌍한 격투기에서는 오차와 판단미스 따른 실패가 도사린다. 오차는 계산 착오로, 판단미스는 상황에서 온다. 기본기가 탄탄한 최고수는 죽지 않는다. 틈새시장을 찾아 자기만의 플랫폼을 만드는 게 블루오션이다. 세상 상황은 빨리 바뀐다. 유연해야 살아남는다.

내가 나를 죽여야 자유인이 된다(최진석 철학자) 과거 프레임에 갇힌 대답이 아니라 미래 호기심 질문으로 통찰과 혁신에 익숙해야 한다. 자기를 죽이고 Why 사나? What을 위해 사나?에의 소명을 가진 자발적 개인이 4차 산업혁명 시대 기술에 올라타서 융복합된 모습이 Technology Orchestra이다.

협동 인재가 세계적 추세이다. 창의는 아이디어 차원에서 의도된 것이다(레오나르도 다빈치) 창조는 선택과 집중에 따른 도전한 결과이다(베토벤, 정약용) 창조 아이디어는 서로 다른 것들과의 관계를 보는 것이고 혁신은 변화를 감지하여 사회적으로 확산이 큰 가치를 해결한 것이다(스티브 잡스) 혁신은 협동 인재가 하는 것이다.

실리콘밸리 성공기업과 갱단의 조직문화 비밀은 같다. 조직 성패 핵심 요인이 문화이다. 조직성과에서 언행일치 하는 리더가 관여하지 않을 때 조직의 결정 방식과 구성원들이 부딪히는 문제를 자연스레 해결하기 위해 사용되는 전제가 조직문화이다. 저절로 딱 맞게 돌아가야 문화다. 가정도 국가도 같다.

운명공동체를 4대 성인은 달리 표현했다. 등산로는 달라도 정상에 서면 모두가 같다. 우리는 하나다. 이 세상 존재는 각각이 아닌 서로 연결된 공동체이다. 부처(不二: 둘이 아니다) 공자(恕: 용서할 서) 소크라테스(善: 모두 이롭게 함) 예수(愛: 상대에의 사랑) 등 4대 성인의 핵심 가르침도 운명공동체라는 점에서 동일하다. 정상에의 길은 서로 달라도 결국 하나로 모인다.

WWW(World Wide Web)은 전체가 하나(World)이고, 종교/이념/사상에 치우치지 않고 활짝(Wide) 열려 있으며, 거미줄(Web)처럼 서로 연결되어 있다. 내가 생각하고 말하고, 행동하면 전체에게 영향을 주는 운명공동체이다. 다함께 살거나 같이 죽을 수 밖에 없다. 서로 도와야 모두가 산다. 과거와 현재가 연결되고(시간) 에스키모와도 즉시 연결된다(공간) 육안으로는 안보이나 심안이 열리면 시공간 모두가 보인다. 마음을 열고 꾸준히 공부해야 하는 이유이다.

몸뚱이 기준 개체인 나와 나 아닌 것 포함한 전체가 결국 하나이다. 인간 내부 100조 개 미생물 중 유익균과 유해균을 따로 구별하지 않듯이, 우주에서 바라보면 지구도 유익한 인간과 유해한 인간이 함께 사는 하나의 존재이다. 자신이 개체이면서 전체로 알면 삶의 목적이 먼저 나눔인 사랑 실천으로 확실해진다.

사람들이 진정 자기가 누군지, 가능성은 어떤지, 비전 확장을 위한 서로를 연결해 주는 것이 소명이다(토크쇼 여왕 오프라 윈프리) 자기가 누군지 알기는 영원한 숙제이다. 누군지(Who) 알기 힘들면 어떻게(How) 사는지로 생각하면 쉽다. 공기 등 세상과 인연 모두의 도움 덕분에 사는 것을 깨치면 겸손해진다.

다른 사람에게 갚아라! 자신이 받은 호의나 배려에 대해 갚으려 할 때, 호의를 베푼 사람이 되돌려 받지 않고, '다른 사람에게 갚아라!'라고 한다면 성숙한 사회이다. 성숙한 사회는 너와 나만이 아닌 우리가 함께 사는 사회이다. 1:1 관계에서 다자간 이해관계 해결을 위해 눈을 크게 떠야 한다.

우리의 영혼 순수 의식 안에 우주가 존재하고, 그 우주 안에 우리는 하나이며, 우주의 일부로 존재한다(30시간 임사체험 후 암 완치한 아니타 무르자니) 편향된 신념이 아닌 순수 의식으로 깨인 영혼 상태는 말기 암도 고친다. 코로나 바이러스도 인연으로 연결된 운명공동체임을 깨우치면 두렵지 않다.

HomoSymbious(共生人 최재천교수) 호모사피엔스는 먹을 것과 안전한 잠자리 생존을 위해 탐험과 길 찾기 능력이 지식 역할을 했다. GPS는 목적지까지 직선 경로는 알려주나, 땅에 누가 있으며, 주위에서 나를 얼마나 도와주는지는 알려주지 않는다. 본인 노력과 주위 도움이라는 공생관계가 인류의 새 이정표이다.

정의의 판단 기준은 행복, 자유, 미덕이다(마이클 센델) 정의란 사회 구성원의 행복에 도움이 되는가, 구성원 각각의 자유를 보장하는가, 사회에의 좋은 영향으로 공동선을 이루는가이다. 대개는 정의로 포장을 하지만 실상은 각자 자기만의 이해관계로 변질된다. 하지만 진리는 반드시 따르는 자가 있고 정의는 반드시 이루는 날이 있다.

성을 쌓는 자는 망하고, 길을 뚫는 자는 흥한다(몽고 명장 Tonyuquq 비문) 영토 정복하던 옛날이나 사이버 가상 영토를 차지해야 하는 현재나 원리는 같다. 폐쇄보다는 개방적 태도는 개인, 회사, 국가에게 모두 적용된다. 소유를 지키려 하면 무너지고, 열고 먼저 나누고 비우면 채워진다. 비우고 자기를 반드시 지나가도록 만드는 게 생존전략이다.

나 아닌 것이 나라는 운명공동체에의 깨우침은 나보다 나 아닌 것을 먼저 잘되도록 하게 된다. 널뛰기에 상대방을 먼저 올려야 다음에는 내가 공중으로 올라갈 수 있다. 참 쉬운 이치인데 실천하기는 어렵다.

利己주의란 내가 원하는 대로 사는 것이 아니라 타인에게 내가 원하는 방식으로 살라고 요구하는 것이다(오스카 와일드) 상대에게 스스로 원하는 대로 살도록 구체적 방향과 방법을 제시하는 게 利他주의다. '이기'든 '이타'든 모든 생명을 이롭게 도와주는 것이 弘益人間이다. 홍익인간은 단순 교육이념 아닌 '다함께 잘사는' 생명존중 사상이다.

절름발이의 균형은 지팡이에 있고, 물을 건너는 사람의 운명은 배에 달렸으며, 외부 세력에 의지하는 사람은 독립정신에 자기 장래가 좌우된다. 지팡이, 배, 외부 배경 및 재력 등 의존에서 벗어나 독립을 해야 상호의존 단계로 갈 수 있다. 불완전한 개인이 모여 완벽한 Team을 이룬다. 팀은 상호의존이 기반이다.

인문학

추억은 역사로, 습관은 전통으로, 취향은 문화로 정착된다. 개인, 가정, 국가에 모두 해당된다. 좋아하는 걸 하는 취향은 사람들이 살아가는 '방식'이 되어 문화가 된다. K팝, 푸드, 드라마, 방산으로 인해 한글을 좋아해 K문화로 발전하고 있다. 향후에는 주위 도움 덕분에 고마워하고 보답행하는 상생 K-공철학이 될 것이다.

아침 눈을 뜨니 밤새 배달된 택배 선물이 도착해있다. 수신-자기 자신, 발신-자연, 내용물-하루. 상자를 여니 하루 분량 시간과 각자 주어진 재능과 움직일 수 있는 건강이 들어있다. 매일 오는 택배를 당연하게 보든지 아니면 매번 감사의 말로 하루를 시작하는 것은 각자의 선택이다. 축적된 선택이 결국 하늘과 땅 차이를 만든다.

자연과학은 '도구'를 연구하지만, 인문학은 '인간의 觀點'을 연구한다. 인문학이 관점 파악에 도움이 되는 이유는 말과 글로 소통을 중시하고 새로운 해석을 위한 통찰이 필요하기 때문이다(모기룡 교수) 각자의 가치관에 따라 해석이 달라진다. 가치관이 없으면 당연히 흔들린다. 바람 부는 대로, 물결치는 대로.

인문학이 추구하는 비판적 사고는 Why에 집중한다. 비판적 사고는 올바른 '근거' 없이는 어떤 사실도 믿지 않으려는 태도로 '본질'을 찾기 위해 의심하고 증거와 논리를 사용해 참과 거짓을 따지는 태도다. 본질과 근거가 정리되면 자연히 '한계'가 보인다(본근한).

자연과학은 '바로 이 세계'만 다루고, 인문학은 '(상상이) 가능 세계'를 다룬다. 자연과학은 인간과 인간 아닌 것들의 '공통점' 찾고 인문학은 '차별점' 찾는다(모기룡 교수) 자연공학과 공학은 숫자로 의미를 전달하고 경험적 실험을 하고, 인문학은 (이미지와 개념을 떠올리는) 말과 글, 기호로써 의미를 전달한다. 상상(인문학)과 경험(기술)의 균형.

우리는 철학을 팝니다. 오토바이는 끼워서 드립니다(할리 데이비슨) 감동을 넘어 졸도 수준의 충성 고객이 있어야 미래에도 살아남는다. (굉음의 오토바이 소리에) 살아있음을 느끼고 삶의 이유와 목표를 가지는 게 철학이다. 애플은 단순함 철학이 있어 삼성전자 5배 기업가치를 갖는다. 품질은 기본, 철학이 생명이다.

人文은 문제를 찾고, 技術은 문제를 푼다. 인문(인간 정신)은 주변의 불만족스러운 문제에 대하여 Why So(왜 그렇지)? So What(그래서 무엇을 해야 하나)? 의문을 통해 끊임없이 찾고, 기술은 How를 통해 조금 더 싸고, 빠르고, 좋은 방법으로 인간을 만족스럽게 만든다.

미국 100대 기업 CEO의 2/3가 인문학 전공자이다. 사람이 어떻게 움직이는가 포착하고 반응하는 것이 경영이다. 창의는 배우고 익히는 데서 나오는 게 아니라 질문하는 힘에서 나온다. 탁월함(Excellence)을 추구하는 마음이 창의력의 원천이다(최진석 철학자).

5W1H 질문은 인문학에서 나오기 시작한다. 인문학은 문학, 역사, 철학이 대표적이며 문사철이라고 한다. 보통 인문학을 통달하는데 문사철 관련 서적을 600권 이상 읽어야만 한다고 한다. 이것 기술과 마찬가지로 많은 노력과 시간이 필요하다.

인간이 누구이며 어떻게 살아야지만 잘 살 수 있을까에 대한 학문이 인문학이다. 이러한 부분 중에서 가장 대표적인 부분이 철학이다. 리더는 철학과 역사를 알아야만 할 수 있다. 철학은 혼탁하고 복잡한 세상을 밝게 바라볼 수 있는 능력이다.

인간이 행복을 추구하기 위하여 종교와 철학에 도전한다. 하지만 종교는 삶의 의미를 제시하나 편협하고, 철학은 통찰이 뛰어나나 지적 만족에 머문다는 단점이 있다. 무엇을 배우든 중요한 것은 실제 생활이다. 공부를 열심히 해도 문제이지만, 공부를 안 해도 문제다. 이런 우려와 시행착오 속에 인간과 세상 주변 인연 등과의 상관관계를 One Page로 작성한 것이 One Page의 기적(부제 Self Leadership Coaching)의 저술 의도이다.

인문학은 인간이 항상 손에 들고 있는 보석상자 열쇠(5W1H)이다. 상자 속 많은 기술(보석)이 융합되어 열쇠로 상자가 열릴 때 찬란한 빛(성과)을 발산한다. Human + Tech(인문학 + 기술) = 아이폰(스티브 잡스)이 확실한 증거이다.

20세기 가장 위대한 인물로 타임지에 의해 선정된 아인슈타인은 실험실에서 얻은 데이터 없는 상대성이론을 발표하여 인간을 우주로 나가게 만든 과학자이며, 주역을 익혀 인문학과 철학적인 측면에서도 뛰어난 인물이다.

AI(인공지능)가 대체할 수 없는 창의성은 文史哲(문학 + 역사 + 철학)에서 나온다. 과거 발전을 이끈 축적된 지식과 기술은 로봇과 AI가 전적으로 담당한다면, 인간은 창의성 없이는 생존할 수 없다. 창의는 고정관념을 비우는 데서 시작한다. 내가 옳지 않을 수도 있다.

공자는 일찍이 내가 모든 것을 배우고 익혀서 안 것이 아니라 하나를 제대로 깨우치니 모든 것을 알게 되었다는 일관지도(一貫之道)를 가르쳤다. 이는 산 정상에 올라가서 보면 자기가 오른 등산로 이외에 다른 등산로도 전부 볼 수 있다는 의미이다.

군대에서 장군은 병과가 없다. 보병, 포병, 기갑 등 병과는 영관급까지는 존재하나 장군이 되면 모든 것에 적응할 수 있다는 의미이다. 학문에서도 인문학, 사회과학, 자연과학 등 여러 분야가 있지만 한 부분에 정통하여 정상에 서면 다른 부분까지 쉽게 이해할 수 있다. 우주과학자가 철학자가 되는 것은 우연의 일치가 아니다.

인문학을 이해하면 5W1H를 습관화하게 된다. 인간 희노애락을 표현(문학), 인간의 과거 사실과의 대화(역사) 인간 '존재' 대한 의문(철학)을 통해 행복한 삶을 누리는 데 목적이 있다.

문사철 으뜸인 철학은 존재에 대한 무지몽매를 밝히는 5W1H에 있다. "나는 누구인가(Who)? → 어떻게(How) 살 것인가?" 태풍 속에 흔들렸다 제자리로 복원되는 배처럼 국정철학, 경영철학, 인생철학이 확고하면 어떠한 시련과 고난도 이겨낼 수 있다.

최근 인문학은 무한경쟁과 적자생존에 따른 사회적 불안에서 시작되었다. 경쟁/투쟁 상태에서 온기를 찾는 갈망으로 철학은 (창조 측면) 삶의 의미 정립을 기본으로 (지식 측면) 과학기술이 융합되어 안정감을 갖게 한다.

과일 배는 빈틈이 많아 다른 재료를 잘 흡수한다. 여러 요리에 혼합재료로 쓰임새가 많다. 사람도 빈틈이 있어야 사람들이 좋아한다. 자기 생각도 빈틈이 있어야 다른 생각을 받아들일 수 있다. 空은 빈 것이 아니라 가득 채울 수 있는 가능성이다.

인문사회학은 博而不精(박이부정: 넓게 알지만 깊게는 모름)하고 과학기술은 精而不博(한 분야 깊게 알지만 넓게는 모름)하다. 혼자서 죽는 날까지 博而精 하기는 쉽지 않다. 모여야 하는 이유이다. 먼저 주어야 크게 받는다. 널뛰기처럼 상대를 하늘로 올려야 자기도 올라간다.

과거를 지배하는 자가 미래를 지배한다(조지 오웰) 역사를 배우는 이유는 미래를 예측하기 위함이다. 지금 실패 혹은 성공은 과거 내가 뿌린 씨앗의 결과이다(自業自得 자업자득) 과거 실패로 아쉬웠던 부분도 지금 생각하면 버릴 것이 없는 소중한 자산이다. 걸림돌이었던 실패를 디딤돌로 보는 관점이동이 인간을 성숙한 미래로 만든다.

상대방 마음을 읽으면 원하는 것을 줄 수 있고, 원치 않는 것을 주지 않는다(Mind Miner 마음캐는 광부 송영길) 나와 남 흔들리는 마음을 캐려면 현기증이 난다. 배에서 눈앞 파도만 보면 배멀미를 하지만, 멀리 수평선을 보면 좋아진다. 100세 시대 10년 앞 멀리 보고 좋아하는 일 즐기면서 나 + 남 마음 캐기가 인문학이다.

인문학은 인간 존재를 밝히는 것으로 사회체제, 기술발전에의 기본이다. 존재는 삼간(인간 Who-시간When-공간Where)을 질문하는 것에서 시작한다. 나라는 존재는 누구이며 어느 시점, 어느 공간에 있는지를 아는 것이다.

인간 존재는 돈 부족, 타인과의 갈등, 병 등 고통이라는 결과를 항상 수반하는 '고장난 바퀴'와 같다. 결과로 이어지는(연기) 원인(인연과) 질문이 인문학이다. 왜 고통스럽지(Why So)?-고통의 근원은 무얼까?를 Head로 알고 Heart로 느껴야 한다.

인문학(뿌리) + 사회과학(줄기) + 자연과학/기술(잎)이 융합해야 꽃과 열매(성공)가 되듯 사회가 발전한다. 뿌리가 튼튼해야 좋은 나무가 된다. 인문학이 중요한 이유이다.

인문학과 자연과학은 질문(Question)학문이다. 기술은 질문에 대한 해답(Answer)을 찾는 분야이다(통섭 최재천교수) 인문학과 기술의 융합(Human + Tech)은 Q&A, 뿌리와 잎으로 성공(열매)의 가능성을 높인다. 5W1H 질문에 익숙해지자.

단순히 보다(See) 눈여겨 보다(Observe)를 연습하면 확신을 갖게 된다. Seeing is Believing(보는 것이 믿는 것이다). 인문학은 삶에의 확신을 갖도록 만든다.

행복/성공(Health-육체, 정신, 금전) 전제조건~풍부한 현장경험(책상에서 공부한다고 되는 게 아님), 전략적 마인드(Head-전체 상황 이해하고 방향 잡기), 희생정신(Heart-Give & Forget: 언젠가는 돌아온다), 실행력(Hand/Leg로 즉실천) 인문학은 4H 요약이다.

놀라와라! 조개는 조개껍질을 남겼네(최승호 시인) 한마디 말로 표현하는 핵심은 지혜로서 머리(지식)가 아닌 가슴에서 나와 손발(실행)로 움직이게 한다. 성공의 핵심은 실행이다.

인문학은 인간이 움직이는 방향과 무늬를 알려준다. 방향을 (조금) 앞서 나가는 것이 창의력이고, 꿈꾸는 것이 상상력이다. 현대인 특히 기업인은 매 순간의 의사결정으로 생사(승패/손익)가 갈리는 경계선 위에 있다. 결국 인문학(문학/역사/철학)을 배우는 이유는 살아남기 위함이다(생존전략). 성공한 전문가는 남보다 (조금) 앞선 방향을 (Head로) 알고 (Hand/Leg로) 실행하는 창의력/상상력이 있을 뿐이다.

생존을 위한 인문학의 특징은 남이 만든 틀에 대답하는 것이 아니라 질문(5W1H)하는 것이다. 삼간 측면 내가(인간), 현재(시간), 어디에(공간) 있는가? 그래서 무엇을 하지(So What)? 왜 그럴까(Why So)?를 머리로 고민하고 가슴으로 느끼면 손발로 움직여 시행착오를 겪으면 방법(How)을 몸으로 체득한다. 이런 수준이라야 창의력, 상상력을 가진 전문가 수준으로 생존한다.

북극성을 보면서 바다와 산, 사막에서 가야 할 방향을 잡은 예전의 여행자처럼, 살아가는 방향을 잡는 것이 인문학이다. 열심히 노를 저어도 바다에서 갈 방향을 잡지 못하면 헛수고로 고생하다 탈진해 죽는 것과 같다. 방향 잡기 20%, 노 젓기 80%(80 : 20 법칙 정확히는 78 : 22 법칙)로 일을 배분하면 틀림없이 성공한다.

경영의 시작은 철학을 세우는 것이다(교세라 이나모리 가즈오-경영의 신) 철학은 존재에의 역할과 책임을 아는 것이다. 긍정적 마음(뿌리), 건강한 몸(줄기), 인생의 꿈(하늘로 뻗는 가지), 참된 생활 태도(탄소 동화작용 잎), 열정적 힘(열매) 나무 한그루 존재에서 철학(5ㅁ-마음.몸.꿈.참.힘.)을 세운다.

'내가 했다' 대신에 '도와준 덕분에 했다'(과거) '내가 한다' 대신에 '덕분에 한다'(현재) '내가 할 것이다' 대신에 '덕분에 할 것이다'(미래) '덕분에'로의 관점이동은 '존재 자체로 충분하다'는 확신 때문이다. 공기, 물, 음식, 주위 도움 없이 존재할 수 없다는 관점이동은 지동설 보다도 큰 자기 혁신 시작이다.

경영의 본질은 철학 세우기(이나모리 가즈오) 자기경영, 회사경영, 국가경영 모두 철학이 있어야 가는 길을 잃지 않는다. 논리로만 따지는 골치 아픈 철학이 아니라 생활에서 쓰이는 '실용철학'이 본질이다. 단순히 활용하는 實用을 넘어 商用까지 가는 상용철학이 성공의 본질이다. '돈버는 재미'는 철학이 있을 때 최고 수준이다.

들숨과 날숨에 목숨이 달렸다. 음식은 3달, 물은 3주, 공기는 3분만 없어도 목숨을 부지하기 어렵다. '들숨과 날숨 공기 덕분에 내가 사는구나'를 느끼면 음식, 물, 나 아닌 모든 것에 감사하게 된다. 세상만사 덕분에 내가 존재함을 느끼면 감사할 수 밖에 없다. 아는 것(?)은 머리, 느끼는(!) 것은 가슴이다. 지성(머리)시대에서 감성(가슴)시대로 세상이 바뀌었다.

30년간 병든 아내를 돌보던 사람이 명상으로 고통을 치유했다. '왜 이런 고통이 나에게만 오는가?' 몰입에서 자신을 제3자 관점에서 바라보는 게 명상이다. (고통) 흐름에서 벗어나야 흐름이 보인다. 벗어나는 좋은 방법은 대개 시간과 돈이 필요하지만 명상은 쉽고 간단하다. 편안한 자세에서 자기를 내려놓고 바라보면 된다.

내가 나를 장사 지내다(吾喪我 오상아, 장자) '본질의 나'가 '현실의 왜곡된 나'를 죽이는 것은 '너 자신을 알라'와 같다. 보석이 진흙 속에 있을 때는 그냥 돌에 불과하지만, 흙이 사라지면 비싼 보석이 된다. 인간도 누구나 보석 본질을 가지고 있으나 살면서 때가 묻는다. 주기적으로 때를 벗기는 게 자기 성찰이다. 인간의 본성은 보석이다.

'본래의 나'가 돈, 미모, 권력, 관념에 '종속된 나'를 버리다(장자). 모든 것은 변하기 때문에 잠시 있는 것인데, 그것을 영원한 '나'라고 하는 착각 속에서 살기에 삶이 힘들다. 물에 전기를 연결하고 끓으면 증기가 나오듯, 참나(진리)에 접속하여 진리인지 체크하고 내맡기면 된다. 진리를 공부하는 게 인문학이다.

天地人(한국) 文理心(중국) 천문 지리 인문(서양) 표현은 달라도 본질은 같다. 하늘 뜻은 밤하늘의 별자리 무늬(文)를 통해 알고, 땅은 지형과 도로 논밭 마을의 구획(理)을 통해 알고, 사람 본성은 겉모양 아닌 마음(心)에 있다. Astronomy(천문학) Geography(지리학)와 함께 Humanities는 '인심학'아닌 '인문학'으로 번역되었다.

오징어 게임이 세계적 히트 친 이유는 天地人 사상과 놀이의 단순함이 있기 때문이다. 하늘은 형체가 없고 원만한 동그라미, 땅은 동서남북 의미 네모, 사람은 머리가 서 있는 세모이다. 원 네모 세모가 합쳐 태극을 이룬다. 단순함 속에 무궁한 의미가 있어야 세계인에게 다가갈 수 있다.

청년 시절에는 예쁜 꽃을 보면 꺾어서 가져갔고, 중년 시절에는 뿌리채 파와서 집에다 심었고, 노년 시절은 있는 그대로 보려고 가야 한다. 소유욕에서 벗어나는 게 진정한 사람이 되는 과정이다. 나이 먹을수록 욕심을 부리는 노욕이 가장 추하다. '내 없고(존재) 내 것 없고(소유) 내 옳은 것 없다(고집)'를 깨우치면 거칠 것 없는 자유인이 된다.

'어릴 때는 나보다 중요한 사람이 없고, 나이 들면 나만큼 대단한 사람이 없고, 늙으면 나보다 더 못한 사람이 없다'고 대개들 생각한다(백범 김구) 독단과 자만에서 겸손에의 지혜가 어릴 때부터 생기도록 돕는 것이 인문학이고 철학이다. 상대가 나보다 중요하고 대단하다고 확신 하면 모든 일이 술술 풀린다.

인공(기계)지능은 자연지능보다 사고력과 암기력은 뛰어나지만 창조력은 못하다. 창조력은 인문학에서 나온다. 인문학을 모르고 창조력이 없다면 AI에 지배될 수 밖에 없다. '주인으로 살 것이냐? 하인으로 살 것이냐?'는 인문학을 이해하고 활용하느냐 여부에 달렸다.

Trend를 공부해야만 하는 이유는 빠르게 변하는 세상을 제대로 보고, 제대로 준비해야 더 나은 삶을 추구할 수 있기 때문이다. 제대로 보고 자신의 미래를 믿으면, 타인의 삶이 부러워지지 않는다. 과거인 역사를 알고 현재의 자기를 보아야 미래 트랜드가 보이기 시작한다. 과거-현재-미래는 흐름으로 보면 따로가 아닌 하나이다.

종국에는 모두 죽는다. 종국에는 모든 것이 가능하다(경제학자 케인즈) 대개의 사람들은 죽음을 잊고 산다. 죽는다는 것을 인식하고 긍정적 태도를 가질 때 만사가 풀린다. 인문학을 이해하면 빠르게 변하는 세상에서도 웃을 수 있다. 자기 자신을 객관적으로 바라보는 철학과 역사를 반드시 공부해야 하는 이유이다.

Facebook이 Meta로 회사명을 바꾸고 과감한 투자로 인해 주가는 최근 26% 폭락했지만 선견지명이 있는 사람은 Metaverse 세상을 확신한다. 눈에 보이는 것만을 믿는 자와 보이지 않는 것까지 믿는 자는 부자의 갈림길이다. 미래 예측은 단순히 보이는 '기술'을 넘어서, 보이지 않는 것까지 보는 '인문학' 특히 역사와 철학에서 나온다.

올바른 방향(분명한 목표)과 올바른 방법(확실한 능력)이 맞아야 성공한다. 능력은 조직의 고위직일수록 통찰력, 네트워킹능력, 업무능력이 중요한 순서이다. 조직 의사결정은 통찰력에서 나온다. 시간 + 공간 + 인간을 크게 보고(Overview 通察) 꿰뚫어 보는(Insight 洞察) 게 통찰력이다.

올바른 生活은 1) 말이나 글이 아닌 숨은 뜻을 찾으려 하고 2) 사람이 아닌 변하지 않는 법칙에 의지하고 3) 지식이 아닌 지혜에 의지하고 4) 개인만의 이익이 아닌 전체를 이롭게 하는 것이다. 법칙, 지혜 및 전체에 이롭게 하는 생활 의미는 生(氣가 돌고) 活(氣가 차게) 사는 것이다. '기'는 에너지이다.

가장 향기로운 향료는 꽃/열매에서 뽑아낸 게 아니라 병든 고래기름에서 뽑고, 우황은 병든 소에서 추출되어 해열/진정/강심제로 사용된다. 역사에 길이 남은 위대한 인물은 대개 '고난'을 통해 대성한 인물들이다. 지금 참을 수 없는 고통이 있다면 조만간 향기를 내 뿜을 것이다. 동트기 전 새벽이 가장 춥다.

새는 알을 깨고 나온다. 하나의 세계를 파괴하지 않으면 새로운 세계로 나갈 수 없다. 알을 깨고 나온 새는 신을 향해 날아간다(데미안) 버려야 얻을 수 있고 깨뜨려야 창조할 수 있다. 두 손에 가득 쥐고 다른 것을 쥘 수는 없다. '내' 없고(존재) '내' 것이 없고(소유) '내' 옳은 것이 없다(분별) 내(자기)를 버려야 크게 얻는다.

초대 문교부 장관 안호상박사가 중국 문호 임어당을 만나 "중국이 한자를 만들어 놓아서 한국까지 문제가 많다"고 하자 "그게 무슨 말이오? 한자는 당신네 동이족이 만든 문자인데 그것도 아직 모른단 말입니까" 事實은 이해관계자에 의해 意見으로 왜곡된다. 사실과 의견은 완전히 다르다. 역사와 철학에 관심을 가져야 지식을 넘어 지혜가 생긴다.

침몰하는 배에서 뛰어 내리지 못하고 수장되는 사람은 대개 배에 보따리를 가득 싣고 있는 사람이다. 보따리가 생명을 보호해주는 게 아니라 죽음으로 이끈다. 메타버스 혁명 시대에 과거의 경험과 지식은 유효기간 2년 지난 보따리이다. 부지런히 버려야 얻고, 완전히 깨뜨려야 살 수 있다.

아침에 햇볕을 받는 곳은 저녁에 그늘이 먼저 들고, 일찍 피는 꽃은 시드는 게 또한 빠르다. 운명의 수레는 '돌고 돌아' 잠시도 멈추는 법이 없다. 안 풀리는 일이 있어도 크게 보면 실망할 게 아니다. 동틀 무렵이 가장 어둡고 춥다. 밤과 낮이 돌고 도는 원리를 알면 참을 수 있다. 고통은 쓰지만 忍耐(참을 인 견딜 내)는 달다.

運은 하늘의 사랑과 귀여움을 받는 것이다(운을 읽는 변호사, 니시나카 쓰토무) 나의 운은 항상 남의 운과 연결되어 있기에 '은혜를 갚아야 한다'는 마음으로 살면 예외 없이 좋은 운이 들어온다. 하늘, 땅, 인연, 햇빛, 물, 공기 등 '나 아닌 것' 덕분에 내가 살아갈 수 있다는 관점변화는 운은 크게 잡아당기는 수퍼 전자석이다.

시간이 쏜살처럼 흘러간다. 활쏘기는 1) 매 순간 집중해야 하고 2) 시위를 떠난 화살에는 미련두지 말고 3) 목표에 마음이 흔들리지 말고 상황에 따라 오조준해야 하며 4) 과녁을 맞추기 보다 쏜 화살에 과녁을 그리고 5) 경쟁자의 화살에 신경쓰지 말아야 한다. 활쏘기에 삶의 이치가 그대로 담겨있다.

창조란 그냥 여러 가지 요소를 하나로 연결하는 것이다(스티브 잡스) 메타버스 시대에는 창조적 발상과 즉실천이 100세 시대 생존을 좌우한다. 복잡한 메타버스 기술 보다 중요한 게 시간적 흐름(天)과 공간적 관계(地)를 이해하는 인문학적(人) 사고가 있어야 창조할 수 있다(천지인 개념).

혼돈이 없으면 그 무엇도 탄생할 수 없다(아인슈타인) 혼돈은 새로운 질서 태동 징조다. 균형을 깨뜨리지 않는 범위 내 혼돈은 창조의 텃밭이다. 바닥에 떨어져야 반동으로 하늘로 올라간다. 보통은 떨어지는 것 자체를 두려워하나 성공자는 올라갈 것을 알기에 즐긴다. 어두워지면 새벽 오는 것 알기에 참고 기다린다.

포기는 자신의 상황을 알고 '내가 버리는 것'이고, 체념은 자신의 도리를 온전히 알고 '내가 결단하는 것'이다. 포기는 학습하지 않아도 터득되지만, 체념은 높은 수준의 도덕적 인내와 수양을 요구한다 (박황희 교수) 욕심을 내려놓는 것은 개인적 수양이 전제되어야 한다. 소유 이후 무엇을 할 것인가에의 철학이 있으면 가능하다.

인간은 굉장한 종교혁명을 겪고 있다. 새로운 종교는 데이터주의, 바로 데이터를 향한 '믿음'이다(유발 하라리) 신에서 느낌으로, 느낌에서 데이터로, Dark Age에서 Data Age로 급격히 세상이 바뀌고 있다. 가짜 데이터/뉴스를 걸러낼 힘은 인문학에서 나온다. 애플 성공의 원천인 인문학이 중요한 이유다.

평균이 평범이던 세상은 끝났다. 예전에는 튀지 않고 중간만 가도 먹고 살 수 있었다. 현시대에는 특출난 자기만의 필살기(술)가 있어야만 살 수 있다. '자기가 무엇을 잘할 수 있는지? 자기가 누군지?'를 아는 게 인문학 특히 철학이다. 기술은 重要하지만 인간은 中心이 되어야 한다. 중심을 잡고 중요한 기술을 가져야 생존할 수 있다.

외국인과 How are you?(어때요) 라고 인사한다. How am I? 라고 자신에게도 상태가 어떤지 자주 물어야 한다. 평생을 고민하는 Who am I?(내가 누군가) '존재에의 고민' 보다는 접근하기 쉽다. 무료로 사용하는 공기와 주위 도움 덕분에 몸과 마음이 건강할 수 있음에 감사하면 모든 게 술술 풀린다. "~~한 덕분에 ~~이 감사합니다"

행복은 강도가 아니고, 빈도이다. 가슴 벅찬 큰 느낌도 중요하지만 매시간 잔잔하게 편안한 상태가 더 큰 행복이다(有恒心 유항심, 맹자) 사랑과 나눔도 강도가 아닌 빈도이다. 어쩌다 한번 크게 하는 게 아니라 조금씩 자주 하는 게 진정한 사랑이고 나눔이다.

在世(眞)理(變)化란 '세상에 함께 있으며 진리로 깨우쳐 변화시킨다'는 의미다. 재세이화는 弘益人間(홍익인간)의 완결점이자 최종 목표이다. 사람의 생각과 일하는 방식을 변화시키려면 제도(System)가 있어야 行動을 바꾼다. 하지만 <자발적 행동>은 창의와 융합의 핵심이다. 큰 메타버스 태풍이 와도 살 수 있다.

공부 목적은 건강, 풍요(有恒産)와 행복(有恒心)하게 하는 '자기 구제'에 있다. 유항산유항심(맹자) 상태에서 내 인생이 어디로 가고, 무엇을 해야 하는지 혼돈에 빠진 자기 자신을 구제하는 것이다. 정신적 + 육체적 건강 유지는 골반의 균형 맞추기가 첫 단추다. 뼈대를 바르게 하는 방법은 요가나 108배 절로 쉽게 할 수 있다.

과거 2천년 간 읽힌 것은 앞으로 2천년 후에도 읽힐 것이다(EBS 김유열PD) 대한민국에 인문학 열풍을 일으킨 그의 핵심은 선택과 집중을 위한 딜리트(Delete 제거하기)이다. 마음에 가득한 탐진치(욕심, 성냄, 무지)를 딜리트 하면 無心 상태가 되며 이에 영감(느낌) 받아 즉실천하면 무슨 일이든지 이룬다.

"저는 당신을 정말 만나고 싶었고, 아주 중대한 이야기를 듣고 싶고, 온몸으로 귀 기울이겠습니다"(인터뷰 달인 김민희) 유명인사 아닌 자기를 자주 인터뷰해야 한다. "정말 나의 참나를 만나고 싶었고, 아주 중대한 느낌(영감)을 받고 싶으며, 온몸으로 경청하겠습니다" 나와 친해지면 성실하게 되고, 지속적 성장하며, 자기 확신력을 기르게 된다. 무슨 일이든 이룬다.

성공은 그릇이 가득 차는 것이고, 실패는 그릇을 쏟는 게 아니다. 성공은 가득찬 물을 즐기는 '陶醉', 실패는 빈 그릇 그 자체에 대한 냉철한 성찰이다. 성공으로는 '地位'가 커지나, 실패로는 사람이 커진다(신영복 교수) 지위에 따른 자아도취는 파멸의 지름길이다. 고려 10대 왕과 조선 20대 영의정 이름과 업적을 아는가? 잘 모른다 하지만 정약용은 귀양살이 속에서도 수백 권 책을 남겼다.

리더의 봉사와 희생이 권한과 권력을 권위로 바꿔준다. 자신을 낮출수록 팀은 더욱 강해진다(켄 제닝스) Lead 대상을 상대방이나 제삼자로 보통 생각한다. 자신을 먼저 리드하는 Self Leadership이 중요하다. 자기를 바르게 알고 제대로 행동하려면 정신적 지도를 미리 준비해야 한다. 내가 누군지 항상 깨어있는 것이 Awareness(알아차림) 명상이다.

學問(배울 학, 물을 문) 닦음은 질문을 배우는 것이다. 5W1H 육하원칙은 자기가 쓰기에 따라 만능 Key 가진 충직한 하인이 된다. 탁월한 AI 기술 챗GPT 하인에게는 질문을 잘해야 하고, 판단은 주인인 질문자가 해야 한다. When시간 Where공간 Who인간 관점 데이터, What, How, Why를 상세히 물어야 한다. 기술 이전 인문학이 기초다. Back to the BASICS!

인생의 참맛은 불확실성과 도전, 위험한 선택에서 비롯된다(철학자 존 롤스) 어리석은 대부분 사람들은 불확실한 것이 확실해질 때까지 기다리다 기회를 잃는다. 그러나 현자는 애매모호함 속에서도 숨은 좋은 기회를 찾는다. 설령 불편해도 불확실성을 받아들이는 것은 세상 흐름을 밝은 눈으로 배우는 인문학 특히 哲學적 태도에서 비롯된다.

뛰어난 리더는 스스로 탁월한 사람이 먼저 되고(Self Leadership) 그 다음 탁월한 팀을 만드는 것이다. 리더십은 기교나 기술이 아니라 영향력이다. 상대에게 영향력을 발휘하려면 자기를 먼저 잘 알아야 한다. Why 사는가? How 사는가? What을 위해 사는가? 하루 5분이라도 지속적 성찰이 필요하다.

아편전쟁에서 대포 '技術'에 완패한 청나라는 인재를 기술 습득차 유럽에 보냈다. 수도꼭지에서 물이 나오는 것을 보고 놀란 유학생이 수도꼭지를 가지고 귀국하여 설치했으나 물이 안 나왔다. 수원지는 인문학이고, 배관과 수도꼭지는 기술이다. 기술이 중요해도 인간이 중심이다. 우주와 인간을 밝게(哲) 배우는(學) 것이 Meta 철학(Philosophy of Philosophy)이다.

경영은 인문학(Liberal Arts)이다(피터 드러커) 경영은 지식의 근본 즉 자신에 대한 지식, 지혜, 리더십을 다루기에 Liberal이고, 실천과 응용을 다루기에 Art이다. 회사경영, 국가경영 이전에 '自己經營'이 우선이다. 자기가 Why 존재하는지 알고, What을 위해서, How 사는 방법이 정리되었다면 올바른 자기경영 삶이다.

인생의 비극은 죽음이 아니라 살아있는 동안 내면이 죽어가도록 내버려 두는 것이다(노먼 커즌즈) 내면을 살리는 길은 자신의 어제와 싸우는 것이다. 이는 적을 만들지 않고, 승리하면서 스스로 기뻐할 수 있고, 아무에게도 상처를 주지 않으며, 모든 이의 찬사를 받을 수 있다. 가장 어려운 싸움은 자신과의 경쟁이며 죽어가는 내면을 살린다.

만일 사람들이 그대를 나쁘게 말하거든 자신을 들여다보라. 그들이 틀렸다면 무시하고, 맞다면 배우라. 어느 쪽이든 화낼 필요가 없지 않은가!(아짠 차 대선사) 상대가 내 마음에 안 드는 이유를 보면 결국 내 생각에 달렸다. 내가 옳지 않을 수도 있고, 만약 옳다면 흔들림 없이 혼자서 묵묵히 가면 된다. 비난과 칭찬에도 흔들리지 말고 무소의 뿔처럼 혼자서 가라.

남다른 아이디어에 필요한 건 창의성보다 용기다. 피드백을 무시할 수 있는 용기, 미움받을 수 있는 용기 말이다(닉 스자보) 다른 사람의 비난과 칭찬 피드백에 흔들리면 순수한 영감 아이디어가 훼손되고 변형된다. 자기 자신에 대한 확고한 삶의 철학이 필요한 이유다. 철학이 밥 먹여 주는 시대가 되었다.

하루는 작은 일생이다. 잠에서 깨면 탄생, 아침은 짧은 청년기, 잠자리에 누울 때는 인생 황혼기다. 매일 매일을 마치 하나의 인생처럼 살아라. 하루하루를 내 마지막 인생인 것처럼(쇼펜하우어) 밤새 안녕하고 죽을 수도 있다. 매일 최선을 다해 성장한다면 죽는 게 두렵지 않다. 생사를 초월한 최고수의 경지다.

끊임없이 스트레스와 압박, 두려움과 불안에 눌리는 이유는 별로 '중요하지 않는 일'에 '중요한 시간'을 쓰기 때문이다. '지금 당장'이 아니라 '언젠가는' 원하는 삶을 살 수 있을 것이라는 환상 때문이다. '언젠가는' 대신에 '지금(Now) 여기(Here) 자기(Me)'에 초점 맞추는 게 깨어있음(Awareness)이다.

- 메멘토 모리(memento mori) 죽음을 기억하라
- 카르페 디엠(carpe diem)현재에 충실하라
- 아모르 파티(Amor fati) 운명을 사랑하라
- 화무십일홍(花無十日紅) 흥한 건 반드시 쇠퇴한다.

동서양 철학적 가치를 지닌 공통점은 교만하지 말고 매 순간 삶을 성찰하며 겸손하게 살기

손안의 휴대폰이 나라고 착각하듯 '내 것(소유)을 나 자신(존재)'이라고 착각한다. 엄청난 착각으로부터 많은 번뇌, 괴로움, 두려움과 분노가 발생한다(루퍼트 스파이라) 우리가 갈망하는 평온함과 행복이 우리 안에 늘 있는데, 그것이 '알아차림'이다. 알아차림 자체가 '진짜 나'다. 너 자신을 알라(소크라테스).

과학은 인문학으로 넓어지고 인문학은 과학으로 깊어진다(김상욱 교수) 기술과 인문학이 융합되어야 할 시점이다. 음악으로서의 오케스트라가 기술에 적용되는 것이 기술독립군(techorchestra.kr) 미션이다. 기술이 '중요'하지만 인간이 '중심'이 되면, 넓고 깊은 영향력이 온 세상에 미칠 것이다.

天上天下 唯我獨尊(부처, 천상천하 유아독존) '우주 간에 오로지 나(인간 개체)만이 존귀하다'로 해석하면 잘 이해가 되지 않는다. 我를 大我인 자연인 전체, 小我를 개체 인간으로 같다고 보면 이해가 쉽다. '나 아닌 것' 전체가 '나'이기에 나를 아끼듯 나 아닌 것을 사랑할 수 밖에 없다. 부처님

자비와 예수님 사랑이 손잡고 춤을 춘다.

성난 파도와 잔잔한 물은 分別하면 무섭고 고요하다. 하지만 본질이 같음을 깨우치는 것이 무' 분별' 지혜다. 다만 이름을 다르게 '구별'할 뿐이다. 인간도 존재의 본질을 아는 게 철학이고, 알아가는 방법이 명상과 기도다. 서로를 구별하기 위해 이름을 가질 뿐. 無(분별)心은 세상을 꿰뚫어 보는 지혜의 지름길이다.

哲學이 중요한 게 아니라 '철학함'이 중요하다(칸트) 철학함이란 언제 어떤 상황에서도 써먹을 수 있는 능력인 사고력, 판단력, 창의력을 키우는 것이다. 애매모호한 어둠 상태에서 밝음(哲)을 배워야(學) 확신을 가지고 실행할 수 있다. 철학함의 기본은 남을 따라 하는 것이 아니라 자기 방식대로 생각하고 실천하는 태도다.

기술은 인간이 필요성을 느낄 때만 발전한다. 기술 지상주의자는 이런 원리를 무시하고 자기 기술 최고라는 독단에 빠져 결국 고객이 외면한다. 인간의 필요성을 알려면 인문학 공부가 답이다. 인간을 중심으로, 최고 성능이 아닌 눈높이에 맞춘 기술만이 살아남을 수 있다. 인문학과 기술이 양립해야 하는 이유다.

통찰은 변치 않는 것에의 집중해야 가능하다(장대익 교수) 지식 축적 바탕 위에 틀을 통한 관점이 통찰로 통한다. Window 창틀을 통해 안에서 밖을 보면 사각형 풍경만이 오직 보인다. Overview(通察)와 Insight(洞察)을 융합하여 깨우쳐야 진짜 통찰에 이른다. MS 윈도우를 넘어서야 불변 진리에 도달한다.

자기 계발서의 공통점은 투자, 인생 성공법으로 긍정과 감사를 강조만 한다. 그림자처럼 자동으로 긍정하고 감사하려면 자기 내면과의 사유가 있어야 한다. '내가 어떻게 존재하고 살아가는가?'에 공기, 음식, 주위 도움 등 '나 아닌 것' 없이는 살 수 없다는 것을 절박하게 느끼면 된다. '공기가 없으면 3분도 버티지 못한다'는 큰 깨침이 긍정과 감사 인간으로 만든다.

두려움만큼 우리에게서 생각하고 행동하는 힘을 효과적으로 빼앗아 가는 감정은 없다(에드먼드 버크) FOMO(Fear Of Missing Out) 격변하는 세상에 나만 외톨이 되고 놓치는 것에 대한 두려움이 있다. 불변 眞理를 깨치면 바로 죽는다고 해도 두려움이 생기지 않는다. 인문학은 진리를 깨치는 지름길이다.

'심리적 안정감'은 두려움으로 주저하는 마음속에 브레이크를 푸는 역할을 한다(Amy Edmondson) 챗GPT 등 급변하는 현시대에 "과연 내가 따라갈 수 있을까?" 두려움에 휩싸이곤 한다. 심리적 안정감은 세상과 나, 존재에 대한 '알아차림' 명상으로 가능하다. 자기를 제대로 알면 심한 파도에서도 윈드서핑을 즐긴다.

우리는 대개 자기만이 옳다는 착각에 갇혀 산다. 눈에 보이는 게 전부가 아닌데도 3차원 4차원 밖의 세상을 창틀 안에서 2차원으로 보고 판단한다. 천동설 틀에 갇혔다가 지동설로 나오는 관점이동이 우리를 자유롭게 한다. 머리가 아닌 가슴으로 33cm 이동하는 게 지동설 증명과도 같은 Paradigm Shift다.

편집이야말로 스티브 잡스식 창조성의 핵심(말콤 글래드웰) 인간은 자기가 보고 싶은 것만 본다. 보기는 하지만 자기가 보고 싶은 것에만 집중하느라 정말 중요한 것은 놓치게 된다(盲視 맹시) 전체를 보아야 편집할 수 있다. 인문학과 과학기술이 전체로 보여야 창조할 수 있다.

네가 나를 모르는데 난들 너를 알겠느냐(타타타 노래가사) 너 뿐 아니라 나 자신도 잘 모른다. 밀림에서 지도와 나침반도 잃고, 밤이 되어 캄캄한 상태다. 無明(밝지 않음)상태에서 無知(알지 못함)하여 죽음에의 두려움으로 방황하다 죽는다. 밝음을 배우는 哲學이 절실한 이유다. 무명과 무지를 걷어내는 게 철학이다.

덕은 겸손해야 이룬다. 덕을 닦는 사람은 남이 알아주는 것을 경계할 뿐 아니라, 스스로 알아주는 것을 더욱 경계한다. 감추는 것을 귀하게 여기고, 아주 '잊어버리는' 것을 더 귀하게 친다. Take & Take, Give & Take가 아니라 Give & Forget 상태가 최고 수준이다. 덕을 닦아야 주변에 사람이 모인다.

비행기 발명은 추락의 발명이며, 선박 발명은 난파의 발명이다(폴 비릴리오) 산다는 것은 고통의 연속이다(生卽苦 생즉고) 고통을 걸림돌로 보는가, 디딤돌로 보는가는 100% 자기 선택에 달렸다. 철광석은 1,650도 용광로를 거쳐 불순물을 제거하고 수많은 담금질과 두드림을 통해 강철로 태어난다. 열과 물과 압력을 기꺼이 선택하지 못하면 쓸모없는 물질로 변한다.

강박 열정은 외적 보상과 결과에 초점을 맞춘다(발레랑) 열정 자체는 중립적이나 어느 곳으로 향하는가에 따라 선한 변화와 자신의 건강 혹은 파괴를 가져온다. 내 열정 본질은 무엇이며 성공과 실패에 무관하게 과정을 소중히 여기는가는 자기 세계관에 달렸다. 선한 뜻을 성취하는데 열정을 쏟고 과정도 소중히 여기는 것은 남 위한 일이 아닌 자신을 위한 일이다.

행복의 비밀은 자신이 좋아하는 일을 하는 것이 아니라 자신이 하는 일을 좋아하는 것이다(앤드류 매투스) 자신의 (돈, 시간) 환경에 맞게 좋아하는 일을 하면 취미이지만, 그 시대의 환경에 따라 절박하게 해야만 하는 것은 소명이다. 소명은 역사적 시간(天), 상황적 공간(地)이 만날 때 인간(人)이 당연히 하는 것이다.

有恒産 해야 有恒心 하도다(맹자) 인간은 어리석고 부족하고 흔들리는 존재임을 인정해야 知好樂(지호락-알고 좋아하고 즐기다) 수준에 도달한다. 어리석음으로 인한 실수, 부족함을 깨우침, 흔들리다 똑바로 서는 방법 배우기 등 마음 여유는 의식주가 전제되어야 가능하다. 죽는 날까지 수입이 있어야(유항산) 항상 평정심을 유지한다(유항심).

그림자는 어둠으로 보이나 밝음의 전도사이다(신광철 작가) 빛과 그림자는 절친한 친구다. 빛이 강하면 그림자도 확실하고, 빛이 약하면 그림자도 흐릿하다. 빛이 가는 대로 따라오고, 하는 대로 따라 하는 빛을 가장 잘 표현하는 벗은 그림자이다. 빛과 그림자, 밤과 낮, 색과 공 어느 한쪽이 없으면 이 세상은 존재할 수 없다.

무거운 닻을 바다 속에 박고 배가 항해할 수 없다. (과거) 후회, (미래) 걱정은 사람이 짊어지는 가장 무거운 닻이다. (현재) 집중해야 거친 바다에서 살아남는다. 알아차림(Awareness) 마음챙김(Mindfulness) 깨어있음(Sati) 모두 지금 + 여기(Now & Here)에서 집중하는 방법이다. 시간과 공간이 만나는 곳에 인간이 있다(天地人).

우리가 道를 따르는 것은 自由를 얻기 위함이지, 명예와 이익을 구하기 위한 것이 아니다(틱낫한) 자유는 자(기 실제 존재 이)유 줄임말이다. 지금 여기 (실제) 존재하는 이유를 제대로 안다면 무엇을 하든 거칠 것이 없고 모든 것이 하나로 된다(萬法歸一) '너와 내가 다르지 않고 하나이다'를 느끼면 자유인이 된다.

식물은 생명 신비를 결정짓는 유전체 숫자가 인간보다 2~15배 많다. 유전체 숫자 크기로 따지면 동물보다 식물이 고차원 생명체다. 동물은 먹으려고 움직이나 식물은 한자리에서 대사활동과 광합성 시스템을 활용하기에 인간보다 뛰어난 생명체이다. 미국에 현존하는 5천년 수령 나무가 그 증거다.

겸허한 마음은 부적과 같다(이나모리 가즈오) 일이 잘되어 주위에서 추켜세우면 마음이 해이해져 마치 실 끊어진 연처럼 붕붕 떠다닌다. 사람을 몰락시키는 것은 실패나 좌절이 아닌 성공과 칭찬이다. 비난과 칭찬에도 흔들리지 말고 무소의 뿔처럼 혼자서 가라! 인생관과 세계관이 똑바로 서면 혼자서라도 간다.

지구상 15백만여 생물 중 대체 불가능한 5종(역할)은 영장류(정원사) 균류(청소부) 박쥐(살충제) 플랑크톤(기초 먹이와 산소공급) 꿀벌(꽃가루 전달)이다(영국왕립지리학회) 인간은 도움은 커녕 탐욕과 문명 발달로 생태계 파괴 주범이다. 환경을 중시하고 욕심을 줄여야 하는 이유이다. 인간뿐 아니라 환경도 사랑해야 우리도 살아난다.

눈으로는 세상을 작게 보고, 손으로는 우주를 가볍게 여겨야 한다. 이것이 옳은 것이다(다산 정약용) 멸문지화를 당해 비록 폐족의 신분이 되었지만, 다산은 결코 그의 기상과 신념을 꺾지 않았다. 세상을 꿰뚫는 통찰력과 지혜는 개인의 부귀영화를 초월하여 항상 편안하고 얼굴에는 미소가 흐르게 만든다.

새끼 제비들 모두 입을 쫙쫙 벌리는데 어미 제비는 먹이를 줄 때 배고픈 놈이 가장 입을 크게 벌리는 것을 알고 배식순서를 정한다. 切迫하게 배고픈 녀석이 살아남기 위해 몸부림치는 것은 제비뿐만 아니라 사람도 마찬가지이다. 공부도 사업도 '절박'해야 이룬다.

인긴은 타고난 근시안이나(에느워드 월슨) 가난한 자는 눈앞의 이익에 집중하다가 큰일을 그르친다(小貪大失 소탐대실) 부자는 장기적인 경제적 자유를 누리기 위해 당장의 쾌락본능을 억제하는 생활방식을 고수하며 크고 작은 희생을 감수한다(대탐소실) 누구나 부자를 원하지만 브레이크가 없는 경우가 많다.

교만은 성공의 독이고 성공의 복수이다. 교만을 치유할 수 있는 유일한 해독제는 겸손이다(예종석) 언제나 유연하고 겸손하게 행동하는 대표적인 것이 물이다. 上善若水(노자, 상선약수: 가장 좋은 것은 물과 같다) 물의 7가지 덕목 중 가장 큰 덕목이 자기를 낮추는 겸손이다.

재앙에는 복이 깃들어있고, 복은 재앙의 은신처다. 힘든 선택을 할수록 인생은 더 쉬워지고, 쉬운 선택을 할수록 인생은 더 어려워진다. 의사결정을 할 때 돈이 안되고 힘들고 남들이 안하는 것을 하면 최종 승자가 된다. 인류의 스승과 위인은 보기에는 고달픈 選擇이었으나 본인들은 즐거운 선택이었다.

사람의 됨됨이에서 바탕(性)과 단계(品)를 합쳐 성품이라 일컫는다. 바탕에 무엇이 쌓는지에 따라 성품으로 올라가기도, 성격과 성질 순서로 내려가기도 한다. '성질 더럽다', '성격 좋으네요', '성품이 대단하다'로 상대를 평가 한다. 品-格-質 순서에서 품질이 나왔다. 인간도 품(질)평가를 거쳐 역사에 기록된다.

뿌리가 없으면 꽃이 피지 못한다. 토대와 밑받침 없는 사상은 허물어지기 쉽다. 꽃에 향기가 있듯 사람에게도 품격이 있다. 썩은 백합꽃은 잡초보다 오히려 그 냄새가 고약하다(셰익스피어) 성품은 인간의 수준이다. 최고수(도인)에게서는 향내가 나고 아우라가 느껴진다. 발산하는 에너지의 종류와 강도가 다르다.

비범한 사람들은 가장 비참한 환경에서도 살아남고, 그 때문에 더 비범해진다(로베트슨 데이비스) 철광석은 용광로 속 극한 환경을 견디고 수많은 담금질과 망치질을 통해 강한 도구로 만들어져 이 세상에 쓰인다. 사람도 마찬가지다. 수많은 역경을 견디어 낼 때 사회에 긍정적 큰 영향을 끼치는 인간이 된다.

上善若水(상선약수-최고 선은 물과 같다, 도덕경) 물은 만물을 이롭게 하고도 그 공을 내세우지 않는다. 항상 낮은 데 있기에 겸손하고, 어떤 형태든 맞추기에 유연하며, 나아감과 멈춤 판단을 잘하며, 오염된 것도 모두 받아들이는 여유가 있다. 물이 가진 진리대로 행동하는 것이 진정한 자유인이다.

가장 비참한 만남은 건전지와 같은 만남이다. 힘이 있을 때는 잘 간수하다가, 힘이 닳아 없어질 때는 버린다(정채봉 시인) 사람과의 첫 만남은 나이와 교양이 있는 歷史와의 만남이다. 역사를 배우고 교훈을 얻으려는 初心을 가져야 한다. 나의 이익을 위해 상대를 이용만 하려는 의도는 조만간 드러난다. 초심으로 살아야 한다.

절망은 자기 자신의 극적 변화를 위한 원료다. 일상적 선물이 즐거움을 준다면, 시련이라는 선물은 인격을 닦게 만든다. 싫어도 할 수 밖에 없는 일을 계속 하면서 저절로 인생 만병통치약을 찾는다. 필사적 일할 수 밖에 없기 때문에 시련을 참고 견디는 힘도 커진다. 가난과 역경은 나를 단련하기 위해 신이 준 선물이다.

因緣이란 '나의 노력'과 '타인의 도움'이고, 惡緣이란 '나의 게으름'과 '타인의 방해'다. 인연이든 악연이든 상대 탓도 있지만 내 탓도 있다. 인간관계는 항상 '상호작용적'이고 '상대적'이다. 타인과 세상과 시대와 불협화음이 있더라도 그것의 50% 이상은 나의 게으름과 어리석음 탓이다. 단 1%라도 관여되었다면 이 세상에 태어난 내 탓이다.

인연과(因 + 緣 = 果)

세상이 절대 변하지 않고 적용되는 법칙을 인연과(因 + 緣 = 果)라고 한다. 원인과 조건이 합쳐져서 결과를 만드는 법칙이다.

인간은 무조건 3가지만 기억할 수 있는 존재이다. 어떤 주제, 사안에 대해 핵심 3가지만 집중하라(아서 아크만 인지과학 대가) 인연과, 꿈참힘(3ㅁ), 천지인이 3가지 열쇠다.

병명이 무어든 증상이 어떻든 3만여종 질병은 '세포 기능 장애'라는 하나의 원인에 의해 발생한다(레이먼드 프랜시스) 세포 기능 장애는 독성물질의 과다 흡수와 영양 결핍 때문이다. 치료법은 쌓인 독소를 제거하고 부족한 영양을 공급하면 된다. 원인을 알면 방법이 쉽다. 일상치유는 음식, 습관, 마음으로 귀결된다.

원인에 조건(緣)을 합치면 결과 인 + 연→과 법칙이 된다. 인은 직접적이고 근본 원인, 연은 간접적이고 중간 원인으로 관계가 곱셈이라서 하나라도 Zero 이면 결과는 없다. 씨가 땅에 떨어져야 싹이 트고 자라서 열매가 맺는다. 좋은 씨가 좋은 땅에 떨어져 천년간 비바람을 이겨내야 천년 고목이 된다. 인연과 법칙을 항상 생각하면 게으르지 않게 된다.

왕이 신하에게 '세상 모든 진리를 정리하라'라고 명령하여 10권을 만들었다. 읽기 힘드니 다시 1권으로 줄이라 했다. 그것도 읽기가 힘들어 한마디로 요약하라고 했다. 그것은 '공짜가 없다'라고 보고했다. 인연과 법칙은 원인으로 말미암아 결과가 생긴다. 좋은 생각을 갖고 한 발자국씩 정진하면 반드시 좋은 결과를 이룬다. 성공의 단순 원리-세상에 공짜는 없다.

인연과 법칙~인 + 연이 만나는 것은 배워서 알고(Head), 인과(원인 → 결과)는 만고 진리이므로 믿어야 한다(Heart). 향후 일어날 결과를 머리로 알고, 가슴으로 믿는다면 즐거운 마음으로 행동(Hand/Leg)하는 자가 결국 성공한다.

당신에게 평화를 줄 수 있는 사람은 오직 당신뿐이다. 불변의 원칙이 삶을 지배할 때에만 당신은 평화를 누릴 수 있다. 불변의 원칙은 관계와 변화의 인연과(원인 + 조건 → 결과)이다. 공간(관계)와 시간(변화)의 인과를 보기 시작하면 삶의 통찰력이 생기면서 마음의 평화가 만들어지고 행복해진다.

육체/정신건강(Health)을 목표로 하려면 Head로 이해하고, Heart로 느끼고 Hand/Leg로 실천하는 게 4H 운동이다. 운동은 실천을 전제로 한다. 성공의 99%는 지속적 실천이다. 3살 아이는 올바른 것 몰라도 가르쳐준 대로 실천하지만, 80세 노인조차 올바른 것 알아도 정작 행동하기는 힘들다.

4H 개념은 가슴(Heart)과 머리(Head)와 손발(Hand & Leg) 부분이 균형있게 합쳐져서 건강(Health) 측면 정신과 육체적으로 행복(Happiness)으로 갈 수 있다.

우주/자연에는 불변 법칙이 있다. 근본 원인을 알면 결과가 보인다. 몸이 천 냥이면 눈은 구백냥. 원인↔결과 원칙의 과정을 눈으로 보고 손발로 실행하는 게 성공과 행복의 지름길이다.

보통 사람들은 열매를 따서 먹는 것에만 관심이 있지만 성공인 대부분은 열매가 실뿌리부터 물과 영양분을, 대기에서 햇빛을 받아 탐스런 열매를 많이 만드는 사람이다. 무엇으로 심든지 그대로 거두리라(갈라디아서 6장 7절)와 인연과 법칙의 지혜를 가진 사람만이 성공한다.

원인과 인연으로 가득 찬 세상에서 위기는 반드시 찾아온다. 위기가 오면 기뻐해라!(이나모리가즈오 교세라 창업자) 인연과 법칙을 알면 위기는 전생을 포함해 내 영혼이 지난 과거에 쌓았던 잘못을 지울 수 있는 절호의 기회이다. 위기는 기회이다.

에덴동산에서 쫓겨나서 돌아가지 못하는 것처럼 인간의 실패는 성급한 마음과 게으른 행동에서 기인된다. 지혜와 지속적 행동은 인간을 포함한 사물을 통합하고 상황을 파악한 최적화로 보는 것에서 시작한다.

천동설이 진리로 강요받던 카톨릭 교황 체제에서 지동설로의 발상(Head) 전환이 인류를 우주로 나가게 했다. 바꿀 수 없는 과거와 남 탓에서 벗어나 바꿀 수 있는 현재와 자기 발심(Heart) 전환이 불만에서 행복으로 나가게 한다. 마음 바꾸면 행복하다.

깨끗하게 사용한 당신 덕분에 참 행복합니다(정읍역 소변기 표어) '콩 씨앗 심은 데 콩 열매 난다'를 깨치면 절대 긍정 씨앗이 눈엔 총기, 얼굴엔 화기, 마음엔 열기로 가득 차서 행복 열매가 된다.

부자가 되려면 부자를 가까이해야 하고, 산삼밭에 놀아야 산삼을 캘 수 있다. 깨달은 분과 가까이하여 발상의 전환을 경험해야 행복에 다가선다. 남 탓, 환경 탓 '~ 때문에' 핑계보다 '~ 덕분에' 감사 태도가 핵심이다.

부러움은 부질없다. 시공간 지식을 버려라(장자) 우물 안 개구리가 바다 크기를 모르며(공간) 여름벌레가 얼음을 알 수 없으며(시간) 시골 선비는 알량하게 배운 것에 구속되어 진정한 도를 설명할 수 없다(인간) 인터넷으로 검색된 지식만 말하는 지구촌 시골 선비를 벗어나 현상 아닌 본질을 꿰뚫어야 자유롭다.

북극성과 지구 거리는 8백광년이다. 고려 현종 8년에 출발한 밤하늘 북극성 불빛은 그사이 북극성이 사라져 오늘 밤에는 볼 수 없을지도 모른다. 영원한 것은 없고 모든 것은 변한다는 진리이다. 변화에 도전하는 것이 진리임을 깨치면 마음가짐이 달라진다.

1천년 이상 느티나무가 한국에 64그루 있다. 천년 버티기는 여러 조건이 맞아야 한다. 씨가 물이 아닌 땅에 떨어져야 하고, 바람에 흙이 덮여야 하고, 수분이 적당해서 싹이 트고, 동물이 밟지 않고, 가뭄과 태풍에 견뎌야 천년 나무가 된다. 수많은 역경을 겪어야 올바른 인간이 된다.

呼吸(날숨 호, 들숨 흡)-먼저 내쉬고 들이마시는 순서에 生滅(태어날 생, 사라질 멸)이 있고, 먼저 버려야 채워진다. 멈추어 호흡을 보는 것은 3살이나 80세에도 변치 않는 존재이며, 보는 매 순간 과거 후회와 미래 불안을 잊고 현재에 집중한다. 날숨에 부교감신경이 작동되어 몸이 이완된다. 현재에 집중해 이완되면 깨어있음 상태가 된다. 호흡 원리만 깨쳐도 행복하다.

건물에 깨진 유리창을 방치하면 건물이 무법천지로 변한다(깨진 유리창 법칙) 사소한 원인이 향후 큰 사고라는 결과를 가져온다. 인연과 법칙의 다른 표현이며 진리의 핵심이다. 진리를 깨치면 세상이 보인다. 변화(시간-제행무상)와 관계(공간-제법무아) 입장에서 보라. 학교에서 배운 화학(변하는 것 배우기-변화)과 물리(사물의 이치 배우기-관계)가 핵심이다.

거리에서 만난 덴마크인 80%가 나는 행복하다고 즉시 대답했다(KBS 특파원 인터뷰) 머뭇거림 없이 행복하다고 하는 이유는 언제나 인과법을 믿고 의지하기에 행복하다고 가정과 학교에서 첫째 덕목으로 일관되게 가르치기 때문이다.

삶이 돌아가는 원리는 단순하다. 콩 심으면 콩 나는 것처럼 내가 한 것은 내가 받는다. 이것은 예전부터 지금까지 앞으로도 영원히 변치 않는 것이라 인과응보(因果應報) 법칙이라 한다.

산길에서 넘어지는 것은 큰 바위 아닌 작은 돌뿌리 때문이다. 제방 무너지는 것도 작은 구멍에서 시작한다. 오랜 신뢰 관계도 사소한 약속을 어겨서 무너지기 시작한다. 마음이 중심을 잡고 말을 이루면 만사형통 忠誠이다. 한 인물이 아닌 사회 구성원 모두에 충성해야 한다.

인간은 자신의 행동을 선택할 수 있으나 그 결과까지 선택할 수는 없다. 결과는 자연법칙 즉, 원칙에 의해 결정된다(스티븐 코비) 자기의 영향력을 Head가 아닌 Hand & Leg로 키워 넓히고 최선을 다해 살아야 하는 이유이다. 진인사대천명(盡人事待天命)을 Heart로 느끼면 성공한 인생이다.

Curator는 미술관과 박물관의 전시책임자 의미에서 발전해 지금은 정보를 수집하고 선별하여 새로운 가치를 부여하고 전파하는 맞춤형 정보제공자이다. 자기 분야에서 맥락적 사고를 가져야만 가능하다. 맥락적 사고는 시간(When)과 공간(Where) 측면 인연과를 맞추는 일이다.

큰 뿌리는 비바람에 흔들리지 않게 하지만 실뿌리는 물과 영양분을 쉼 없이 빨아들여 열매를 맺게 하는 생명의 원천이다. 실뿌리는 나무 삶의 처절한 현장이다. 현장을 등한시하는 리더의 조직은 쇠망한다. Head 지식 아닌 Hand Leg를 전제한 Heart 지혜가 Heallth한 조직을 만든다(4H).

원칙 기반 삶: 우리는 유치원에서 삶의 원칙을 Head로 배웠다. 거짓말 안 하기, 친구와 싸우지 않기, 손발 깨끗이 씻기, 음식 골고루 먹기, 어른 말씀 잘 듣기 등. 하지만 보통 사람은 원칙대로 Hand/Leg가 행동치 못한다. 원칙(뼈)과 융통성(근육)이 있어야 성공한다. 뼈가 혼자서는 움직일 수 없고, 근육은 뼈의 방향과 한계 내에서 조화를 이루는 것처럼 원칙 기반 융통성을 Heart로 절실하게 느끼자. 건강한 인생이 될 것이다.

앎이 Head에 기억되면 知識(지식), 앎이 Heart에 짜릿하게 울리면 知性(마음이 생기다: 性 = 心 + 生), 앎이 행동으로 발효되면 智慧(지혜)이다. 단순한 머리 앎에서 나아가 행동(Hand + Leg)으로 변해서 발효되어야 Happiness를 얻는다(4H).

확신이 없는 지식(Head)은 행동으로 이어지지 않는다. 확신에 의한 결단은 자기 판단력에 의한 지혜(Heart)이다. 고정관념 아닌 관점이 바뀐 시각이 새로운 행동을 하게 한다. 내가 옳지 않을 수도 있다는 유연함이 행동(Hand + Leg)하게 만들고 건강(Health)한 삶을 이룬다(4H).

걱정한다고 걱정이 없어지면 걱정할 일이 없겠네(티베트 속담) 돈 벌고 싶다고 돈 벌 수 있다면 돈 못 벌 사람이 없겠네. Head로 희망한다고 부자가 되지는 않는다. 작은 부자는 땀(Hand + Leg)에서 나오고 큰 부자는 하늘이 내린다.

내가 보고 듣고, 남들이 보고 들은 사실의 총합이라도 진리가 아닐 수 있다. 북극성이 정북방향을 가리키는 것도 조금씩 움직여 미래에는 변한다. 과거 현재 미래 모두 변치 않는 진리는 원인 + 조건 = 결과인 因緣果(인연과)가 유일하다. 결과(열매)를 좋게 만들려면 원인(씨앗)과 조건(토양, 기후)가 결정한다. 공짜는 없다.

뇌 활성화는 'Why'보다 'What'으로 질문해야 한다. '왜'라는 질문을 받으면 핑계를 만들기에 급급해진다. 뇌가 본능적으로 자신을 변호하도록 기능하기 때문이다 (한국경제 이학영) 상대에게는 What, 자기 자신에게는 Why로 먼저 질문해야 한다. 잘못된 결과는 원인을 따져 반성을 해야 시행착오를 줄인다.

원인은 어떤 일에의 책임감과 압력이다. 성공자의 씨앗은 밭을 탓하지 않는다. 모든 문제의 근원은 내가 마음먹기에 달렸다. 내가 뿌리는 씨앗이 자갈밭에 떨어져도 주변의 좋은 흙을 가져오고 자갈을 제거하면 기름진 땅으로 변한다. 자기 노력이 책임감과 압력으로 작용하여 주변이 돕는다. 원인을 제거하면 결과는 성공한다(因果法).

모든 일이 내 마음에 드나 안드나, 이익되나 안되나를 따지고 분별하니 세상 살기가 힘들다. 마음 내려놓는 방법은 방에서 조금 창문을 열기(因 + 緣 = 果 공부)에서 밖으로 나가는 것이다. 세상이 원인 + 조건 = 결과로 돌아가는 '인연과보'를 알고 알맞게 살아가면 현명 + 지혜 + 예의 + 성실한 사람이 된다. 어려운 세상 살기 참 쉽다.

성공의 법칙은 반드시 배반한다(피터 드러커) 과거의 성공은 과거 특정 시기에 특정한 조건이 맞아 떨어졌기 때문에 생긴 것이다. 메타버스 시대 모든 것이 빠르게 변화하여 조건이 완전히 달라지면 성공 결과가 똑같이 나올 수 없다. 因(원인) + 緣(조건) = 果(결과) 항상 초심으로 돌아가 유연한 생각을 가지고 작게 시도해야 한다.

'생각이 팔자'다. 성공하리라 믿으면 성공하고, 실패할 거라고 지레 겁먹으면 실패한다. 콩을 심었는데 팥을 수확할 수는 없다. 씨앗이 열매다. 긍정적 마음이 긍정적 결과를 만든다. 벽 스위치 On/Off 누르기에 따라 방안이 환해지거나 어두워진다. 모든 게 마음먹기 달렸다.

죽는 날까지 평생 학습의 시대가 되었다. 공부란 '공'짜가 없음을 깨달아 '부'지런히 福 짓고 德 쌓는 일이다. 공짜가 없음은 모든 것이 원인과 결과로 이루어짐이다. 복은 생존의 필요조건 의식주 문제, 덕은 행복의 충분조건 知好樂(지호락: 알고 좋아하고 즐김) 문제다. 복덕을 갖추면 필요 + 충분조건으로 완벽해진다.

운명이란 단순히 결정론이나 자유의지가 아니라, 우연과 필연의 절묘한 교차점에 존재하는 그 무엇이다(박권 교수) 인생은 미시적 우연과 거시적 필연의 산물이다. 80%는 정해져 있지만, 20%는 자기 노력으로 바꿀 수 있다. 확'신'으로 신'심'이 생겨 심'기'가 움직이면 기'운'이 돌아 운'명'이 바뀐다(信心氣運命 프로세스).

복 받기 위해 매일 새벽기도 한다고 하늘에서 곧바로 복이 떨어지는 것이 아니다. 복 받을 만한 선한 행위를 하고, 시간을 두고 기다리면 비로소 복의 열매를 얻을 수 있다. 동서를 막론하고 '하늘은 스스로 돕는 자를 돕는다'가 만고불변의 진리다. 씨를 뿌려야 열매 얻고, 남을 도와야(나눔 혁신) 내가 도움을 받는다. 시간이 걸린다.

먼저 원하는 것을 주어라. 그러면 그것이 푸짐하게 돌아올 것이다. 이것은 돈과 미소, 사랑, 그리고 우정에 대해서도 같다(로버트 기요사키) 씨를 먼저 뿌려야 나중에 열매를 맺는다. 먼저 주어야 시간이 지나서 얻는다. 만고불변의 법칙이다. 기존 지식과 경험을 버려야 새롭게 얻는다.

복은 짓고, 덕은 쌓아야 한다. "복 많이 받으세요"보다 "복 많이 지으세요"가 바람직한 표현이다. 씨 뿌려야 열매 얻듯이, 먼저 짓고 쌓아야 주위 도움을 받을 수 있다. 복은 직접적으로 의식주를 잘되게 하는 것이고, 덕은 간접적으로 자기가 하는 일을 주변에서 돕는 것이다. 직간접적 주위 도움이 95% 이상이다. 본인 노력은 5% 미만.

'콩 심은 데 콩 난다' 속담에는 깊은 뜻이 있다. 이미 이루어져 있기에 때문에 이루어지는 것이다. 이미 이루어진 콩 하나 심었기에 1백 개 이상 수확할 수 있다. '덕분입니다' 하니 덕볼 일이 생기고, '감사합니다' 하니 감사할 일이 생기고, 먼저 '웃어야' 정말로 웃을 일이 생긴다.

부처 눈엔 부처만 보이고, 돼지 눈엔 돼지만 보인다(무학대사) 부모가 자식을 믿지 못하고 (취업, 결혼, 승진 등) 걱정만 하면 자식을 결국 망친다. 불신 생각 씨앗을 심었는데 좋은 열매가 나오지 않는다. 부모는 오직 자식과 인연 맺음에 감사하고, 풋과일이 위대한 인물로 익어감을 믿어야 한다. 믿음 '씨앗(因)'이 위대한 '열매(果)'를 맺는다(인연과보).

세상 고민의 대부분은 건강, 인간 관계, 돈에 관한 것이다. 건강은 100% 자기 책임, 인간 관계는 손바닥이 마주쳐야 소리가 나듯이 50% 자기 책임, 돈은 자기 노력 5% 미만, 주위의 도움(사람 도움과 타이밍) 95% 이상으로 만들어진다. 자기가 당연히 씨 뿌리고 가꾸되, 무르익을 때를 기다려야 한다.

지혜

지혜란 본질-근거-한계(3ㄴ)를 올바르게 아는 것이다. 백지에 쓰인 글자를 보고 글자'만' 읽는 것은 단순한 지식에 불과하다. 글자가 있는 백지, 종이로 만든 펄프와 나무, 나아가 에너지가 '본질'임을 알고 근거와 한계가 무엇인지까지 생각이 정리정돈 되어야 지혜를 얻는다. 지식은 컴퓨터가 알려 주지만 지혜는 자기가 만들어야 한다.

어리석은 사람은 열차를 타고서도 짐을 내려놓지 않고 들고 가겠다고 우긴다(최준식 무의식에서 나를 찾다) 큰 전체 흐름에 자기를 맡기고 그 안에서 자기가 하고픈 일을 마음대로 하면서 즐겁게 살면 깨친 인간이다.

지혜는 대학 상아탑 꼭대기에 있지 않고, 유치원의 모래성에 있었다(로버트 풀검) 거짓말 하지 마라, 일찍 자고 일찍 일어나라, 골고루 음식 먹어라, 친구와 싸우지 마라, 선생님 말씀 잘 들어라 등 어릴 적 '새 나라 어린이'가 따라야 할 덕목만 잘 지켜도 지혜로운 삶이 된다. 꾸준히 실천하기에 달렸다.

성장, 자율, 관계, 워라밸, 보상은 사람이 자발적으로 행동하는 리더 조건이다(임창현박사) 기존 전문성과 성과로 임명되었던 팀장 승진을 회피하는 게 요즘 현실이다. 경험치 않았던 일이 빠르게 나타나 두려운 챗GPT '기술'시대의 현상이다. 두려움이 일어날수록 철학적 지혜가 필요하다. '인문학'과 기술의 융합이 중요한 이유다.

지식 vs 지혜 차이 : 기성복 vs 맞춤복. 음식 재료 vs 재료로 요리하기. 머리로 암기 vs 몸으로 체득. 모방 vs 창조. 지식이 발효되면 지혜가 된다. 철학을 하는 이유는 삶의 지혜를 깨치는 것이다. 눈 밝은 스승을 만나야 하는 이유이다.

천지인 지혜/원칙을 갖고 살면 행복하다. 1) 하늘 지혜는 밤 + 낮 순환이기에 돌아보면 어려웠던 밤 상태도 성공에 도움이 된다는 긍정 태도이며, 2) 땅 원칙은 콩 심으면 콩 난다 처럼 시작이 끝이니 처음부터 제대로 하는 것이며, 3) 인간에의 깨우침은 남의 도움을 반드시 받아야 하니 먼저 남을 도와야 한다. 하늘 땅 사람 天地人 지혜를 깨치면 행복하다.

말 잘하는 것은 지식 영역이고 말 잘 듣는 것은 지혜 영역이다. 돈이 없어 옷차림이 초라한 건 용서할 수 있지만 마음이 초라한 건 용서되지 않는다. 자기가 할 수 있는 것을 안 하는 것은 남 탓이 아니라 결국 자기 문제이다. 지혜를 깨치면 말을 잘 듣는 경청과 초라하지 않은 풍요 마음이 함께 한다.

작은 것이 큰 것으로 들어가는 상식을 넘어 큰 것이 작은 것으로 들어가는 지혜가 필요한 때이다. 육안으로 보이는 현실로는 큰 것이 작은 것에 들어가는 게 이해되지 않지만 심안(마음눈) 지혜는 큰 것이 작은 것으로 들어가는 것을 알 수 있다. 눈에 보이지 않는 진리를 깨치는 게 지혜인이다.

밤하늘의 달과 별을 보고 싶으면, 지상의 불을 꺼야 하듯이, 나라는 생각, 내 것이라는 욕심과 애착, 양손에 움켜쥔 불을 꺼야만, 지혜의 빛을 바로 볼 수 있다. 성공한 글로벌 경영자의 일치된 결론은 마음 챙김 수련에서 얻었다고 고백한다.

눈은 시신경으로 연결된 뇌의 일부이다(홍혜걸 의학전문기자) '보는 것이 믿는 것이다'를 넘어 보이지 않는 것을 확신하고 행동하는 것은 선구자의 몫이다. 큰 창조는 보이지 않는 것을 보는 미래 예측에 달려있다. 뇌를 넘어 가슴으로 느껴야 올바른 예측이 가능하다.

현대 창의력 표상인 Steve Jobs의 머리로 하는 Think Different에서 가슴으로 하는 Feel Different가 미래 창조의 근원이 될 것이다. 무엇이든 느낌이 절실하면 Curiosity(호기심) + Openness(개방성) + Risk-taking(시간, 돈의 자기 희생)의 태도가 기본으로 에너지가 저절로 생겨 전문 분야를 창조케 된다. CORE는 창조의 핵심이다. 창조자는 부, 명예를 목표로 하지 않아도 저절로 가지게 된다.

지식을 얻으려면 공부를, 지혜를 얻으려면 관찰을 해야 한다(IQ228 칼럼니스트 마릴린 사반트) 지동설을 증명한 갈릴레이도 실험과 관측을 통해서 근대 과학기술을 시작했다. 심안으로 본질을 보는 것이 지혜를 얻는 지름길이다.

지혜는 Heart로 깨치는 것이고, 지식은 Head로 배우는 것이다. Head와 Heart는 33cm 空間 거리지만 30년 時間 걸려도 거의 깨치지 못한다. 지혜는 우주 만물 적용원칙을 가슴으로 Aha! 하고 받아들이면 3초 만에 깨칠 수 있다.

幸福에서 행은 정신적 충족감, 복은 물질적 충족감이다. 불행은 정신적 미충족된 여유없는 마음을 뜻한다. 큰일이 닥쳐도 자기(Who 人間), 지금(When 時間), 여기(Where 空間) 三間을 남이 나를 바라보듯 객관적으로 보면 여유가 생긴다.

햇빛만 계속 비추면 세상은 사막이 된다(스페인 속담) 자연은 밤낮, 음양, 화복이 순환된다. 복은 화라는 포장지에 싸여있어 꺼내기 힘들지만 변하지 않는 순환 법칙을 알면 지금 힘들지라도 참고 기다리며 웃을 수 있다.

인간 몸속 미생물이 약 1천여종(유산균 같은 선균 : 악균 : 기회균 = 20:10:70), 100조 개, 무게는 1kg(60kg 체중 기준)이다. 미생물을 몸과 따로 분별치 않듯이, 달에서 본 지구의 모든 생물도 하나임을 깨치면 주변 모두를 사랑하고 행복할 수 밖에 없다. 자기 외 모두가 잘되어야 나도 잘 된다.

지식은 자기에게 들어오는 것이고 지혜는 자기에게서 나가는 것이다. 책과 인터넷 등 외부에서 들어온 단순한 지식을 넘어, 지혜는 낮처럼 환한 밝은 상태에서 나오는 경험이 녹은 세상 법칙이 있는 내공이다.

한 번 속으면 속인 사람 책임, 두 번 속으면 속은 자기 자신 책임이다. 첫 번째 화살은 어쩔 수 없더라도 두 번째는 맞지 않아야 한다. 제대로 알지 못해 가슴을 치며 후회하는 삶을 사는 어리석음에서 깨어나는 것이 지혜이고 철학을 하는 이유이다.

모두 다 이미 말한 것이다. 하지만 아무도 귀담아 듣지 않는 바람에 처음부터 다시 시작하여야만 했다(앙드레 지드 작가) 이 세상 진리와 지혜는 단순 명료하고 주변에 산재한다. 하지만 자기가 보고 듣지 못해 고통을 느끼며 산다. 행복은 지혜를 보는 순간 찾아온다.

나의 본질은 본래 깨달아져 있다. 깨달음은 얻는 것이 아니라 기억하는 것이다. 바른 앎으로 지혜를 기억하고 바른 삶을 위하여 즉시 행동하는 게 본질의 본질이다. 머리로 깨치는 지식보다 손발로 움직여 바른 삶으로 얻는 지혜가 더 가치가 있다.

인공지능은 숫자(0과 1)에서 패턴을 찾는 것이다. 자연지능은 인문학(문학, 역사, 철학)에서 패턴을 찾는 것이다. 지식은 인공지능이 만들어도, 지혜는 자연지능이 만든다. 가치 '창출'은 인공지능이 만들어도, 가치 '배분'은 자연지능이 만든다. 깨우침, 먼저 나눔, 사랑은 지혜가 있어야만 가능하다.

자신이 뭔가 안다고 생각하는 것은 자기 눈을 멀게 하는 확실한 방법이다. 배움 속도가 느려지는 것은 성장했기 때문이 아니라 '아는 것들'이 점점 쌓이기 때문이다(프랭크 허버트) '아는 게 힘이다'

가 아니라 '버리는 게 힘이다'. 버리고 버려 더이상 버릴 것이 없는 본질을 깨치는 게 지혜이다. 지성 시대가 저물고 영(성)감(성)에 기반한 지혜 시대가 왔다.

'밤하늘에 별' 뿐만 아니라 낮에도 별이 있다. 태양이 밝아 보이지 않을 뿐이다. 낮에는 해만 있다고 착각한다. 눈에 보이는 것만 지식이 아니다. 눈에 안보이는 것까지 보는 게 지혜다. 지식을 넘어 지혜로 가려면 변화(시간 天)와 관계(공간 地) 원리를 자기(인간 人)와 함께 깨우쳐야 한다. '천지인' 알면 지혜에 다다른다.

모든 문제는 4가지 영역이다(테일러 피어슨). 1) 단순성-인과관계가 명확해 쉽게 해결 2) 난해성-인과관계를 분석, 조사와 전문성으로 해결 3) 복잡성-인과관계의 도출에 여러 문제가 얽혀 체계적 정리가 어려움 4) 혼돈-인과관계가 불확실 상황. '복잡'한 因果관계를 '단순'모형으로 만드는 통찰력[通察(Overview) + 洞察(Insight)]이 지혜이다.

재능이 좋은 것은 부지런함만 못하고, 부지런함은 깨달음만 못하다. 깨달음이란 한 글자는 도덕의 으뜸가는 부적이다(박황희 교수) 지능지수가 높다고 지혜를 쉽게 깨달을 수 있는 게 아니다. 지혜 부적을 지니면 험한 파도가 닥쳐오더라도 무사히 헤쳐나갈 수 있다. 근면 성실(Back to the Basics)은 깨우칠 수 있는 디딤돌이다.

나는 생각한다. 고로 존재한다(데카르트) 이제는 '나는 행동한다. 고로 존재한다'로 바뀌어야 한다. 지식은 선생과 인터넷이 가르칠 수 있지만 지혜는 스승이 방향을 제시하고 즉시 행동을 하면서 자기가 방법을 깨쳐야 한다. 올바른 방향과 올바른 방법이 만나야 지혜가 된다(Do Right Things Right).

빨리 성장한 기업이 '더' 빨리 쇠퇴한다. 급속히 늘어난 매출을 조직과 문화, 시스템, 사람이 감당치 못해 성장통에 쓰러진다. 화물은 배 능력에 알맞게 싣거나 아니면 화물량을 일부러 줄일 지혜가 필요하다. 소년 급제와 청년 재벌을 이룬 사람들이 노년 행복을 누리는 경우가 드물다. 욕심과 자만을 줄일 지혜가 내공이다.

현상은 복잡하다. 법칙은 단순하다. 버릴 게 무엇인지 알아내라. 핵심에 집중하는 것은 잘 버리는 것이다(리차드 파인만) 욕심은 양손에 물건을 잡고 더 갖고 싶어 입까지도 물건을 물려고 한다. 마음을 비우면(無心) 언제든 중요한 것을 빈 손으로 바로 잡을 수 있다. 핵심 진주를 잡으려면 잡고 있는 현상 돌을 버려야 한다.

Live to the point of tears 눈물 나도록 살아라(알베르 카뮈) 갓난애가 울면 엄마가 달려온다. 소년은 해달라고 부모에게 요구한다. 장년이 되어서는 될 때까지 직접 한다. 지혜를 깨치면 비올 때를 알고 저절로 비를 받게 그릇을 준비한다. 기도는 갓난아이처럼 절대자에게 절박하게 울며 매달리거나, 지혜자처럼 미리 준비하고 있다 받으면 된다.

138억년전 우주 탄생으로 물질과 에너지(물리학) 원자와 분자(화학)가 시작되었다. 物理는 공간(地) 상관관계(諸法無我 제법무아)이고 化學은 시간(天) 변화되는 인과관계(諸行無常 제행무상)이다. 인과관계와 상관관계를 알면 대우주와 나(人 소우주)가 보이는 지혜를 얻을 수 있다(천지인).

2,500년 전 주화 발명으로 '보편적' 돈이, 페르시아 제국 성립으로 '보편적' 정치 질서가, 불교 시작으로 '보편적' 가르침이 왔다(유발 하라리) '보편' 타당성 있는 진리가 지혜이다. 언제(시간天) 어디서나(공간地) 누구에게도(인간人) 변하지 않는 법칙이 지혜이다. 지식은 바뀔 수 있지만 지혜는 불변이다(천지인).

바다와 강이 수백 개의 산골짜기 물줄기에 복종하는 이유는 그것들이 항상 낮은 곳에 있기 때문이다(노자) 낮은 데로 임하소서(성경) 마음을 내려놓는 下心(불경) 산 정상에 올라가는 길은 각각 다르지만 결국은 하나로 만난다. 진리를 확인하고 더 나아가 확신하면 세상을 살아가는 지혜가 보인다.

막대기와 돌은 우리의 뼈를 부러뜨리지만, 말은 우리의 마음을 부러뜨린다(로버트 풀검) 뼈는 시간이 가면 붙지만, 상한 마음은 평생을 갈 수 있다. 마음의 첫 상처는 상대방 잘못이지만 두 번째는 자기 잘못이다. 왜냐하면 피하지 않았기 때문이다. 지혜로운 사람은 두 번째 화살부터는 피하는 방법을 알고 실천하는 사람이다.

세상 살면서 판단할 기준은

1. 지식을 믿지 말고 지혜를 믿고
2. 말과 글을 믿지 말고 숨은 뜻을 믿고
3. 사람을 믿지 말고 불변 법칙을 믿고
4. 개인만 이로운 것 아닌 전체가 이로운 것 하라

'믿고' 이해하고 행동하면 얻는다('信'解行證: 신해행증).

Book-Smart는 책과 인터넷으로 얻는 지식으로 '아는' 것이고, Street-Smart는 현장경험으로 많은 실패를 뼈저리게 느끼고 지혜를 '깨치는' 것이다. 지식은 인터넷으로 언제든 얻을 수 있으나, Aha 하고 느끼는 지혜는 쉽게 얻는 게 아니다. 시간과 공간을 거리낌 없이 자유롭게 다닐 수 있어야 얻는다. '아는' 것과 '깨치는' 것은 완전히 다르다.

유항산 유항심(맹자) 풍요(돈에서 자유), 행복(마음 고통에서 자유), 치유(병에서 자유)는 인간이 추구하는 통합 가치다. 지속적 수입에 따른 풍요는 有恒產, 행복함은 有恒心, 방어적 치료를 넘어 선행적 자연치유는 몸을 동반자로 대우하는 유항산 유항심이 담길 그릇이다. 2,300년전 맹자의 지혜가 지금도 그대로 적용된다.

'지식' 관점 학문 연구의 전통적 풍토: 학사는 파리 연구, 석사는 파리 뒷다리 연구, 박사는 뒷다리 털 연구를 한다(최용식 경제학자) 파리가 어떻게 날아다니고 자연계에 어떤 역할을 하는지 생태계 전체를 아는 것은 '지혜' 영역이다. 하나를 제대로 꿰면 전체가 보인다(一貫之道 일관지도).

우리는 '모든 인간이 평등하며 창조주에 의해 生命, 自由 그리고 幸福의 추구라는 양도할 수 없는 권리를 부여받았다' 라는 사실을 자명한 진리로 받아 들인다(미국 독립선언서) 생명은 건강, 자유는 지속적 수입, 행복은 지속적 성장으로 이해하면 인간의 욕구와 일치한다. 돈버는 재미(有恒產)와 깨어있는 삶(有恒心)은 맹자의 '유항산 유항심' 가르침이다.

한번 죽었다가 살아나서 사람의 정을 알게 되었고, 가난해졌다가 부유해져서 사람 사귀는 태도를 알게 되었고, 부귀했다가 빈천해지자 사람의 진심을 알게 되었다(제주 유배 9년 만에 깨달은 인생 철학, 추사 김정희) 모든 걸 잃어야 진리를 얻을 수 있고, 바닥을 쳐야 지혜를 깨친다. 챗GPT나 책으로는 절대 얻을 수 없다.

그 누구도 씨앗이 더 빨리 싹을 틔우게 만들 순 없다. 씨뿌리고 물주고 돌본 후에는 기다려야만 한다. 삶도 마찬가지다. 할 수 있다는 의지와 열정을 갖되 절대 시간 기다림과 균형을 잡아야 한다. 무조건 빨리 가는 것보다 올바른 방향 잡고 천천히 가는 게 낫다. 방향은 Why 그렇지? What 해야 하나? 통찰에서 나온다.

귀 기울여 듣는 것은 마음을 얻는 지혜(이청득심, 以聽得心)이다. 듣는 일은 말하는 것보다 3배 이상 에너지가 필요하고, 주의해서 들어봐야 24초를 넘기지 못한다(다카이 노부오) 말을 배우는 데는 2년이 걸리지만, 침묵을 배우는 데는 60년이나 걸린다. 세상을 지혜롭게 살려면 묵언하고 정진하는 게 생활 습관으로 되어야 한다.

지혜는 오늘날의 메타인지다(구본권) 밖으로만 향하던 주의력을 자기 내면으로 돌려 내가 무엇을 생각하고 느끼고 있는지에 주의를 기울이는 게 메타인지(지혜) 출발점이다. 편하게 살 때는 잘 모른다. 세상을 살다가 완전히 실패하고 길을 잃고 만나는 질문 '나는 어디에 있는가'하고 현재 상태를 파악하는 능력이다.

Veritas(진리, 하버드/예일/서울대 등 모토) 진리를 찾아 수많은 사람들이 헤매고 있다. 진리에 시행착오를 거친 경험과 지식이 녹아 지혜로 나타난다. 현인들의 지혜도 진리로 다가가는 과정일 뿐이다. '너 자신을 알라'(소크라테스) 아침에 道를 깨치면 저녁에 죽어도 여한이 없다. 진리는 목숨을 걸만한 주제다. 영원한 행복을 위해!

A4 용지에 가득 쓰여진 까만 글자를 없애면 흰 백지만 남는다. 비우고 내려놓은 후에 나오는 지혜가 무분별 智慧이다. 글자에 파묻혀 분별 속에서 고통스러워 하다가 내려놓으면 하얀 백지는 '아무 것도 없다'가 아닌 '무한한 가능성'으로 한 생각 바꾸게 하는 게 지혜다. 그 상태에서는 끄집어내서 쓰는 일만 남았다. 명상이 필요한 이유다.

눈에 보이는 것만으로 분별하는 고정관념/선입견/편견에서 관점 이동(Paradigm Shift)을 하여 숨겨지고 드러나지 않은 것을 보는 게 지혜다. 지식은 머리로 하지만, 지혜는 손과 발의 양적 축적이 가슴의 질적 변환이 될 때 얻는다. 챗GPT 시대 인공지능은 지식을 쉽게 갖도록 하나, 손발(행동)과 가슴(지혜)까지는 불가하다. 향후 생존은 행동에 달렸다.

"돈을 많이 벌고 싶다"는 말은 누구나 한다. 하지만 "돈 많이 벌어서 뭐 할래?"에 대해서는 즉시 답을 못한다. 지식을 넘어 지혜를 갖고 싶다는 말은 자주 한다. "그렇다면 지혜를 가지고 뭐 할래?" 질문에도 대개는 답변이 궁색하다. 자기 자신 '개체'가 '전체'인줄 깨치면, 내가 존재하고 살도록 한 '주위 도움'에 보답행이 명쾌한 답이 된다. 행동만이 답이다.

모든 물질은 독이다. 약과 독은 투여량에 따라 결정된다(파라셀수스) 닌텐도 경품에 눈이 어두워 하루 6리터 물만 먹고 28세 미국 주부는 이튿날 죽었다. 인체 구성 70%가 물이다. 모든 게 조화와 균형을 이루어야 한다. 지식은 덧셈이지만, 지혜는 뺄셈이다. 완전히 비우면 새롭게 균형을 이룬다(成均).

지식은 과거의 축적물이고, 지혜는 현재와 미래를 '잘'살게 하는 지침이다. 지식은 복잡하지만, 지혜는 단순하다. 지식은 인터넷과 책에 있어 머리로 알지만, 지혜는 가슴에서 나온다. 가슴으로 느끼는 것을 즉시 손발로 행동하는 게 인간의 본래 모습인 지혜인(Homo Sapiens = Wiseman)의 삶이다.

초우량 기업은 평범한 기업이 하지 않는 일을 하는 것이 아니다. 평범한 기업도 하고 있는 일을 탁월하게 하고 있을 뿐이다(이동현 교수) 위대한 인물은 보통 사람이 하지 않는 일을 하는 게 아니라 하고 있는 일을 탁월하게 하는 사람이다. 탁월함은 양적 축적 후에 질적 변환이다. 100도 물 액체가 수증기 기체가 되는 원리이다.

만약 설득하려고 한다면 이성이 아니라 이익에 호소하라(벤저민 프랭클린) 인간은 자기 중심적 사고를 가진다. 설득할 상대의 자기 위주 편향을 고려해서 상대방의 이익에 호소해야 한다. 피는 물보다 진하다. 나아가 '돈은 피보다 진하다'. 지속적 수입이 있어야 항상 마음이 편하다.

이 지구는 상대세계이므로 表現을 잘해야 한다. 이 세상 모든 문제는 표현이 적합하지 않아서 혹은 자신의 마음에 들지 않는 각자 표현으로 인해 불화가 일어난다. 마음에 드는 상대와 불꽃같은 연애를 할 때는 당연히 상대를 수용, 이해, 인정, 존중하며 맞춤식 서비스를 한다. 진정 상대를 좋아하고, 연애하듯 해야 모든 문제가 풀린다.

기술이 아무리 중요해도 인간의 욕구(의식주 지호락)를 충족시키야 한다. Maslow 5단계 인간 욕구는 1단계: 생리(衣食), 2단계: 안전(住), 3단계: 애정(愛-知好樂)/소속(커뮤니티), 4단계: 존중(상대방), 5단계: 자아실현(존재 깨우침) 균형과 조화로운 욕구를 추구하는 게 지혜로운 자의 삶의 목표이다.

집(集 Why)

주사 맞기가 겁나는 것은 주사 바늘 자체가 아니라 아팠던 예전 기억 때문이다. 주사 바늘 자체에 집중하면 담담하게 맞을 수 있는 것처럼 과거의 쓰라린 추억, 미래에 대한 걱정을 버리고 지금 여기에 집중하면 만사가 편안하다.

인간은 부모의 죽음은 쉽게 잊어도, 재산 손실은 좀처럼 잊지 못한다(마키아벨리). 재산 지키기에는 보수, 진보도 생각과 행동을 같이 한다. 각종 협회, 동창회 등 다양한 이해관계자가 개인과 조직의 이익을 위해 대의명분으로 포장할 뿐이다. 전체 이익을 위한 선한 마음은 시간은 걸릴지라도 결국 모두를 행복하게 한다.

누구보다 열심히 살다 보면 간혹 멘붕에 빠질 때가 있다. 이는 아마존 밀림을 가다가 어두워지고 나침판과 지도도 없이 길을 잃는 경우와 같다. 이 경우 열심히 걸어왔던 길의 기억을 더듬어 출발 원점으로 돌아가는 게 최선이다. 인생도 'Why 사는지? What을 위해 사는지?' 회의에 빠졌을 때 일단 초심으로 돌아가 다시 시작해야 한다.

'결핍이 창조를 이룬다'는 자연법칙이다. 물이 부족해야 뿌리가 힘껏 뻗어가고, 부족함이 있어야 성공하기 위해 최선을 다한다. 물이 많으면 뿌리가 썩듯이 모든 게 편안하다면 자신이 쇠락의 길에 있다고 생각해야 한다.

How를 알면 늘 일자리를 갖지만, Why를 알면 늘 그의 상사가 된다(존 맥스웰) Why와 함께 What을 알면 리더가 된다. 리더는 뿌연 안개 속에서 두 눈을 부릅뜨고 모두의 안전과 생명을 책임지며 배를 이끄는 선장이다. 리더가 된다는 것은 권력을 얻는 것도, 희생하는 것도 아니다. 그냥 자신의 운명이자 소명을 따르는 것이다. Why는 *召命*(소명, 시대의 부름)이다.

Why So? So What?은 세상에서 가장 멋진 새로운 발상 시도에 어울리는 물음이다. 짧지만 긴 생각을 하게 한다. Why(원인)을 깨치면 고통스런 현실이 바람직한 What(결과)로 나타나게 하는 요술 방망이다.

Why는 생각의 시작, 관찰의 시작, 발견의 시작이다. 모든 것을 당연하다고 생각하면 왜가 필요 없다. 괴로운 인생은 "왜 힘들까?"하는 의문을 5번만 고민하면 결국 문제가 풀린다(5Why) 원인없는 결과는 없다. 결국 마음이 모든 것을 흔든다.

자네, 좌뇌에게 속았네(크리스 나이바우어) 논리적이고 분석적인 특성을 가진 좌뇌가 만드는 부정확한 판단과 설명, 그것을 하고 있다고 생각되는 것이 인간 내적 고통(걱정, 분노, 질투 등 부정적 정신상태)의 원인이다. 내가 없으면 문제도 없다(No Self, No Problem) 비우기 연습이 고통을 없앤다. 내가 좋아해서 집착하고, 내가 세상 기준이라 착각하니 싸우고, 내 멋대로 앎이 고통 속에 헤매게 만든다. 결국 내가 문제다.

왜 현실이 고통스럽나? 원인과 결과 법칙 지혜를 모르기 때문이다. 남과의 재산/지위/명예 비교 대신 마음의 눈으로 어제의 나와 비교를 하면 욕심이 줄고 사라진다. 자신과의 마음공부에서 욕심을 줄이면 점차 고통이 사라진다.

상대 탓, 세상 탓 불행하다고 느끼는 것은 전적으로 내 잘못이다. 내가 숨을 못 쉬고, 상대방을 만나지 않았고, 만났어도 긍정적으로 생각했으면 아무런 문제도 없다. 결국은 모든 고통 결과는 나라고 하는 존재가 원인이다.

인간 본성은 변덕스러우나 이해관계에는 열정적이다. 뭔가를 설득하기는 쉬우나 유지하기는 어렵다(이태리 정치사상가 마키아벨리) 동기부여로 설득하고, Win-Win 관계를 제도화 하는 게 최고 상태인 항상항심이다. 상대와의 다름을 인정한 융합은 항산항심을 가능케 한다.

나무가 웬만한 바람에도 뽑히지 않는 것은 바람이 불 때마다 쓰러지지 않으려고 더 깊이 뿌리를 내리기 때문이다. 외부 요인을 적으로 보는가? 도우미로 보는가?는 전적으로 마음 먹기에 달렸다. 시련과 고통을 걸림돌이 아니라 먼 훗날의 디딤돌로 생각하는 순간 밝아진다. 아픔도 길이 되고 슬픔도 약이 된다.

내란죄로 처형 직전 기적적으로 살아난 도토예프스키(러시아 소설가)는 공포와 원망에 짓눌린 과거는 죽고, 간절함과 열망으로 부활하여 많은 대작을 남겼다. 우리도 밤사이 숨 막혀 죽을 수 있다는 '죽음 집행유예' 깨우침이 사랑과 포용, 열정에 찬 남은 생을 만들 수 있다. 항상 죽을 수 있음을 명심하면 모든 일에 최선을 다한다.

'월급과 행복이 상관관계가 없다'고 말하면 언어폭력이 된다. 어떤 일에 명분 혹은 실리 양자택 일이 아닌 실리(필요조건)와 명분(충분조건) 순서가 맞다. 개인에게 물심(物心)양면 노후대책에의 확신이 있다면 사회적 적폐가 존재하지 않는다. 확신이 없으니 밥그릇을 지키려고 주인도 무는 개가 된다.

五十而知天命(오십이지천명 하늘의 명령을 알아차리기)은 50세 정도 되어야 '때(時間)와 장소(空間)를 안다'이다. 자신이 있을 자리에 있어야 하는 존재 이유(내 사명이 무엇인가?)를 아는 것이다. 존재 이유를 모르는 안주는 아무것도 하지 않고 서서히 죽어가는 안락사이다. 나이가 많든 적든 무조건 안주하려고 하며 대개는 그것이 안락사라는 것을 모른다.

생각이 꼬리를 물고 이어진다. 생각 놀음에 말려드는 게 고통 원인이다. 이렇게 생각하는 이건 무엇인가? 스스로 묻는 순간 생각은 그 자리에서 멈추고 사라져서 생각 놀음에 속았음을 깨닫게 되는 위대한 순간이다. 생각이 일어날 때마다 알아차리고 늘 깨어있어야 마음을 챙길 수 있다.

영화는 눈 착각이다. 필름이 연속으로 돌아가는 것이다. 몸과 마음이 힘든 고통은 생각 착각때문이다. 지금 여기(Now & Here)있는 존재를 과거 후회와 미래 걱정 연속이 아닌 현재 필름으로 알아차리면 진정한 자기를 보게 되고 고통이 사라지며 평상심인 행복을 느끼게 된다.

고통은 바라는 마음인 욕망에서 나온다. 욕망을 없애려 하면 오히려 더 강하게 키울 뿐이다. 행복은 욕망을 죽이는 것이 아니라 제삼자 눈으로 욕망을 철저하게 보는 것이다. 세차게 흔들리는 욕망 파도가 가라앉아야 환하고 잔잔한 바다인 자기 본래 자리를 보게 된다.

마음의 고통은 화를 만든 원인이 아니라 화를 낼 때 얻는 결과이다(로마 철학자 황제 마르쿠스 아우렐리우스) 육체적 고통은 시간이 가거나 약으로 줄일 수 있다. 마음 고통은 특효약도 시간도 소용없다. 오직 자기 내면과의 대화를 통해서만 치유할 수 있다. 자기가 의사 + 환자로 원인 + 결과를 보아야 한다. 파도만 보기보다는 파도를 일으키는 바람을 보아야 한다.

Carpe Diem(Seize the Day)는 라틴어로 오늘을 즐겨라(잡아라)로 유명한 시 구절이다. 내가(Who) 지금(When) 여기서(Where) 무엇을(What) 왜(Why) 하는지에 대한 인식이 잡히면 즐기는 방법(How)이 잡힌다. 항상 5W1H에의 의문을 가지면 성공한다. 그중에서 으뜸은 가슴을 뛰게 하는 필요성인 Why이다. 왜 일을 해야 하나?를 아침 하루 시작 전 3분간 짧게 자기 자신에게 말로 해보면 자기 최면이 걸린다.

Start with WHY-나는 왜 이 일을 하는가(Simon Sinek) 꿈꾸고 사랑하고 열렬히 행하고 성공하기 위하여 WHY를 인식하고 시작하면 성공(목적 What)할 수 밖에 없다.

개인이든 조직이든 존재 목적과 이유가 있으면 어떤 어려움이 있어도 극복한다. Mission(소명)은 북극성이다. NASA가 '최고 일하고 싶은 직장'인 것은 만나는 사람에게 조직과 자기 미션을 말하는 문화가 정착된 덕분이다(엘리베이터 2분 테스트).

살아가는 이유를 아는 사람은 어떤 역경도 견딜 수 있다(독일 철학자 니체) 지금(When) 여기(Where) 존재(Who-개인, 가족, 회사, 국가)해야만 하는 이유(Why)를 알면 어떤 고통도 웃으면서 이겨낼 수 있다. 개인이든 조직이든 꿈, 비전 즉, 존재 이유를 가졌을 때 발전했던 것이 역사적 진실이다.

무슨 일이든 잘 모르겠으면 일단 긍정하라. 긍정적 사고는 호기심을 불러와 모르는 문제를 결국 알게 한다. 왜 그럴까?를 5번 소리내어 말하고 메모하면 된다(5Why 기법) 부정적인 말은 독약과 같다. 자주 부정하면 스스로 독배를 마시는 것이다.

직업에서 직은 사장, 장관 등 명사이고 업은 What 일을 하는가? 동사이다. 업을 추구하면 자연히 직을 얻고, 직만을 추구하면 본래의 업을 잃는다. 가장 바람직한 것은 Why 일을 해야 하나? 자기 가슴을 뛰게 하는 WOW 감탄사와 동사가 융합된 몰입 상태이다.

바쁜 벌은 슬퍼할 시간이 없다(서양 속담) 일이 없고 게으르고 태만한 사람들만 골라 찾아 오는 게 우울증이다. 내가 알고 싶고 좋아하고 즐길(知好樂) 일에 열정을 쏟는 게 우울증 특효약이다. 이 세상에 태어난 이유를 찾고 분명하게 자기가 할 일을 하는 게 소명이다. 대개 바람 부는대로 흔들리다가 죽는다.

일이 즐거우면 세상은 낙원, 일이 괴로우면 세상은 지옥이다(막심 고리키) 열정 없이 이루어진 위대한 업적은 없다. '약간의 열정'은 더더욱 없다. 열정적이거나(On) 열정적이지 않거나(Off) 둘 중 하나밖에 없다. 열정은 일을 즐기면 생긴다. 자기의 즐길 일을 찾는 게 미션(소명)이다.

인간은 3부류가 있다. 1) 해야 할 일을 하는 사람 2) 해야 할 일을 하지 않는 사람 3) 해야 할 일을 모르는 사람. 이 세상에 태어나 반드시 해야 할 일(Must)을 召命(Mission)이라 한다. 소명을 알고 죽는 날까지 꾸준히 하는 사람을 우리는 위대한 사람이라고 한다. 자기 소명을 우선 찾아야 한다.

의미있는 일이란 일을 사랑하는 것 뿐만 아니라 그 일을 통해 세상에 기여하는 것(파타고니아

창업주 이본 쉬나드) 기후변화 대응과 환경보호를 위해 4조원 주식 100%를 재단과 NGO에 기부하여 지구가 아웃도어 브랜드 파타고니아의 유일한 주주가 되었다. 일을 좋아하고 즐기는 수준을 넘어 Why 하는지를 알아야 한다.

문제가 생기면 최소 다섯 번 '왜?'(5 Why)라고 질문 던지고 그 원인을 분석한다(이건희 회장) 因果와 相關은 다르다. 원인과 결과는 '인과'로 시간적 선후가 전제된다. 공간적으로만 연관이 있다면 '상관'이다. 원인 + 조건 = 결과(因緣果)가 정리되어야 인과관계가 가능하다. 지구환경 문제인 온도와 CO^2는 인과 아닌 상관 관계다.

발견은 새로운 것을 찾는 것이 아니라, 새로운 눈으로 보는 것이다. '관점'을 '변화'시킴으로써 평범한 것을 비범하게 만들 수도 있고, 특별한 것을 진부하게 만들 수도 있다(김명룡 박사) 눈은 단순한 감각기관이 아닌 뇌의 일부다. 생각없이 보는 것은 맹인과 같다. Why So?(왜 그럴까) So What?(그래서 뭘하지)를 항상 뇌로 생각하는 게 觀點變化 연습이다.

우리가 잡아야 하는 것은 가속화 하는 변화의 內容이 아니라 脈絡이다. "뭐가 달라졌을까?"라는 '내용' 질문과 "무슨 일이 벌어지고 있는 걸까?" "왜 이 일이 벌어지고 있을까?"라는 '맥락' 질문은 완전히 다르다. 정원의 나무, 돌, 연못 등 개별적 사항은 내용이지만 '아름답다'는 느낌은 맥락이다. Why So?와 So What?은 맥락을 알기 위한 질문이다.

왜 살아야 하는지를 아는 사람, 삶의 의미를 아는 사람은 어떻게든 살아갈 수 있다(니체) 세상 모든 일은 Why/How/What을 정리하면 열정이 저절로 생겨 성공할 수 밖에 없다. 애인을 빨리 만나려고(이유) 택시를 타고(방법) 약속 장소(목표)로 가야 즐거운 데이트를 한다.

보상은 행동의 의미를 바꾸는 유별난 연금술이다. 보상이 있기에 흥미 있던 일이 틀에 박힌 지루한 업무로 변형되고, 놀이는 일이 된다. 보상은 동기를 축소 시키며 성과와 창의성, 올바른 행동까지 모두 도미노처럼 무너뜨린다(다니엘 핑크) 재미, 의미, 수입 중 으뜸은 의미다. 의미있는 삶이 자발적 행동의 원천이다.

창의력이란 늘 해던 방식을 고수할 필요가 없다는 깨달음이다(루돌프 플래쉬) 역발상, 멀리 있지 않고 뒤집어 생각해보기, 남과 다르게 하기, 기존 방식에 대한 의구심, 왜 그럴까에 대한 끝없는 집착, 다소 엉뚱한 질문, 존재가치 탐구, 사소한 것에 대한 好奇心에서 나온다. 창의력은 5번 Why 호기심에서 나온다.

使命(Mission)이란 선교사처럼 목숨을 내놓고 반드시 해야만 하는 일이다. 지구라는 별에 태어나 그냥 대충 살다가 흔적 없이 죽는 것보다는 무언가 흔적을 남길 수 있는 열정은 사명감 유무에 달렸다. 크든, 작든 꼭 해야만 할 일을 가진다면 '생'기가 돌고 '활'기가 넘치는 生活이 된다. 바른 생활은 꼭 해야 할 자기만의 일이 있음이다.

의식은 나무가지, 무의식(잠재의식)은 뿌리다. 눈 귀 코 혀 몸 등 감각이 받아들이는 5識, 다음 6번째 인식(六識)이 意識이다. 의식은 자기만이 오직 眞理라고 믿고 '나만이 옳다'고 착각하기에 주변과 싸운다. 진리는 뿌리인 무의식에서 나온다. 땅속 뿌리는 다른 뿌리와 함께 사이좋게 공존한다.

태도

살펴보소 숨쉬는것 분명쿠나 공기덕분 덕분인줄 깨달으면 바른관점 감사충만(덕분스쿨 성담) 무한정 공짜로 쓸 수 있는 공기를 쓸 수 없는 상태가 죽음이다. 숨 쉬는 호흡만 잘 관찰해도 바른 관점을 가지고 불평불만 없이 세상 모든 것에 감사하게 된다.

성과 = 태도 × 능력 × 열정(이나모리 가즈오) 아무리 능력과 열정이 뛰어나도 태도가 부정적(마이너스)이면 곱셈이기에 전체 성과가 마이너스로 나빠진다. 인간관계도 態度가 올바르지 못하면 파국으로 끝난다. 혼자만 잘 사려는 사람은 부정적 태도를 가진다. 다 함께 잘 사려는 태도가 세상을 밝게 만든다.

'나를 지키는 것'과 '나다움을 지키는 것'은 다르다. 상대가 전자는 남, 후자는 나 자신이다. 스스로의 선택에 의해 내 인생을 결정하고 나다움을 지키기 위해서는 인간관계에 따라 어느 정도 거리두기가 필요하다. 모두에게 잘하려고 하다가는 절대 나를 지킬 수 없다. 끌려가는 삶이 아닌 주도적으로 끌고 가는 삶이 되어야 한다.

가르침은 들려주는 게 아니라, 솔선수범 등으로 보여주는 것이다. 정약용이 귀양에서 풀려나 한 시대 어른의 기본으로 꾸준히 읽은 책이 소학이다. 어른은 죽을 때까지 멈추지 않고 성숙해지는 존재이다. 많은 저서를 남긴 지식인보다 다산 태도에서 어른임을 느낀다. 인생의 모든 것은 유치원에서 배웠다.

내 인생의 최전성기는 60-75세였다(김형석 교수) 노인이 되는 것은 비참한 사람이 되는 것이 아니다. 자기의 나이답게 살 수 없는 사람만이 비참한 사람이다. 젊은 날로 되돌아가고 싶지 않다고 느낄 정도로 현재와 미래에 긍정적 태도라면 늙는 것은 풋과일에서 숙성된 과일이 되는 것이다.

의문은 지성을 낳고, 믿음은 영성을 낳는다(이어령 교수) 애매모호 하다면 의문을 갖고 검색하면 모르는 것을 확실히 알 수 있다. 지성은 머리가 필요하지만, 영성은 가슴으로 받는다. 영성(영감)은 매 순간 누구에게나 온다. 그릇을 거꾸로 놓으면 비를 한 방울도 담지 못한다. 영감을 받아 행동 여부는 오로지 본인 태도(Attitude)에 달렸다.

태도는 과거를 보여주는 도서관, 현재를 보여주는 대변인, 미래를 보여주는 예언자로 결과를 결정한다(John Maxwell) Fortune 500 잡지 조사 CEO 94%가 자기의 성공 요소는 태도라고 응답했다.

심장이 꿈이라면, 열정은 피이며, 태도는 핏줄이다. 아무리 숭고한 꿈과 뜨거운 열정이 있어도 신뢰할만한 태도가 없으면 핏줄이 끊어져 피를 흘리다 결국 죽는 것과 같다. 말 약속, 돈 약속, 시간 약속 지키는 기본이 신뢰의 첫걸음이다. 신뢰라는 핏줄이 열정을 전달해 꿈을 현실로 만든다.

물 수동 펌프에 한 바가지 물을 부어 지속적으로 물을 나오게 하는 것이 마중물이다. 특징은 1) 마중물이 없으면 안된다. 2) 마중물을 반드시 사용해야 한다. 3) 마중물은 사라진다. 성공하는 리더는 마중물 태도를 가지고 있다.

내가 더 멀리 보았다면 그건 내가 거인들의 어깨 위에 올라서서 있었기 때문이다(아이작 뉴턴) 세상 만사가 자기 혼자 만들어 내는 것은 없다. 과거/현재 많은 사람들의 희생과 노력 덕분에 더 멀리 보게 된 것이다. '덕분입니다'는 감사 태도이다.

얄팍한 사람은 운을 믿고, 환경을 믿지만 강한 사람은 원인과 결과를 믿는다(에머슨) 강자는 인과법을 믿기에 실패하면 아직 노력이 덜 되었다고 자기 탓 하지만, 실패자는 환경과 주변 인물 남 탓을 한다. 태도가 결국 성패를 가른다.

세상이 어두워 보이는 건 근심 덕분, 인생이 괴로운 건 걱정 덕분, 삶이 즐겁지 않은 건 욕심 덕분, 오늘이 행복하지 않은 건 불만 덕분 : ~때문에 대신 ~덕분이라는 단어만 바꾸어도 부정적 생각이 사라진다. 부정 아닌 절대 긍정 태도가 필요한 이유이다.

현재 위기를 아베 탓, 제도 탓 해서는 근본적 문제 해결이 안된다. 나를 정신 차리게 만든 "아베 선생님 고맙습니다"라고 전제해야 살아날 길이 보인다. 엉킨 실뭉치를 하나씩 풀려고 헤매지 말고 가위로 가운데를 삭둑 잘라내고 하나씩 잇듯이 모든 것을 내 탓 원점에서 보아야 살길이 보인다.

성품 향기(아우라)는 안에서 밖으로 퍼져 나간다(Inside-Out) 밖에서 안으로 들어오는 명예, 부귀, 영화는 태어나면 죽는 것처럼 반드시 사라진다. 안에서 밖으로 나가는 인간 태도는 물속에 잠긴 90% 얼음 부분처럼 눈에 안보여도 자연스럽게 존재가 드러난다. 성인의 가르침이 그것이다.

성격은 얼굴에, 생활은 체형에, 본심은 태도에, 감정은 음성에 나타난다(노승현 지금에서야 알 수 있는 것) 40대 이후 자기 얼굴에 책임을 져야 하고, 균형 체형은 바른 생활이 전제되어야 하고, 평온한 음성은 평정심이 있어야 한다. 인간성 판단 최고 기준인 태도는 가식이 아닌 본래의 마음에서 나온다. 마음 수양이 인간을 만든다.

행복은 언제나 감사의 문으로 들어와서 불평의 문으로 나간다(서양 속담). 감사와 불평은 결국 자기가 세상을 바라보는 태도에 달렸다. 공기 덕분에 숨 쉬고 살아있어 1440분 하루를 산다. 3분만 공기가 공급되지 않으면 죽는다. 공기, 물, 빛, 주위 도움 등 감사 대상이 가득하다. 자기 마음에 안 든다고 불평하다간 행복과는 영원한 이별이다.

소나무는 상처가 난 곳에서 송진이 나오고 솔 내음이 향긋하듯이, 인간은 시련과 고통을 통해 인간적 향기를 풍긴다. 시련을 성공 과정에서 당연하다고 받아들이는 태도가 행복 척도이다.

성품은 소질(Aptitude)이 아닌 태도(Attitude)이다. 문제 발생 시 '그건 제 일이 아닌데요' 보다 '제가 어떻게 도와드릴까요?' 하고 물어야 한다. 지식(Head)보다는 인품(Heart)이 중요하며 능력은 학습으로 향상되지만, 태도는 교육으로 바꿀 수 없다.

급히 걷다가 부주의로 다리 부러져 입원한 사람의 절대 긍정 태도는 '목 부러질 뻔했는데 하늘의 도우심으로 다리만 부러졌네' 불평 불만족보다는 감사합니다, 덕분입니다 태도가 행복에의 지름길이다.

아기가 태어나면 배로 숨 쉬다가 어른이 되며 가슴으로 숨쉰다, 가슴에서 올라와 목에 숨이 차서 목숨을 다한다. 복식 호흡 이유는 '기본으로 돌아가기'다. 기본 태도를 실천하는 사람이 처음에는 늦을지 몰라도 결국은 빨리 도착한다.

조직 운명은 리더 성품으로 좌우된다(이나모리 가즈오) 상장 폐지된 JAL을 2년 만에 회생시킨 방법은 기본 태도 강조였다. 정직하기, 자기보다 전체 먼저 생각하기, 욕심 줄이기가 기본 태도이다. 3살 아이도 다 알지만, 80세 노인도 실천하기는 어렵다.

내 영화 예산이 적을수록 내가 잡을 기회는 더 많아졌다(영화 대부 감독 프란시스 코플라) 제약이 창조성에 박차를 가하고 절박한 조건에서 확실히 창조성이 더 자극이 된다. 창조는 'Less is More'이다.

몸짱 > 얼짱 > 생(각)짱 > 마음짱의 우선 순위로 키워야 성공한다. 마음짱 최고는 태도이다.

보통 사람은 남이 만들어 놓은 과녁을 향해 활을 쏘고 적중 여부에 기뻐하거나 슬퍼한다. 현대 다양한 사회에서는 먼저 활을 쏘고 나서 그 주위에 과녁을 그려야 한다. 이런 적극적 사고와 행동이 창조인의 요소이다. 남이 가지 않은 길을 가야 큰 성공을 이룬다.

미슐랭 별등급 세계적 레스토랑과 한국 유명 맛집의 공통점은 싱싱하고 좋은 식자재가 첫째이고, 요리사 능력은 다음이다. 성공인의 공통점은 태도가 첫 번째이고 능력과 열정은 다음이다. 긍정적/적극적 태도는 좋은 식자재와 같아 성공의 기본의 기본이다.

목표(What)로 가야만 하는 이유(Why)를 깨치고 한 걸음씩 즐거운 마음으로 정진하는 것이 올바른 태도이다. (돈, 명예, 권력에서의) 자유를 위한 고생이 행복이다. 사랑/지혜/자유를 위한 고통을 기꺼이 즐겁게 받아들이는 태도를 가져야 한다.

사람을 평가될 때 보여지는 '태도'는 복합적인 의미다. 사람의 공격성과 겸손함 등 전인격을 판단하는 근거이다. 신언서판이 태도를 결정한다. 身(외모, 사소한 몸짓, 습관) 言(말투, 사용단어 및 어휘) 書(문장의 구성과 논리성) 判(지식의 넓이/깊이, 이해력, 유연함, 여유) 생각과 말, 행동을 바르게 하는 게 '참' 태도이다.

스펙은 졸업장, 자격증 등 결과물의 총합이고, 태도는 현재 일하는 방식이다. 스펙이 태도의 옷을 입어야 싹이 난다. 배워서 아는 것과 실제 현장에서 차이를 느끼며, 배우고 익히려는 태도를 가져야 한다. 스펙은 종자 돈, 좋은 태도는 복리 이자이다. 종자 돈이 작으면 이자율이 높아도 수익이 적다. 죽는 날까지 배우고 익혀야 한다.

영재는 아무도 맞힐 수 없는 과녁을 맞히고, 천재는 아무도 보지 못하는 과녁을 맞힌다(크레이그 라이트) 항상 變化하는 세상에서 변화가 다가오는 것을 볼 수 있다면 누구나 천재가 될 수 있다. IQ나 재능이 아니라 CORE(Curiosity 호기심, Openness 개방성, Risk-taking 위험성 안기, Energy 열정) 태도에 달렸다.

문제는 결코 문제가 아니다. 진정한 문제는 문제를 대하는 태도에 있다. 태도는 좌절과 모험의 차이를 만든다(제임스 와트) 긍정 태도는 모험을 시도하고, 부정 태도는 좌절로 이어진다. 캄캄한 방안을 밝히려면 스위치를 켜는 것이고, 캄캄하게 만들려면 끄면 된다. 스위치를 On/Off 하며 '마음먹기에 달렸다'를 깨치면 된다.

아침 화장실에서 자신에게 'Hi Five' 3초가 당신 인생을 바꾼다('動機'부여가 멜 로빈스) 슬럼프를 극복하는 쉬운 습관이다. 기분과 행동은 연계가 되기에 루틴이 중요하다. 하이 파이브로 뇌에 프로그래밍이 되어진 긍정 의식을 깨운다. (행)동(계)기는 어떤 행동을 일으키는 내적 요인이다. 긍정 태도가 올바른 행동을 하게 한다.

환자와 죄수에게는 누군가 밥을 주고 지켜준다. 환자는 하고픈 일이 있어도 아파서 못하고, 죄수는 원하는 일을 마음대로 할 수 없다. 하고픈 일을 자유롭게 할 수 있는 육체 건강한 사람도 '부정'적 태도로 말미암아 환자나 죄수처럼 '의존'적으로 산다. '독립'적 의지는 '긍정' 태도에서 나온다. 만사에 기뻐하고 감사하는 게 긍정이다.

도자기 명품(masterpiece)과 일반 제품(product) 차이는 장인 손길과 뜨거운 불에의 견딤 여부다. 실패와 시련, 고난은 바람과도 같다. 바람은 배를 전복시키기도, 반대로 움직이는 원동력이 되기도 한다. 항구에 두려고 배를 만들지 않는다. 거친 바다로 나가려는 용기와 어려움을 견디는 인내가 명품 인간이 되는 필수 태도이다.

원하는 것을 이미 일어난 사실로 여기는 힘이 나는 질문을 하라(Noah Saint John) 마음은 스스로 던진 질문에의 답을 끊임없이 찾아내는 자동 메카니즘이 작동하여 원하는 미래를 현실화하는 확언 법칙이 적용된다. 예를 들어 "나는 3개월내 10kg을 줄이는 게 이리도 쉬웠을까?" "나는 2030년까지 사회혁신 하는 게 이렇게 쉬웠을까?"

상대를 대하는 태도가 운을 좌우한다. 성공적 소통이 관건이다. 소통은 상대방에 대한 경청이 핵심이다. 경청은 수용하고 이해하고 인정하고 존중하는 등 자기를 '내려놓는' 태도가 되어야 가능하다. 나이, 직위, 학식을 자기와 비교 분별하여 '내려다보면' 불가능하다. 귀가 순해지는 이순(耳順) 60세 나이에도 힘든 게 경청 태도이다.

미국 95세 이상 고령자 50명에게 다시 산다면 하고픈 것은 1) 더 많은 모험 2) 더 많은 성찰 3) 더 많은 감사를 원했다. 모험과 두려움, 성찰과 이기심, 감사와 증오는 상호 대척점에 있다. 사람들은 두려움, 이기심, 증오 속에서 살다가 후회하며 죽는다. 마음먹기에 따라 부정적 생각은 단번에 사라진다. 어두운 방에 스위치를 켜면 바로 환해지듯이

사람이 긍정적 의식을 지니고 말하거나 행동하면 기쁨이 따른다. 이는 그림자가 뒤따르는 것과 같다. 부정적인 의식을 지닌 채 말하거나 행동하면 고통이 따른다. 이는 마차가 자기를 끄는 짐승을 뒤따르는 것과 같다(법구경) 긍정과 부정 태도는 자기가 선택하고 결과인 기쁨과 고통도 '내 탓'이다. '남 탓'하면 할수록 수렁에서 헤어날 수 없다.

문제를 명확히 파악하고, 다양한 관점에서 분석하여, 간단하고 현명한 해결책을 도출하는 게 Reframing 전략이다(웨델 웨델스보그) 문제 직면 시 초점을 장애물에만 두면 중요한 목표를 잊는다. 반대로 생각하고 긍정적으로 주의를 돌리면 새로운 방법을 찾는다. 항상 북극성을 머리속에 두면 돌부리에 넘어져도 돌을 탓하지 않는다.

모든 게 내 탓이오(70세에 깨우친 김수환 추기경) 창밖(네 탓)이냐? 거울(내 탓)이냐? 삶의 태도가 성공과 행복의 핵심이다. 창문 밖이 아니라 거울을 들여다 보며 전적으로 자신에게 책임을 돌리고, 다른 사람들이나 외부 요인 등 불운을 원망하지 않아야 모든 일이 풀린다.

비관주의자는 천체 비밀을 발견한 적도 없고, 해도에 없는 땅을 향해 항해한 적도 없다(헬렌 켈러) 불평불만에 가득 찬 비관주의자는 스스로 아무것도 만들지 못하며, 주변 사람도 떠난다. 캄캄한 방에서 스위치를 켜면 밝게 모든 것이 보이지만 끄면 안 보인다. On/Off '하기'에 따라 낙관과 비관 태도로 나뉜다.

미래를 만든다는 것은 매우 위험하다. 하지만 미래를 만들지 않으려 하는 것보다는 덜 위험하다(피터 드러커) 개구리 요리 만들 때 살아있는 개구리를 물속에 넣고 데우면 현실의 따뜻함에 안주하다가 미래에는 결국 삶아져서 죽게 된다. 100% Risk 없는 일은 없다. 창조는 즐거운 마음으로 Risk-taking 태도에서 시작한다.

상대 말을 끊고 자기 이야기를 자주 하는 사람은 가위바위보 게임에서 자기 손을 먼저 내는 것과 같다. 자기 패를 먼저 보여주면 인간 및 비즈니스 관계에서 승리할 수 없다. 傾聽이 중요한 이유이다. 경청은 상대를 수용하고 이해하고 인정하고 존중해야 비로소 가능하다. 경청 태도가 어려운 이유다.

듣는 일은 의사소통의 기술 가운데 가장 힘들다. 귀는 두 개, 입은 하나인 이유다. 말하기가 요령과 기술이면, 듣기는 마음과 자세다. 성공적인 리더들 대부분은 말하는 것보다 더 많이 듣는다. 傾聽(기울 경, 들을 청)은 몸을 상대방에게 기울이고 귀를 왕처럼 눈을 한가득 한 마음(聽: 耳 王 十 目 一 心)으로 하는 것이다.

상처를 '받는 건지?' '만든 건지?' 잘 살펴야 한다. 상대방에 의해 처음에는 받을 수 있지만 자신이 상처로 판단한다면, 자기가 만들어서 정말 상처가 된다. 고통이나 상처는 해석하는 100% 내 책임이다. 내가 고통의 씨앗을 뿌리고 내가 괴로움의 열매 얻는다. 문제는 解釋이다. 긍정적으로 감사하게 해석하면 점차 운이 좋아진다.

후회만 가득한 과거와 불안한 미래 때문에 지금을 망치지 마세요. 오늘을 살아가세요. '눈이 부시게'. 당신은 그럴 자격이 있습니다(김혜자 배우 명대사) 현실을 확인하고 성공에의 확신을 가지는 것은 자기 선택이다. 마음 스위치를 On 하면 '눈이 부시게' 밝아지고, Off 하면 어두워진다. 남 탓하고 불평불만 하는 게 Off 상태다. 어두운데 누가 도와주겠는가?

'~~는 당연해' 심리는 인간성을 말살시키고 영혼을 병들게 한다. 당연히 숨 쉬고, 당연히 먹고, 당연히 걷는 마음에는 감사함이 없다. 수십조 개의 세포가 완벽하게 작동하는 기적에 가까운 전제가 있어야 한다. 세포 하나하나에 감사해야 하고, 주변 인연-부모, 형제, 친구, 동료 한명 한명에게 감사해야 한다.

과학자는 실패와 좌절의 연속이기에 긍정적이어야 한다. 모든 순간을 큰 성공을 위해 투자하지 말고, 작은 발견을 위해 Small Joy을 얻어야 한다. 작은 기쁨이 10년, 20년 쌓여 큰 발견이 온다(윌리엄 케일린) "실패가 왜 나에게만 오는가?" 부정 態度에서 "나를 단련시키는 힘들고 어려운 이유가 반드시 있다"는 긍정 '태도'가 작은 행복 핵심이다.

공기 저항이 없으면 독수리가 비상할 수 없고, 물 저항이 없으면 배가 뜰 수 없으며, 중력이 없으면 걸을 수 없다. 당장 아픔은 희망찬 미래의 씨앗이 되고, 당장 달콤함은 암울한 미래를 부른다. 저항과 아픔을 긍정적으로 보아야 성장한다. 캄캄한 방에 스위치 켜면 밝아지듯이 긍정 생각은 단번에 나를 일으킨다.

남이 도와주면 "감사합니다"가 자연스레 나온다. 그러나 感謝가 힘을 발휘하려면, 조건에 따라 감사하던 태도에서 벗어나 삶의 근본적 태도가 '감사'로 바뀌어야 한다. 숨 쉴 수 있음에 하늘에 감사하고, 먹을 수 있게끔 한 농부 등 모든 이에게 감사하면 세포조차 바뀐다. 필요할 때만 감사함에서 벗어나면 세상이 달리 보인다. 살아있는 덕분에 모든 게 감사합니다.

吾唯知足(오유지족)은 이미 가지고 있는 것에 만족하는 마음 상태이다. 보통 사람들은 눈과 귀 등을 당연히 가지고 있다고 보고, 가지지 못한 것에 집착하기에 불행해진다. 건강한 눈이 있어 볼 수 있음을 새롭게 깨우친다면 감사하는 것 외에는 다른 방도가 없다. 눈 덕분에 볼 수 있어 감사합니다. 세상 모든 게 감사할 대상이다.

세상을 바꿀 생각은 누구나 하지만 자신을 바꾸려는 사람은 아무도 없다(톨스토이) 남 탓, 환경 탓하는 사람은 자기변명과 핑계로 그 순간을 모면한다. '모든 게 내 탓'이라는 관점이동은 마음먹기에 달렸다. 강한 자아는 부단한 반성, 지속적 개선을 통해서만 가능하다. "모든 게 내 탓이요" 말하면 행동도 바뀐다.

타인에게서 받은 고통이라 생각했던 괴로움의 실체는 내 안에서 발생한 욕구에 의한 것이다. 이 근원지를 찾아낸다면 거짓말처럼 괴로움과 증오, 질투 등 모든 부정적 감정들이 사라진다(달라이라마) '모든 게 내 탓이요'라고 김수환 추기경도 70대에 깨우쳤다. 조금이라도 일찍 깨우치면 그만큼 행복 상황이 빨라진다.

할 수 있다고 생각하는 것은 긍정적 태도이며, 실제로 해내는 것은 실력이다. 성공을 위해서는 태도(자동차)와 실력(운전면허)이 모두 필요하고, 열정(연료)이 더해져야 한다. 하지만 목적지(꿈) 없이 자동차를 운전하면 시간과 비용을 낭비하는 방황하는 삶이 된다.

사람들 간 차이는 미미하다. 그 미미한 차이가 큰 차이를 만든다. 미미한 차이는 태도이고, 큰 차이는 그 태도가 긍정적이냐 부정적이냐 하는 것이다(클레멘트 스톤) 긍정적 태도가 주위 만물과 인간관계에 무조건 감사하게 만든다. 감사는 웃는 얼굴로 본인 노력(5% 미만)하게 만들고, 주변 사람들의 도움(95% 이상)으로 큰 성공을 만든다. 웃어라! 성공한다.

우리는 모두 10대다. 10대는 10세에서 19세까지가 아니다. 100세가 될 때까지는 모든 사람이 아름다운 10대다(나카타니 아키히로, 행복어 사전) 나는 19세이다. 나이 계산기가 19세에 마침 고장이 났으나 수리부품이 전 세계 어디에서도 구할 수가 없다. 나는 죽는 날까지 영원한 열아홉살 청년이다. 모든 게 마음먹기 달렸다.

우리는 모두 시궁창 안에 있지만 몇 명은 별을 보고 있다(오스카 와일드) 인간 삶은 苦海다(부처) 시궁창이든 고해든 별을 보며 긍정적인 사람만이 행복해질 수 있다. 긍정과 부정 사고방식은 방안 전기 스위치 켜고 끄는 것과 같다. On/Off에 따라 환해지기도 깜깜해지기도 한다. 결국 내 선택에 달렸다.

언어 표현력에 따라 뇌가 다르게 반응한다. 이 세상은 '콩 심으면 콩 나는' 인과법칙로 돌아가므로 긍정 언어(건강한 콩)만을 구사해야 긍정 결과(많은 콩 수확)가 나온다. '좋다, 나쁘다' 분별보다는 '좋다, 좋지 않다'로 구별해서 표현하면 뇌가 모두 '좋다'로 인식하여 항상 긍정하게 된다.

성격은 얼굴, 생활은 체형, 본심은 행동, 감정은 음성, 배려는 먹는 방법, 센스는 옷차림, 스트레스는 피부, 인간성은 약자를 대하는 태도에 나타난다. 이른바 '身言書判(신언서판)'이다. 몸과 얼굴, 몸은 쉽게 바꿀 수 있으나 태도는 아니다. 판단력은 확고한 가치관인 자기 내공이 있어야 나온다.

타인을 지나치게 허용하는 것은 자기 학대이다. 선량한 것도 좋지만 자신을 위해 싸울 까칠함도 있어야 한다. 강할 때는 강하게, 부드러울 때는 부드럽게 변할 줄 아는 사람만이 인간관계에서 자신을 지킨다. 타인과의 선을 확실히 지키고 내 원칙을 세우며 의견을 과감히 말할 줄 아는 용기가 필요하다. 배려와 용기의 균형이 대인관계 핵심 태도이다.

한국인은 자신이 합리적이라 믿기에, 多様性을 인정치 않고, 무조건 설득하려 한다. 설득이 길어지거나, 제대로 되지 않으면 상대방을 바보로 생각하거나, 나쁜 사람으로 인식해 배척한다 (허태균 교수) 지구 중심으로 모든 게 돈다는 천동설 집착이 무너지는 순간 새로운 세상이 열렸다. '내가 옳지 않을 수도 있다'는 유연한 태도가 다양성 시작이다.

기도는 일상적 생활을 하며 긍정심을 가지려는 적극적이며 간절한 마음의 표현이다. 절대자(예수, 부처) 혹은 조상에게 개인적 바램을 의지하는 기도는 소극적 태도다. 다함께 잘사는 세상(홍익인간)에의 기도가 성취되면 개인적 소원은 당연히 이루어진다. 비가 내리면 기도 그릇의 크기에 따라 담기는 물의 양도 달라진다.

Core Values(핵심 가치)는 신호등 대응과 같다. 파란 불에 가고, 빨간 불이면 서야 한다. 해야 할 것(Do)과 하지 말아야 할 것(Do Not)을 하는 수단이 차 핸들, 엑셀레이터, 브레이크다. 개인과 조직의 업무 의사결정 원칙과 기준을 세우고 우선 순위 방법(How)을 정하는 데 꼭 필요하다.

천재보다는 동료의 두뇌와 재능을 조화롭게 이용하는 사람이 가장 만족스러운 결과를 얻는다 (윌리엄 앨턴 존스) 동료의 재능을 활용하고 싶다면 오너십을 심어 주어야 하고, 중요한 의사결정에 가능하면 많이 참여할 수 있는 장치를 마련해야 한다. '자발적 행동'하는 주인의식이 오너십이다. 보통 사람들은 시켜야만 행동하는 하인이다.

정말로 자신있는 사람은 자랑하지 않는다. 열등감이 심하니까 자랑하는 것이다 그렇지 하지 않으면 이런 나를 인정해주지 않을까 겁이 나는 것이다. 하수와 최고수의 차이다. 최고수는 1) 싸우지 않고도 이긴다. 2) 무슨 일이든 하는 일마다 즐긴다. 3) 상대 입맛에 맞추지 않고 입맛 자체를 바꾼다.

너의 죽음은 너 한 사람 것이 아니라 조선인 전체의 공분을 짊어지고 있다. 네가 항소를 한다면 그것은 일제에 목숨을 구걸하는 짓이다. 네가 나라를 위해 이에 이른 것이니 딴 맘 먹지 말고 죽으라. 옳은 일을 하고 받은 형이니 비겁하게 삶을 구하지 말고 대의에 죽는 것이 어미에 대한 효도이다 (안중근 모친 조마리아 편지) 안중근 덕분입니다, 조마리아 감사합니다, 우리 모두 보답합니다.

나이 들수록 경험할수록 공부할수록 단정적으로 무언가를 말하는 것에 대해 두려움을 느낀다. 나는 "맞다" "진실이다"라는 표현보다 "가능성이 높다"라는 표현을 더 쓴다(신수정 코치) 확신은 고행을 거친 현자일 수도 있으나, 한두번 운이 따른 성공이나 얄팍한 지식으로 자신감만 충만해 멍청한 사람일 가능성 또한 높다.

한번 칭찬 듣는 것으로만 두 달을 살 수 있다(마크 트웨인) 칭찬보다 인정이 더 효과적이다. 칭찬은 어떤 상황에서 마음에 없는 입술 서비스 차원 말일 수 있으나 상대에 대한 '인정'은 존중이 따라오게 되어 진정성을 느낀다. 나와 '다름'을 인정해야 존중하고, 상대 목소리에 경청하게 된다. 경청은 60세가 되도 힘들다.

했던 말 또 하고(강조라는 錯覺), 길게 말하고(배경이라는 착각), 화내며 말하고(남이 모를 거라는 착각), 남의 말끝까지 안 듣기(내 말이 더 중요하다는 착각) 부모자식간, 주변 사람간에 인간관계가 나빠지는 것은 다양한 착각 때문이다. 말을 아끼고(묵언) 많이 듣는(경청) 것이 좋은 관계를 맺는다.

5만년 전 호모사피엔스가 등장한 이후 현재까지 태어난 총인구는 1,080억명이다(미국 인구통계국) 그중에 나와 똑같은 사람은 단 하나도 없다. 스토리텔링은 독특하고 유일한 나를 정리하여 자기 자신을 표현하는 작업이다. 개인을 넘어 나라를 표현한 게 역사다. 자기만의 역사를 만든다는 태도를 가지면 하루하루가 소중하다.

침묵은 예술이다. 웅변도 예술이다. 하지만 傾聽은 잊혀져 가는 예술이다. 경청을 잘하는 사람은 매우 드물다. 경청의 중요성과 실천은 더 어렵다. '귀 기울여(傾) 들음(聽)'으로써 타인 마음을 얻는 이청득심(以聽得心) 수준은 수용하고, 이해하고, 인정하고, 존중하는 여러 단계를 거쳐야 비로소 가능하다. 경청이 어려운 이유다.

당신을 향해 짖는 개를 볼 때마다 가던 길을 멈추고 돌을 던지면 결코 목적지에 도달하지 못한다(윈스톤 처칠) 다른 사람들의 의견은 그들 의견일 뿐이다. 긍정이든 부정이든 흔들리지 않는 자기 자신의 확신과 태도가 핵심이다. 비난과 칭찬에도 흔들리지 말고 무소(코뿔소)의 뿔처럼 혼자서 가라!

생각과 말이 물질을 만든다. 긍정적 생각은 엔돌핀을 분비하고, 부정적 불평불만 말은 아드레날린이 나와 병이 시작된다. 엔돌핀은 마약 성분 모르핀의 수백 배 효능이 있다. 이유 없는 기쁨으로 얼굴에 미소짓게 만든다. 긍정적 생각과 말은 무료로 얼마든지 마시는 공기를 비롯한 모든 것에 감사함이 충만할 때 생긴다. 덕분입니다. 감사합니다.

손가락을 '쥐었다 폈다' 柔軟하게 하듯 생각도 유연해야 한다. 고정관념과 선입견에 따라 자기가 무조건 옳다고 우겨서는 가족조차도 같이 살기 힘들다. 싸울 때는 주먹을 쥐고, 계란을 잡을 때는 깨지지 않을 정도 힘을 주듯, 고객이든 배우자든 딱 맞는 맞춤식 서비스를 해야 할 시대다. 먼저 잘 들어야 한다. 경청이 필요한 이유다.

피드백

게임을 할 때 레벨과 점수, 경험치가 자극이 되는 것처럼 우리 삶에서도 피드백은 재미있게 성장하고 몰입하는 데 중요한 포인트이다. 피드백은 배운 점(Head), 느낀 점(Heart), 실천할 점(Hand/Leg)에의 반응이다. 반응을 정리하고 미진한 점은 질문하면 정신적으로 건강해진다.

피드백 사례

❶ 이봉휘(서경대학교/경영학부 교수)

樂學樂共 : 즐겁게 배우고 즐겁게 공유하자.

1. (物, Technology)배운 점 : 세상에는 다양한 전문가들이 있다.
2. (心, Platform)느낀 점 : 각양각색의 전문가들이지만 서로 공감대를 형성하고 공유한다면 시너지를 극대화하여 서로 윈-윈 할 수 있다.
3. (共, People) 실천할 점 : 다름을 인정하고 서로에게서 배우고, 배려하고, 공감하고, 베풀자.

❷ 이두표(올포피엠/대표이사)

1. Passion : 피나게 열심히 하다 보면 뭐든 길이 보인다.
2. Connection : 시대 상황에 맞게 대응하는 능력이 중요한데 혼자보다는 전문가들의 연결이 가장 중요하다.
3. Value Creation : 어떤 자율적인 모임도 가치가 창출되지 못하면 오래가지 못한다.
4. Expectation : 각 분야의 경험이 있는 전문가들의 이야기를 들으며 일에 대한 열정과 앞으로의 연결을 통한 가치창출에 공감하는 시간을 가졌다. 그래서 전략 수립을 통해 실현 가능한 계획이 필요하다.

❸ 김재유(한국정보/대표이사)

YAI 15차 종강

1. 느낀 점 : 감사할 일이다.
2. 배운 점 : 기술의 진보는 초광속으로
3. 실천할 점 : 공유 더 공유 그래야 자유 지나간 기간 부족한 저에게 지원과 나눔과 기쁨 주신 동지 분들께 감사합니다 끝까지 갑니다.

④ 박철오(메디더스/대표이사)

YAI 1기를 마치며

1. 배운 점 : 꿈,참,힘을 한 단어로 정리하고 언제 어디서라도 바로 말할 수 있어야 한다.
2. 느낀 점 : 함께 나누고 공유하며 함께 만들어 나가야 성공한다.
3. 실천할 점 : 계속 공부하고 나누며 꿈을 지속적으로 키워 나아간다.

고민 많고 힘든 시기에 정구철 회장님과 각 분야의 YAI 사령관님들을 만나 참되게 다시 시작할 힘과 지식을 얻었습니다. 많이 부족하지만 항상 배우고 나누고 함께 하겠습니다. 모두들 수고 많으셨고 감사합니다 ^^

⑤ 임근정(한가람네트웍스/대표)

1. 배운 점 : 物心의 구분과 관계성을 다시 보는 기회가 되었으며, 매사를 물심 관계로 재정립하겠습니다.
2. 느낀 점 : 다양한 가치관과 분야에 대한 새로운 모험심이 생겼습니다.
3. 실천할 점 : 원 페이지의 함축성과 다양성을 모든 업무에 적용해보고 싶고, 무엇보다. 기술독립군 모두의 핵심역량을 모아 함께 공유하는 플랫폼을 만들고 싶습니다.

⑥ 김동수(J&D 내진소방/대표이사)

YAI 1기 15차 종강

1. 느낀 점 : 인생은 매일 매일 시작이다.
2. 배운 점 : 배움이 즐거움이다.
3. 실천할 점 : 나의 준비, 공유의 합창을 위한 자발적인 역할.

인생의 한 분기점을 만들어주신 회장님, 동지들을 위해 헌신하신 총무님, 1기의 박주철기장님, 1기의 시간을 같이 해주신 동지 여러분 덕분입니다. 고맙습니다. 존경합니다.

⑦ 이성운(아이시드/회장)

1. 배운 점 : 새로운 문제 해결 접근방식
2. 느낀 점 : 직업과 전문성이 다양화되고 있는 현실과 비지니스 융복합 시너지효과 체험
3. 실천할 점 : 꿈을 갖고 목표를 달성할 때까지 끈기있게 도전

운동 · 외국어 · 비지니스 소통

⑧ 최신영(B2F 첨단융합인더스트리/이사장)

토요일 피드백 · 후기 과제 답안

1. 배운 점 : 협력과 협업의 중요성

2. 느낀 점 : 무한 연마, 헌신적 지원, 프로세스와 플랫폼 적용 필요
3. 실천할 점 : 발로 뛰기, 후학 양성방안 찾기

⑨ 박주철(목우/회장)

1. 배운 점 : 공유를 통해 큰 나눔을 만들어 낼 수 있는 생의 귀한 꿈을 갖게 되었다.
2. 느낀 점 : 다양한 전문가와 함께하는 큰 행복을 느끼는 소중한 인연
3. 실천할 점 : 나눔과 관심과 배려와 공유를 일상화.

   함께 했던 1기 모든 분들께 진심으로 감사드리며 소중한 인연을 풍성한 열매가 맺을 수 있도록 기장으로서 최선을 다하겠습니다.

⑩ 김주원(모바일디에스티/대표이사)

1. 배운 점 : 같이 해야 가치가 있다.
2. 느낀 점 : 공학을 인문학으로, 인문학을 공학으로 풀 수 있어야 진정한 학문이다.
3. 실천할 점 : One Page 작성을 회사 직원에게 정기적으로 작성토록 하고 발표 시간을 갖자.

⑪ 조용우(토파비즈협동조합/이사장)

1. 배운 점 : 物心兩面/物心一如 → No Reserves/우주만물의 공존의 이치를 배우다.
2. 느낀 점 : 伯樂一顧/捨短取長 → No Regrets/지구촌 시대의 소통과 공유의 의미를 느끼다.
3. 실천할 점 : 忠誠/言行一致 → No Retreats/배움과 느낌을 행동으로 옮기는 실행만이 참다운 인간으로 실천해야 할 덕목이다.

   정구철 멘토님 이하 동지 여러분께 감사드리며 뉴노멀 시대의 지표가 될 수 있는 YAI가 될 수 있도록 마음과 뜻을 모아 함께 할 수 있기를 소망합니다.

⑫ 임진묵(에코하이/회장)

1. 배운 점 : 수많은 시행착오를 하며 나름대로 내공을 쌓았다고 자부했는데 기술독립군 멤버와 교류하며 One Page 정리법을 배웠다.
2. 느낀 점 : 배운 결과 주위 분들로부터 능력을 인정받아 인생 및 비즈니스 상담 결과 좋은성과를 낼 수 있게 되었다.
3. 실천할 점 : One Page로 요약 및 작성법을 알면서 상대방 설득을 쉽게 하여 비즈니스가 쉽게 이루어지게 되었다. 주변에 널리 알려 모두 함께 활용하도록 하겠다.

⑬ 이정열(쇼델리/회장)

1. 배운 점 : One Page 작성법을 통한 자가 정리/정돈 및 스마트 소통법

2. 느낀 점 : 아이디어와 사업모델을 구체화/현실화/규모화 하기 위한 협업의 필요성
3. 실천할 점 : 먼저 나눔의 실천을 바탕으로 협업 전문회사를 설립하고, 대한민국 문화 일자리 만들기 프로젝트 추진

One Page의 기적 서평(2022. 07)

⑭ 박영임(와이존 대표이사)

구슬이 서 말이라도 꿰어야 보배. 그동안 다양한 경영서적, 자기개발서, 성공철학 서적들을 읽으며, 머리속에 맴맴 돌고 정리되지 않은 것들이 모두 보석처럼 꿰어지는 책. 정구철의 "One Page의 기적"은 리더의 경영서적 처럼 읽다가 나를 만나게 되는 기적같은 책입니다. 보는 눈이 바뀌고, 지혜가 늘며, 내면의 깨달음과 통찰력을 통해 행복으로 가는 책, 한단어 한단어가 소중합니다.

⑮ 송락경(광주과학기술원 교수, 재단법인 벤처캐피탈타운 공동대표)

인생의 '원점'에 다시 서야할 때, 'One Page의 기적'도 함께 꿈을 꾸기 시작합니다. 거친 세월 바람을 맞으며 낡고 해졌을지라도, 원점은 등대처럼 제자리를 지키며 빛을 잃지 않았습니다. 정구철님의 'One Page의 기적'은 '원점'에서 시작하는 새로운 변화가 결코 '기적'이 아님을 되새기게 합니다. 오늘도 One Page와 함께 '기적같은' 하루를 힘껏 펼치렵니다.

⑯ 김지환(올웨이 대표이사)

내면의 눈을 뜬 자와 뜨지 못한 자의 차이는 엄청나게 크다. 깨닫는 세계의 지경이 다르다. 내면의 눈을 뜬 자는 마음의 창조력이 있다. 씨가 뿌리내리고 자라서 열매를 맺는 것은 씨가 아니라 밭의 상태에 달려 있다 해도 과언은 아니다. 정구철님의 'One Page의 기적'은 매일 아침 무상으로 받는 귀한 선물이며, 오늘을 가장 나답게 자신답게 살아가게 하는 원동력이며, 나 자신의 마음 밭을 기경(起耕)하게 하는 도구이다. 매일 아침이 입가에 미소가 떠나지 않는 오늘이 된다. 감사합니다.

⑰ 강일찬(피엔에스경영연구원장)

매일 아침을 여는 자발적 행동은 오랜 시간의 낙수물이 바위를 뚫듯 지나왔고 계속될 것이다. 인고(忍苦)의 겹이 쌓이지 않고는 종유석과 같은 'One Page의 기적'의 탄생은 없었을 것이다. 고뇌가 쌓여야 생각의 덩어리가 된다. 우리는 덩어리를 만드는 데 열중한다. 'One Page의 기적'처럼 남을 먼저 올려보자. 그러면 내가 오를 것이다.

⑱ 임진묵(에코하이 회장)

정구철의 "One Page의 기적"은 모든 생활인의 필독서로서 단어 하나하나에 50년간의 현장경험이 녹아 있는 공공도서관입니다. 衣食住 + 知好樂(의식주 지호락)을 모두 커버하는 기술 + 인문학의 콜라보레이션으로 앞으로 대한민국이 실질적인 선진국으로 가는데 대중들이 요긴하게 쓸 Tool 생

활 지침서로 감히 권장합니다.

⑲ 김재유(한국정보 대표/기술독립군 사무총장)

정구철의 "One Page의 기적" 진리는 쉽고 단순하다. 나의 핵심을 찾고 알려서 나누어 세상을 더 조화롭고 아름답게 만드는 시작이다. 항심으로 항산을 만드는 시도다. 더불어 덕분으로 더 많은 사람의 원페이지의 기적을 기대한다.

⑳ 김충우(범우 대표이사)

저는 저자 정구철님께서 2013년부터 8년에 걸쳐 One Page 메세지의 가치를 몸으로 실행하는 과정을 봐왔고, 그 과정에 큰 은혜를 입었고, 그 결과물로 탄생한 것이 본서 'One Page의 기적'이기에 감사와 박수를 보냅니다. 다원화, Network화, Platform화 시대에 넘쳐나는 뉴스와 정보 홍수로 어느 것이 사실이고 진실인지 가늠하기 어려운 시대이다. 이러한 시대에 생존을 하려면 자신, 기술, 제품, 사업에 대하여 핵심을 One Page로 요약, 고객을 설득할 수 있어야 한다. 저자 정구철님의 실천을 통한 지혜가 녹아 있는 본서가 개인이나 조직의 정체성과 Positioning을 하는데 기여할 것이고, 세상이 변하기 위해서는 남 탓 보다는 자기혁신을 통해 내가 먼저 변화해야 함을 깨닫게 하는 지침서가 될 것이다.

㉑ 최정윤(유디아이 대표이사)

기술독립군 멤버로 가입한 이후 매일 6시면 어김없이 올라오는 단문의 공철학을 본지도 3년째입니다. 단, 하루도 빠진 적이 없었고 단 하루도 보지 않은 적이 없습니다! 때론 큰 위로를 받고 때론 큰 감동을 받고 때론 큰 울림으로 지혜의 말씀을 무상으로 누려왔습니다. 꾸준함을 이길 자는 없습니다. 오랜 시간 지켜오신 뜻을 꾸준히 이어오신 이어가실 지혜의 말씀에 존경과 감사의 인사 드립니다. 언제나 선뜻 달려와서 지식을 나누고 이끌어주신 행동하는 인문기술철학자이신 정구철 회장님의 주옥같은 지혜의 보고인 'One Page의 기적'은 정진해오신 새벽기도의 결실로 온 누리에 지혜가 되어 기적의 꽃을 피울 것입니다. 기술철학자 정구철 회장님! 존경합니다. 덕분입니다. 감사합니다.

행복

눈 2개 교환 2억원, 신장 3천만원, 심장 50억원, 간이식 7천만원, 팔다리 없으면 의수 의족 비용 별도이다. 건강하게 걷는 몸은 53억원 이상 자산이다. 사고로 앰블런스로 가면서 산소호흡기를 쓰면 36만원/시간, 공기를 그냥 마시면 860만원/일 번다. 공기 '덕분에' 산다고 생각하니 만사 감사할 수 밖에 없다. 관점 이동하면 감사 충만하다.

하루 종일 강렬한 햇살은 집에 불을 내지 않으나, 돋보기로 초점을 選擇하고 集中하면 연기를 내며 불이 난다. '존재 자체로 충분하다'는 감사함에의 '선택과 집중'이 행복 혁신이다. 보고 듣고 숨쉬며 살아있다는 존재만으로도 행복함을 느낀다면 어느 정도 공부가 된 것이다. 모든 것을 긍정하는 태도가 행복의 시작이다.

벌이 애써 꿀을 모아 먹어 보지도 못하고 사람에게 빼앗기듯, 우리도 아등바등 살며 치부해도 죽고 나면 쓰는 사람은 따로 있다(국가 세금과 자식 상속) '돈을 Why 벌고, What을 위해 벌고, How 쓸까?'에 대한 확실한 의지를 가진다면 행복할 수 있다. 인간 본능인 탐욕에 자기가 하인이 아닌 주인으로 살 수 있기 때문이다.

행복은 나비와 같아 잡으려 하면 항상 달아나지만 조용히 앉아 있으면 스스로 너의 어깨에 내려와 앉는다(극작가 나다니엘 호손) 돈도 마찬가지이다. 잡으려 다니지 말고 지나가는 길목을 지키는 것이 부자 되는 길이다.

행복과 성공이 꼭 일치하지는 않는다. 성공은 목표 달성 시 일시적 상태, 행복은 목표에의 과정 시 생기는 내면의 지속적 만족감이다. 질문(5W1H)의 5W는 행복, How는 성공과 관계가 있다. 지금When 여기Where 자기Who 왜Why 어떻게What 사는지 확신하면 행복하고, 방법How을 알면 성공한다. 질문에 익숙하면 행복과 성공을 동시에 잡는다.

행복이란 지금-여기-자기 상태가 만족하여 언제든 죽어도 괜찮다 생각할 정도로 심리적 결재를 한 상태이다. 죽음에 대한 생각이 확고하지 않으면 불안하고 괴롭다. 죽음과 행복 결과에 대한 원인을 생각하는 것이 哲學(원인과 결과를 환하게 보는 학문)이다.

인간은 변화를 거부하는 게 아니라 변화 당하는 것을 거부한다. 어렵지만 스스로 선택하면 어려움을 기꺼이 즐거움으로 느낀다. 인간은 4차 산업혁명을 넘어 최종적으로 행복혁명을 이루는 방법은 타인 지시나 명령이 아닌 자발적 선택과 지속적 행동에 있다. 프랑스혁명, 정보혁명, 4차 산업혁명 등 많은 인류사의 혁명 속에서 정말로 중요한 것은 자발적 행동에 의한 행복혁명이다.

인간 누구에게나 가장 최종적인 목표는 행복이다. 행복을 맹자는 有恒産有恒心 즉 항산항심으로 표현하였다. 이는 죽는 날까지 지속적 수입이 있는 항산과 평정심이 함께 하는 항심이 인간의 최고 덕목이라고 보았다.

비지니스 야망과 삶의 의미에 대한 인식 사이에서 균형을 잡아야 한다. 균형이 가장 큰 행복 비결이다(윌리엄 바넷). 자전거를 배울 때도 일단 페달에 발을 올려야 앞으로 나아가야 균형을 잡을 수 있다. 만족감이야 말고 우리를 행복하게 해주는 가장 중요한 열쇠이다.

행복 호르몬은 1) 엔돌핀(웃고 즐길 때) 2) 세로토닌(명상/산책을 통한 마음 안정 시) 3) 도파민(호기심으로 의욕이 충만할 때) 나온다(넷향기 이동환 교수) 적극적 태도로 창조적 일을 하면 고통을 즐거움으로 바꾸는 행복 호르몬이 저절로 나온다.

만족감이야 말고 우리를 행복하게 해주는 가장 중요한 열쇠이다(뇌과학자 Gregory Berns) 자신이 목표로 하는 일에서 만족하고 그 일이 사회에 의미가 있다면 생활이 곤궁하고 몸은 피곤해도 행복해질 수 있다.

가난한 사람들이 대개 행복한 이유는 작고 사소한 것 덕분에 살아있음에 감사하기 때문이다. 공기, 물, 싼 음식 덕분에 살고 아이의 미소, 소화를 시키는 위장, 가족이 있다는 것만으로도 큰 행복을 느낀다.

어떤 것이 최고인지 알고 될 때까지 노력하면 반드시 이룰 수 있다. 최고의 이익은 건강, 최고의 재산은 만족, 최고의 친척은 신뢰, 최고의 행복은 분별치 않는 무분별 마음이다. 몸 아픈데 없고, 먹고 잘 수 있는 최소 재산이 있고, 믿고 일할 수 있으며, 무분별 지혜를 깨치면 행복 그 자체이다.

인간이 보는 곤충 하루살이 한평생이나 지구 46억년 관점에서 인간의 한평생이 다르지 않다. 큰 눈으로 세상을 보면 남과의 갈등이 아무런 문제도 아니다. 큰 눈으로 세상을 보고 담담하게 살면 반드시 행복해진다.

행복 = (육체)건강 + (정신)내적 성찰 + 이타적 삶 + 화목한 가정 + 충분한 여가. 무지몽매하게 어둠 속에 헤매는 게 아니라 존재를 그윽하게 바라볼 수 있다는 것 자체만 생각해도 행복하다.

젊은 날로는 돌아가고 싶지 않아요. 그때는 생각이 얕았고 행복이 뭔지 몰랐어요. 사랑하는 사람을 위해 고생하는 것, 사랑이 있는 고생이 행복이지요(철학자 김형석) 100세 살아본 철학자가 자기 인생의 노른자는 65-75세라고 한다면 우리는 아직도 생각의 깊이도 없이 행복 정의조차 모르고 살고 있다.

불교는 깨달음을 추구하는 고차원 철학이다. 깨달음을 위해서는 1) 자각-자신이 '먼저' 깨닫기 2) 각타-타인을 깨닫게 하기 3) 각행원만-깨달음 + 행함이 하나로 되면 된다(중국석학 이중텐) Heart로 깨닫고 Head로 알고 Hand/Leg로 행하면 Happy하다(4H).

눈이 보인다 귀가 즐겁다 몸이 움직인다 기분도 괜찮다 고맙다 인생은 참 아름답다(신체 허약했던 프랑스 작가 쥘 르나르 기도문) 허약 육체(Hand) + 감사 정신(Head) → 지혜(Heart) → 행복(Happiness)이 된다(4H).

행복은 소유가 아니라 나라는 존재에 있다(에리히 프롬 심리학자) 내 뭐꼬(내가 무엇인가)? 화두로 하는 명상과 동일하다. 쉬운 동사 Be(존재)-Do(행동)-Have(소유) 관계를 알고 행동하면 저절로 소유한다. 돈은 행동의 결과이지 목표가 아니다.

참회: 懺은 태어나서 지금까지의 잘못을 뉘우치는 것이고, 悔는 지금부터 미래에 이르도록 지울 허물을 뉘우치는 것이다. 타인에의 질투, 부모에의 불효도 허물이다. 참회는 할수록 정신이 맑아지고 편안해진다. 참회가 행복의 지름길이다.

감사는 소유의 크기가 아닌 믿음의 크기이다. 소유에 비례한 감사는 불평을 만드나, 믿음에 의한 감사는 조건에 얽매이지 않아 세상과 특히 자신을 풍요롭게 한다.

행복과 불행은 내 마음 상태이다. 흔들림이 없는 고요한 마음 그것이 행복이다(배철현 종교학교수) 자기만의 시간을 갖고(고독) 있는 그대로 나를 발견하면(관조) 지혜로운 깨침(자각)이 오고 자기 삶을 향한 자발적 행동하면 행복해진다. 행복은 자발적 행동이다.

나는 누구인가? 이름이 아닌 본래의 자신을 말하려면 객관적으로 자신을 봐야 한다. 자연, 인간, 사회에의 관점, 타인과 관계 방식, 자기 욕구와 실현 방법 등이다(유시민 표현의 기술) 취업을 위한 자기소개서를 넘어 자기 철학이 서야 인생 최종 목표인 행복에 갈 수 있다.

빗방울 수만큼 행복이 하늘에서 내리고 있는데 보통 사람들은 느끼지 못한다. 행복은 발명이 아니라 발견이다. 한 웅큼 햇빛과 한숨 공기까지도 감사함을 느낄 때 인간은 행복 경지에 들어선다. 저녁때 돌아갈 집이 있고, 힘들 때 마음속으로 생각할 사람이 있다면 행복한 상태다. 행복은 마음먹기에 달렸다. 남과 비교하면 행복은 찾을 수 없다.

국민 소득 2천불 부탄은 국민 행복도가 97%(1972년)에서 41%(2010년)로 추락했다. 원인은 칼라TV에서 보이는 화려함과 곤궁함 비교에서 왔다. 남과의 '비교'는 불행의 씨앗이다. 어려워도 타인의 시선으로부터 자유로운 마음가짐이 핵심이다. 자유인은 홀로 행하고 비난과 칭찬에서도 흔들리지 않는다.

나태, 교만, 분노, 질투, 탐욕, 탐식, 욕정(단테 신곡) 이태리 시인 단테가 표현한 어리석고 착각에 빠진 인간 모습이다. 하나만 있어도 행복하기가 힘든데 대개 복합적 상태로 온몸과 정신이 점차로 망가져 간다. 깜깜한 방안이 전등 스위치 '탁' 켜면 환하게 밝아지듯, 행복하기는 마음먹기 달렸다. '탁' 동작은 모든 것에 감사하는 마음이다.

할 일이 있고, 사랑하는 사람이 있고, 희망이 있다면 그 사람은 지금 행복한 사람이다(칸트) 죽는 날까지 해야 할 일이 있으려면 조그마한 목표가 있어서는 안된다. 큰 꿈을 가지고 자기관리에 철저해야 한다. 조수미는 지난 35년간 찬물을 먹지 않고 파티에도 거의 나가지 않았다. 세계적 성악가는 그냥 이루어지지 않는다.

행복은 햇빛 행복과 달빛 행복이 있다. 달빛은 햇빛을 받아 반사시킨 빛이다(신광철작가) 햇빛 행복은 무조건 사랑, 달빛 행복은 조건부 사랑이다. 돈 벌면(if) 네게 주겠다(then)는 조건부 계약이다. 자기 본질이 '광명의 빛'인 에너지임을 알면 자기와 우주가 하나가 된다. 발가락이 아파 병원에 갈 때 심장도 무조건 같이 가듯 우리도 우주도 하나다.

바쁜 마음은 병들어 있다. 느린 마음은 건강하다. 고요한 마음은 성스럽다(메헤르 바바) "바쁘다"는 말을 입에 달고 다니는 사람치고 큰 성과를 내는 사람은 드물다. 하는 일에만 집착하기에 크게 볼 수 없다. 자기를 틈틈이 돌아보면서 가야 멀리 갈 수 있다. 마음이 흔들리면 고요하던 물이 성난 파도가 된다. 행복은 평정심이다.

행복은 할 일이 있고 사랑할 사람이 있고, 기대할 것이 있는 상태이다(찰스 핸디) 높은 생활 수준을 유지하려고, 원치 않는 일을 계속하면 영혼이 망가진다. 검소한 생활을 바탕으로 돈벌기 위해 인생의 너무 많은 시간을 헛되이 쓰면 幸福 價性比가 떨어진다. 이 세상에 태어난 소명을 느끼고 근면 검소한 삶이 행복(行福) 가성비 100%이다.

모든 인간은 '사인칭말' 의해서 회복 기운을 북돋운다(호리 요시노리).

- 사: 사랑받고 싶어 하고
- 인: 인정받고 싶어 하고
- 칭: 칭찬받고 싶어 하고
- 말: (그 사실을) 말로 확인받고 싶어 한다.

상대를 행복하게 만드는 것 참 쉽도다.

아는 것은 좋아하는 것만 못하고, 좋아하는 것은 즐기는 것만 못하다(논어) 즐긴다는 것은 '그럼에도 불구하고' 나아가는 것이다. 지루함과 고통을 전제로 한다. 사람/사물과 맺는 관계인 지호락(知好樂) 단계는 점점 알아가고, 점차 좋아지고, 마침내 즐기는 현재 진행형이라야 행복해진다.

행복은 깊이 느끼고 단순하게 즐기고, 자유롭게 사고하고, 삶에 도전하고, 남에게 필요한 사람이 되는 능력에서 나온다(스톰 제임슨) 행복은 자체 힘이 있어야 한다. 가슴속 깊이 느끼고, 머리로 생각하고, 손발이 자유로워 호기심 갖고 새로움에 도전하고, 남을 도울 수 있는 상태다. 단번에 다하기는 힘들지만 하나씩 하다 보면 가능하다.

아주 작은 질량에도 엄청난 에너지가 나온다(상대성이론) 개인 에너지 효율이 가장 좋은 활동은 일도 취미도 아닌 사랑이다. 사랑은 목숨까지 바칠 정도로 엄청난 에너지를 가진다. 사랑은 세상에서 가장 엄청난 핵반응이다. 계속해서 몸과 마음에서 연쇄반응을 일으키고 주위 사람까지도 행복하게 만드는 에너지를 전파시킨다. 사랑혁신!

기회의 순간에 안전한 투자는 없고, 증명의 순간에 수익의 기회는 없다. 투자는 책임이고, 기회이며, 공부이고, 인내이다(증권업계 Tip) 돈 버는 투자 기회 뿐 아니라 인생을 행복하게 만드는 것도 자기 책임으로 공부하고 인내하는 것이다. 그러나 행복에의 '기회'는 지금 바로 잡을 수 있다. 마음먹기 달렸다(일체유심조).

진리는 단순하고 진부하다. 감사하면 행복하다. 그런데 우리는 삶의 어두운 면만 보면서 불평불만하고, 괴로워하는 이유는 겸손하지 않아서다. 겸손한 사람은 감사하게 된다. 자신이 대단치 않은 걸 인정하면 작은 것에도 기쁘고 좀 힘들어도 삶을 긍정하게 된다. '나는 소중하고 사소한 존재다'라고 생각하면 겸손해지고 겸손해지면 감사한다. 행복하기 참 쉽다.

성공의 길은 다양하지만 실패의 길은 포기, 오직 하나 뿐이다 (다산 정약용) 꿈과 목표가 없다면, 성공도 실패도 존재하지 않는다. 바람 부는 대로 물결치는 대로 살지 않으려면 일단 작은 목표부터 가지고 실행하여 작은 성공을 맛보아야 한다. 집안 청소나 책상 정리정돈으로 작은 성공을 이루면 뿌듯하다. 행복하기 참 쉽다.

행복은 풀과 같다. 사방천지에 있다. 행복도 그렇다. 풀은 생명력이 강하다. 행복도 그렇다(박용현) 행복이 사방천지에 있고 생명력이 강하다는 것을 Head가 아닌 Heart로 깨치는 순간 '고생 끝 행복 시작'이다. "왜 나에게만 불행이 닥치는가?" 절망 상태가 더이상 내려갈 데 없는 밑바닥을 쳐야 한다. 절박해야 진리를 깨친다.

유항산 유항심(맹자) 지속적 수입(有恒産)과 일상적 평온(有恒心)이 있으면 건강은 기본이다. 재미와 유익과 수입이 지금 인테넷 세상의 핵심이듯이, 수입과 평정심과 건강은 인간이 행복할 수 있는 필요충분조건이다. 특히 건강은 평정심을 잃고 스트레스를 받으면 나빠진다. 맹자가 '항산'을 먼저 강조한 이유다.

성공은 당신이 '원하는' 것을 얻는 것이고, 행복은 당신이 '얻은' 것을 원하는 것이다(W. P. Kinsella) 성공보다 행복하기가 훨씬 쉽다. 이미 '얻은' 것이 내 주변에 너무 많다. 눈이 있어 원하는 것을 볼 수 있고, 발이 있어 원하는 곳에 갈 수 있다. 공기 덕분에 숨도 쉰다. 얻으려는 시련 속에도 이미 얻은 것을 깨우치면 즉시 행복해진다.

남을 괴롭히면 평안이 없고, 남을 도와주면 불안이 없다. 평안과 불안은 이웃이다. 내가 잘되는 것은 작게 잘되는 것이고, 나를 통해 남이 잘되는 것은 크게 잘되는 것이다(조정민 작가) 이유 없는 기쁨은 행복이지만, 불행은 반드시 이유가 있다. 자기 마음먹기에 따라 행복과 불행이 결정된다. 남 탓하면 불행이 친구 하자고 다가온다.

Stay Hungry, Stay Foolish(라즈미 반살) 스티브 잡스에 의해 유명해진 (육체와 정신의) '배고픔을 유지하라'. 우리는 언제나 배부름과 행복을 갈망하지만 그것은 일시적 쾌감을 느끼는 마약일 뿐이다. 영원한 평온함과 행복은 정신이 배고파야 느낄 수 있다.

내가 불행하면 자꾸만 '타인'에게 관심이 생긴다(쇼펜하우어) '내가' 행복하려면 어떻게 살아가야 할까? “지금껏 도움받고 살아왔고, 앞으로도 도움받아 살아갈 수 밖에 없다”로 생각이 크게 바뀌면 감사함으로 충만해진다. ‘감사’가 행복 특효약이다.

행복은 자기만족이다. 눈과 귀, 코와 입, 몸(五感)과 생각(六感)으로부터 온다. 여섯 개 감각이 즐거운 게 행복이다. 몸의 즐거운 느낌과 마음의 평화가 행복이다. 행복에는 정해진 틀이 없고, 원칙과 규범은 더더욱 없다. 행복은 어려운 발명이 아니라 아주 쉬운 발견이다. 모든 일에 긍정하고 감사하면 가능하다.

권력, 명예, 금전과 관련한 행복은 보통 일시적이다. 영원한 행복은 긍정적이고 이타적 행동에서 나온다. 내 주변 세상에 행복은 더 많이, 불행은 덜 일으키기 위해 노력하는 작은 실천이 모여 세상을 바꾼다. 하루에 한 번씩 자발적으로 친절한 행동을 한다면(1日 1善行) 세상은 더욱 살기 좋은 곳으로 바뀔 것이다. 작은 물방울이 모여 시내 강 바다를 만든다.

170개 사업 시작할 때마다 오직 사회에 대해 책임과 명성만을 생각했다. 그랬더니 돈이 따라왔다(리차드 브랜슨) 이제는 이윤 극대화가 아닌 ‘좋은 이익 극대화’가 목표가 되어야 한다. 이해관계자 모두의 행복을 추구해야 한다. ‘다함께 잘사는 세상을 만든다’는 의식으로 변화하면 돈은 저절로 따라온다.

굶주린 백성이 흙을 파서 떡과 죽을 만들어 먹다(세종5년 3월 13일 훈민정음 칸타타 가사) 백성이 굶어 죽는 세상에서 지배층이 사욕을 위해 빼앗아 자기네들만 잘 살았다. 무릇 백성이 ‘돈버는 재미’를 느끼는 세상이 태평성대이다. 꾸준히 돈 버는 재미가 有恒産, 풍요가 뒷받침 되어야 행복(有恒心)하다.

창의적인 사람들은 돈이나 명예가 아니라 단지 좋아서 일을 한다(미하이 칙센트미하이) 動機는 사람들로 하여금 행동하게 만드는 원인이다. 내적 동기가 충만한 활동에서 아이디어와 성과가 나온다. 좋아하고 즐기는 일에 빠지면 피곤하지 않고 에너지가 저절로 솟는다. 마약 등 순간이 아닌 평생 즐길 일을 가지면 행복하다.

흘러내리는 침을 삼킬 수만 있다면 세상에서 가장 행복한 사람이다(장 도미니크 보비) 유명잡지 편집자로 43세 뇌졸중 후 침대에서 20만번 눈 깜박거림만으로 15개월 만에 ‘잠수복과 나비’를 출판했다. 자연스런 들숨과 날숨을 가진 것만으로도 우리는 가장 행복한 사람이다. 불평과 원망은 행복에 겨운 자의 사치스런 신음이다.

죽기 전에 죽는 법을 배우는 것, 삶을 강처럼 흐르게 하는 것, 현재 순간에 완전히 몰입, 자신의 무지를 깨닫는 겸손한 지혜가 행복이다(이해인 수녀) 지금 여기(Now & Here)를 알아차림 (Awareness)하면 삶도 힘들지 않고, 죽음도 두렵지 않으며, 얼굴에는 미소가 흐른다. 알아차림 명상은 행복에의 지름길이다.

행복은 고통이 없는 상태이다. 고통은 바라는 마음에서 비롯되므로 내가 (돈, 건강, 승진 등)바라고 있어서 고통스럽구나! 하는 알아차림으로 해결할 수 있다. 바라는 욕심을 없애거나 줄이는 전 단계로 알아차리기만 해도 행복이 가까이 온다.

행복은 원하는 것을 얻는 게 아니다. 이미 가진 것을 깨닫는 것이다. 사람들은 권력, 명예, 돈, 건강 등 자기 밖에 있는 것만을 얻으려 한다. 이미 내면에 가지고 있는 지혜를 깨쳐 환한 마음을 즐기려 하지 않는다. 모든 것이 마음먹기 달렸다.

몸의 모든 부분이 작동되어야 행복해진다. 진실은 입으로 말하고, 관심은 눈으로 보고, 실천은 손발로 하고, 정직은 얼굴로 나타내고, 친절은 목소리로 전달하며, 사랑은 가슴으로 따뜻하게 만든다. 한 부분만 빠져도 무언가 부족한 행복이 된다.

신이시여, 내가 바꿀 수 없는 것을 받아들이는 평온과 바꿀 수 있는 일을 바꿀 용기와 그들의 차이점을 알 수 있는 지혜를 허락해주소서(라인홀트 니부어) 한낮 여름철 땡볕 아래 "덥다 더워"하고 아무리 말해 봐야 내가 온도를 바꿀 영향력은 없다. 영향력 수용 여부에 따라 평정심이 생긴다. 평정심을 유지하면 행복해진다.

상대를 바꾸려니 힘들고 힘들어 결국 바꾼 것이 나 자신이네. 자신을 바꾸니 쉽고도 쉬워 원하는 것 이루지 못함이 없도다(덕분스쿨) 행복하는 데도 기술이 필요하다. 상대가 내 생각 따르려고 이 세상에 태어나지 않았음을 깨치면 된다.

행복기술이란 시간이 가면 모든 게 해결되고, 모든 만남이 소중하고, 자기 본래 빛을 회복하고, 무한 긍정을 배우고, 성장시키는 것을 우선하여 자기의 맑고 향기로운 모습을 주변에 비추는 것이다. 자기가 먼저 행복해야 한다. 숨만 쉬어도 행복함을 느껴야 한다.

매 순간 알아차리기 학습이 행복기술이다. 순간을 있는 그대로 알아차리고 배우고 익혀서 직접 사용하는 마음 챙김이 구글의 직원 행복 명상프로그램 핵심이다.

혁신

無心(Be 존재)이 革新(Do 실천)을 일으키고, 혁신이 成長(Have 소유)을 이룬다. 긍정과 감사는 콩 한 알(因 씨앗)이며, 무(분별)심은 옥토(緣 조건)이다. 혁신은 잡초 뽑고 돌보는 실천이며, 성장은 백 개 이상 달린 콩 수확(果결과)이다(무심 > 혁신 > 성장 공철학 10주년 기념 요약).

無心해야 革新하고, 혁신해야 成長한다. 무심은 Head(머리)로 분별하지 않는 마음(무분별심)이다. 혁신은 Hand/Leg(몸)으로 조금씩 과정을 좋게 하는 개선이다. 성장은 Heart(가슴)로 어제보다 나아진 오늘의 상태다. Happiness는 Head + Hand + Heart의 균형 잡힌 융합이다. 新4H 운동이 절실하다.

혁신은 실천하는 것이다(Do Right Things Right on Right Time) 혁신은 개인 아닌 전체 이익 위한 올바른 일을 '하는' 것이다. 혁신은 올바르게(Better, Cheaper, Faster) '하는' 것이다. 혁신은 지루한 반복인 양적 축적 후에 질적 전환이 될 때까지 '하는' 것이다. 무심-마음 비우고 혁신해야 비로소 성장한다.

진정한 혁신은 아이디어가 아니라 변화를 일으키는 것이고, 진정한 리더는 새로운 아이디어를 내는 사람이 아니라 받아들이도록 이끄는 자다(이학영 언론인) 혁신을 받아들이는 데 摩擦을 최소화 해야 한다. 총알이 빠르고 정확하게 가는 것은 화약 추진력이 아니라 바람의 저항인 마찰력을 줄이는 구조로 설계됐기 때문이다.

같은 일을 10년 동안 반복하면 고수이고, 30년 반복하면 최고수가 되지만, 50년을 반복하면 전설이 된다. 꿈이 없으면 10년은 커녕 3일을 하기도 힘들지만(작심삼일) 몸은 힘들지만 마음이 즐거울 수 있는 확신이 있으면 30년(정진만일) 세월이 최고수 경지에 이르게 한다. 10년은 국내에서, 30년은 세계에서, 50년은 공간과 시대를 뛰어넘는 인류의 스승이 된다.

서툰 어부는 폭풍우를 두려워하고, 능숙한 어부는 안개를 무서워한다. 바다는 잔잔함과 파도가 공존한다. 폭풍우 바다에 빠질 수도 있는 실패를 이겨야 하고 안개 속에도 방향을 제대로 잡아야 한다. 항구 방향을 항상 생각하고 제대로 노 젓는 방법이 맞아야 살아남는다. 방향과 방법이 일치해야 산다. 둘 중 하나만 없어도 죽는다.

내면에 숨겨진 것이 드러날 때 명상으로 직감/영감을 얻는다. 자기를 내려놓기로 가능하다. 숨겨져 있고 드러나지 않은 것은 자신이 에너지로 우주처럼 온전완전하고 전지전능하다 믿고 "아 에너지구나!"하고 깨치는 순간 자유로워진다.

기술은 전문기술과 나눔기술과 신뢰기술이 전제되어 소통이 행동으로 이어져 개선이 일어나는 혁신은 처음에는 자기혁신이 되어야 한다.

자기혁신이 힘든 이유는 기술은 이야기 하기가 힘들고 인문학 특히 철학은 구름 잡기와 같아서 이해를 조금 하더라도 작심삼일이라고 우선은 급한 일에 초점이 맞춰져 있다 보니까 자꾸 미루게 된다. 새로운 혁신 프로젝트는 PBL(Project Based Learning)로 추진되어야 한다.

인간 속성상 '돈 가는 곳에 마음이 간다'처럼 역할과 책임과 편익에의 확실한 전제가 문서로 있어야 되고 이것을 단순하게 머리속으로 상상하는 것이 아니라 직접 작용하고 사용하고 적용하고 활용하고 애용하는 실용 단계를 넘어서 상용 단계로 갈 수 있는 Application이 이 중요하다 4차 산업혁명을 AI(Artificial Intelligence 인공지능) 시대라고 하지만 다른 의미로 AI(Application Intelligence)라고 현장에서의 경험을 중시한다.

인간의 運命에서 운은 '옮긴다'이고, 명은 'S/W 프로그램이 깔려 있다'는 의미이다. 운명은 이미 정해진 것이 아니고 프로그램을 업그레이드하듯 자기 노력에 따라 바꿀 수 있다. 콩을 심고 수박이 열리기를 바라지 말고 자기 노력에 따라 콩 한 가마니 수확하는 프로그램을 개발해야 한다. 뿌린 대로, 땀 흘린 대로 거둔다.

창조는 뺄셈의 혁신에서 만들어진다. 덧셈으로는 혁신이 불가능하다. 아이폰이 세상을 바꾼 것은 더 뺄 것이 없는 단순함에서 나왔다. KTX는 개찰구를 없애고 신간센은 개찰구를 완벽한 고가격 장치로 만들었다. Digital Korea와 Analogue Japan의 승자는 뺄셈 혁신자이다.

소원 성취하려면 올바른 방향과 방법이 융합해야 한다. 모두를 이롭게 하려는 소원 방향이 되어야 주변에서 돕는다. 자기만 이롭게 한다면 주위의 도움을 얻지 못한다. 성공은 본인 노력과 주위 도움 합작품이다. 올바른 방법은 꿈을 씨로 심고 시간을 두고 간절하게 마음으로 가꾼다면 현실 열매를 얻는다.

사다리를 제자리에 놓고 천천히 올라가야 성공한다. 방향을 모르고 빨리만 올라가려는 효율(Efficiency)보다는 제대로 방향과 효율적인 행동의 결과인 효과(Effectiveness)가 바람직하다. 방향은 꿈을 정하면 보인다.

성인 말씀이 옳다는 것은 누구나 알지만 가슴에 바로 와닿지 않는다. 시행착오 비싼 수업료를 내고 바닥을 쳐서 절박해야만 가슴에 "아하"하고 뼈저리게 와닿게 된다. 머리로 아는 지식뿐만이 아닌 최대 쓰라린 경험이 전제되어야 행복으로 갈 수 있다. 옛날이 아닌 현시점에서 스승의 올바른 조언과 자신의 영감(직감)이 필요하다.

과거는 도메인 지식만으로 충분했으나 포스트 코로나 초융합 시대에는 많은 현장에 적용한 시행착오 경험이 필요하다. 사물과 사람을 보는 관점과 통찰력은 시행착오를 거친 시간의 축적물이다. 최고의 스승은 시간이다. 세상에는 좋은 일과 나쁜 일이 아닌 '좋은 일'과 '더 좋은 일'로 구성된다고 확신하면 반드시 때가 온다.

아이폰 등장 2007년 기준으로 AI(Afer iPhone) Bl(Before iPhone)로 나누기도 한다. 스티브 잡스가 위대한 것은 Back to the Basics와 Think Different에 충실해 애플을 42년 만에 1조불 가치 위대한 기업으로 만든 것이다. 원칙이 간결하되 꾸준해야 위대함을 이룬다. 복잡하게 설명한다면 아직 모르는 것이다.

전국 어디서나 채널9는 KBS이다. 채널을 맞추는 순간 KBS 뉴스, 교양물, 오락물 등 콘텐츠가 그냥 쏟아진다. 콩 심으면 콩 나오듯 밝은 생각을 하기만 하면 밝은 콘텐츠가 나올 수 밖에 없다. 긍정 마인드는 인간의 에너지를 북돋아 운명을 바꾼다.

성공한 인생은 목표를 향한 두발자전거이다. 방향을 모르거나, 언덕길 만나 페달을 못 밟거나, 잘나간다고 페달을 밟지 않고 그대로 있으면 결국 옆으로 쓰러진다. 항상 가야 할 방향을 생각하며 페달을 꾸준히 밟으면 목적지에 결국 도착한다.

NASA의 건물 청소부조차도 우주선 발사하는 일을 하기 위해 자기가 존재하는 것이라고 훈련받는다. 공간 측면 자기 일에 몰입하고, 남을 포용하고, 시간 측면 어제보다는 조금이라도 낫게 혁신하도록 한다. 몰입, 포용, 혁신은 인간을 의미있는 존재가 되게 한다.

사망환자 심장 정지 전후 35g 차이가 영혼의 무게이다(미국 병원 실험) 육체는 살다가 사라지지만 영혼은 다르다. 야구도 타석과 1, 2, 3루에 있으면 살고, 다음 타석 대기할 때까지는 시야에서 사라진다. 밤낮이 바뀌어 동틀 때가 가장 어둡다. 삶이 위기일수록 크게 보아야 한다.

6백만년 전 분리된 인간과 침팬지의 DNA 염기서열은 98.7%가 동일하다(쥐와는 90% 동일). 1.3% 생물학적 차이가 직립하게 만들고, 지구 전역으로 이주하고, 불과 도구를 이용해 기계문명을 만들었다. 1% 다른 처음 종이 한 장 차이라도 마지막에는 하늘과 땅 차이이다.

올바른 일을 올바르게 하기 vs 중요한 일을 먼저 하기-방향이 올바르게 잡히면 방법은 중요한 일을 최우선으로 해야 한다. 방향도, 방법도 올바르지 않다면 실패 결과는 자명하다.

자기 돈이 가는 곳에는 마음이 반드시 뒤따라가고, 힘들고 어렵게 모은 돈일수록 더욱 마음이 쓰인다. 대가를 바라지 않고 마음을 비운 상태로 어려운 이에게 주고 잊어버리는 Give & Forget은 도인의 경지이다. 보통 인간은 Take & Take, Take & Give, Give & Take 수준이다.

미래는 주저하면서 다가오고, 현재는 화살처럼 달아나고, 과거는 영원히 정지해 있다. 과거지향적 꼰대에서 미래지향적 선구자로 가기는 낙타가 바늘구멍 들어가는 만큼 어렵다. 하지만 현재 지향적 지금 + 여기 + 자기를 제삼자 관점에서 바라보면 자기 코 만지기 보다 쉽다.

건물을 짓다가 더 좋은 것이 나오면 설계 변경을 하듯, 인간도 자기 의지에 따라 더 좋은 방향으로 운명을 설계 변경이 가능하다. 정해진 운명 탓, 팔자소관 탓하며 사는 것보다는 혁신을 통해 운명을 변경할 수 있다. 確信 → 信心 → 心氣 → 氣運 → 運命 프로세스에 따라 운명 혁신에의 확신을 가지면 된다.

화초에 물을 많이 주면 뿌리가 자라지 못한다. '결핍이 창조를 낳는다'는 것이 자연과 인간의 근본 이치인데 대개의 사람은 불편함을 싫어하고 편안함을 추구한다. 성공하는 사람이 적은 이유이다. 황금비율 78;22 법칙에 따라 결핍을 이기는 노력으로 우선 22%에 들고 다음 5%, 마지막으로 1%에 도달하는 인간이 한 분야의 성공자이다.

그럭저럭 헤쳐가기(피카소 화가, 월마트 창업자 샘 월튼, 투자 현인 워렌 버핏의 일하는 방법)는 현 상황을 토대로 고차원 목적 + 중간 목표 + 기본 행동을 조합하여 끊임없는 임기응변 발휘하여 조금씩 발전해가는 업무 방법이다.

태풍이 오면 큰 나무는 부러지지만, 마디가 있는 대나무는 부러지지 않는다. 마디는 삶의 휴식이다. 워라밸(Work & Life Balance)이 되어야 죽는 날까지 지속 가능한 삶이 된다. 하지만 즐기면 힘든 일도 취미 활동이 된다. 돈 버는 일 직업과 취미가 같은 워라샘(Work & Life Same)이 최고 경지이다.

날숨이 있어야 들숨이 가능하다. 비워야 채워진다. 들숨만 있게 되면 배가 터져 죽는다. 먼저 주어야 얻을 수 있다. 먼저 나눔 행동이 나중 채움으로 이어진다. 콩 하나 심으면 백개 이상 열매 맺는다. ÷가 = 를 넘어가며 재주를 부려서 × 가 된다.

직관력이 지능보다 뛰어나다(스티브 잡스) 진정 가치가 있는 인간의 유일한 것은 직감이다(아인슈타인) 인공지능이 아무리 발전해도 영감(직관, 직감)을 능가할 수 없다. '지성' 시대 가고 '영성(감성)' 시대가 왔다. 자기 내면 소리를 듣고 자신에게 충실한 '자기혁신'만이 생존전략이다. 혁신은 비움에서 시작한다.

'피곤하다'는 말은 대체로 싫증을 느끼고 있음을 암시하는 것이다(피터 드러커) 편안하고 익숙하다고 느낄 때에는 무언가 다른 것을 하도록 스스로 압력을 가해야 한다. 혁신은 익숙함과의 결별이다. 혁신은 부패하지 않고 살아남기 위한 불편하게 만드는 활동이다. 피곤할 때 혁신 소금을 뿌리면 지속적으로 살아갈 수 있게 만든다.

목표가 작으면 걱정할 일이 없다. 도전할 가치 있는 일은 모두 불가능하다고 생각하는 미래 목표에 있다(로버트 하그로브) 걱정이 있는 것을 걱정하는 대신, 걱정이 없는 것을 걱정해야 한다. 100% 개선 보다 100배 혁신으로 목표를 잡으면 마음이 달라진다. '애벌레로 기느냐 나비로 나느냐'에 따라 보이는 시야가 달라진다.

사랑도 혁신해야 한다. 배우자, 자녀, 반려동물, 나무 등 모든 상대에게 衣食住만을 제공하는 것은 사랑이지만, 사랑혁신은 상대 생명 보호는 당연하고 무한히 성장하도록 관심을 갖고 지원하는 것이다. 성장을 위해서는 상대를 알아야 하고(知) 좋아하고(好) 즐겨야(樂) 한다. 의식주 + 지호락은 행복혁신 요소이다.

잘못된 모든 게 '남 탓'에서 '내 탓'으로 한 생각을 바꾸는 게 자기(정신)혁신이다. 남 탓으로 핑계를 대면서 자기 합리화를 하면 그 순간 좋은 것 같지만 마음은 편하지 않다. 양심이 작동하기 때문이다. 자기가 누구이며 왜, 무엇을 위해 어떻게 (5W1H) 살아야 하는지를 고민하는 게 자기혁신 시작이다.

미래는 IQ나 EQ 외 '무언가를 얼마나 사랑하느냐'는 LQ(Quotient of Love)가 중요해질 것이다

(마윈 알리바바) 배우자, 동료, 반려동물 등 관계를 맺는 대상을 진심으로 돌보고 성장에의 적극적 관심과 지원을 하는 것이 사랑혁신이다. 일반적 사랑은 주고 받지만(Give & Take) 사랑 혁신은 주고 잊는 것이다(Give & Forget).

혁신으로 낡은 것을 파괴하고, 기존을 도태시켜야 새로운 게 창조된다. 이윤이란 '창조적 파괴'를 성공적으로 이끈 기업이 얻는 정당한 대가이다(조셉 슘페터) 개개인이 조직보다 먼저 혁신해야 한다. 혁신은 갑자기 영감을 받아서 하는 게 아니고 '어제의 나'보다 하루하루 성장해야 가능하다.

새는 알을 깨고 나온다. 알은 새의 세계다(헤르만 헤세) 태어나려는 자는 기존 세계를 파괴해야 하고, 창조를 원한다면 기존 질서를 깨야 한다. 창틀로만 세상을 보려면 기존 습관을 깨려는 마음조차 먹을 수 없다. 일단 창밖에 나와서 큰 세상과 부딪혀야 한다. 정보와 지식(3차 산업혁명)에서 창조와 융합(4차 산업혁명)이 큰 흐름이다.

생존경쟁이 위기의식을 낳고, 위기의식이 혁신을 강제했다. 革新 수레바퀴는 생존경쟁과 위기의식이라는 강제력이 없이는 굴러갈 수 없다(이주희 강제혁신) 지속적 혁신이라는 영국사회 분위기가 산업혁명으로 경제성장을 이루고 대영제국을 만들었다. 개인도, 조직도, 사회도 강제혁신을 해야 성장을 이룬다. 혁신은 남과 다르게 보고 '즉실천' 하면 된다.

문제가 아니라 해법에 초점을 맞추어야 한다. 누구든지 언제 어디서나 문제를 발견할 수 있다. 문제는 부정적이지만 해법은 긍정적이다(찰스 파이퍼) 문제만 지적하는 비평가는 세상을 바꾸지 못한다. 파괴와 함께 창조하는 사람들만이 세상을 바꾼다. '파괴'는 기존 관념을 철저히 비우는 것이다. 완전히 버려야 새롭게 얻는다.

불편함을 감수하라. 불편함은 꿈을 이루며 살아가기 위해 치러야 할 작은 비용이다(피터 맥 윌리엄스) 보통 사람은 편함에 익숙해지면 게을러진다. 물이 고여 있으면 썩듯이, 인간도 게으름에 익숙해지면 부패한다. 조금 불편하면 개선, 많이 불편하면 혁신하기 위해 움직인다. 인간의 역사는 개선과 혁신의 역사다.

여한이 없는 인생을 살았다. 조선의 임금은 세종이셨지만, 나라의 주인은 바로 나였다. 대왕께서는 우리가 간언하면 잘 듣고 행해 주셨다(정승 허조 유언) 주인의식은 팔로워가 스스로 갖는 것이 아니라 리더가 심어주는 것이다. 팔로워들의 의견을 잘 들어주고 좋은 의견은 취해서 자발적 행동하게 할 줄 아는 리더만이 탁월한 성과를 만든다.

인간이 成長하려면 無心을 기본으로, 革新을 도구로 사용해야 한다. 1) 무(분별)심은 우리는 하나('나아닌 것'이 '나')라는 분별하지 않는 존재를 기반으로 '알아차림' 상태를 유지해야 한다. 2) 혁신은 올바른 방향과 올바른 방법으로 제 때에 실천하는 것이다. 3) 성장은 풍요와 행복과 건강이 점점 좋아지는 것이다.

보수는 태도, 진보는 이념(노무현 전대통령) 보수는 과거 기준, 진보는 미래 기준으로 현재의 불만족과 고민을 개선하려고 한다. 혁신하려는 목표는 같은데, 과거와 미래의 기준 잣대가 다를 뿐이다. 갈등 원인은 상대를 이해하지 않고 자기 주장만을 하기 때문이다. 정치, 회사, 가정에서 경청과 소통이 중요한 이유다.

열정 대신 호기심을 따르라. 그러면 여러 가지 다양한 열정을 안내할 것이다(칼 뉴포트) 열정은 가치 있는 일을 하면 저절로 따라온다. CORE(Curiosity, Openness, Risk-taking, Energy) 태도가 창조성 삶을 이룬다. 사고력과 암기력은 '인공'지능이 잘하지만, 창조성은 '자연'지능이 잘한다.

사랑하는 사람에게 할 수 있는 가장 나쁜 일은 바로 그들이 할 수 있고 해야만 하는 일을 대신 하는 것이다(링컨) 지나친 관여는 의존적 인간으로 만든다. 스스로 하려는 독립형 인간이 먼저 되어야 자신의 부족한 부분을 깨닫고 상호의존 융합형 인간이 된다. 의존-독립-상호의존은 인간성숙 과정 프로세스이다.

역사적 성공의 반은 죽을 수 있다는 위기의식에서, 실패의 반은 찬란했던 과거에의 향수에서 비롯되었다(아놀드 토인비) 현재 절박함이 있다면 성공의 반은 이룬 것이고, 좋았던 시절과 자주 비교한다면 실패를 눈앞에 둔 것이다. 자기/조직을 의도적으로 절박하게 만들고 꿈을 향해 지속적으로 나가야 성공한다.

세상은 0.1% 직관 가진 천재와 0.9%의 미래 안목있는 인간이 존재한다. 도합 1%가 세상을 주도하고, 99%는 "세상 참 좋아졌네" 하며 잉여 인간 삶을 산다(제레미 리프킨) 부싯돌(0.1%)로 불을 일으켜 마른 나뭇잎(0.9%)에 옮겨붙으면 공기 중 산소에 의해 계속 탄다. 세상을 변화시킨 것은 1%의 창조적 인간이다.

낙천주의는 상황이 나아진다는 믿음, 희망은 우리가 함께 상황을 낫게 만들 수 있다는 믿음이다(조너선 색스) 낙천은 수동적 미덕, 희망은 능동적 미덕이다. 희망에의 확'신'(확실한 믿음)이 신'심'(믿는 마음) → 심'기'(마음 에너지 힘) → 기'운'(에너지 움직임) → 운'명'(생활)이 바뀐다 (信心氣運命 프로세스).

증기기관 발명자는 토마스 뉴커만이다. 수리 기사였던 제임스 와트가 최초 발명가보다 후세에 이름을 남긴 것은 탄광 문제점 개선에 적용했던 덕분이다. 최초 스마트폰은 2007년 스티브 잡스 아닌 1992년 IBM 사이먼이다. 인간의 삶에 유익함을 가져오도록 실제로 적용해 대중화 되어야 인류는 기억한다. 적용은 머리 아닌 손발의 시행착오가 있어야 한다.

아인슈타인 공식 $E = mc^2$(에너지 = 질량 × 빛 속도의 제곱)를 인간에게 비유하면, 더 강한 힘 = 육체 무게 × 마음 순환 속도의 제곱이다. 몸 자세를 바르게 하고 온도와 염도가 충분하고 마음이 분명한 목표와 적극적이고 긍정적 태도를 가지고 행동하면 강력한 기운이 나와 자기 운명을 바꾼다.

1807년 프랑스에 패배한 독일인에게 "독일이 진 것은 약한 군대가 아니라 도덕 추락과 이기심이니 교육으로 국가 혼을 기르고 실천하자"(독일국민에게 고함, 피히테) 1871년 프랑스 점령 후 "승리는 초등학교 선생님들 공이다. 영광을 그들에게 돌린다"(몰트케 장군) 기본을 제대로 배워야 국가도 개인도 망하지 않는다. 한국이 지금 도덕 추락과 이기심을 극복하기 위한 사회혁신이 필요한 시점이다.

마무리

1965년 3월 2일 아현초등학교 6학년 첫 수업시간에 신정철 담임선생님이 종이로 3각 명패를 만들고 자기 장래 꿈을 앞뒤로 적어 오라고 하였다, '대통령 정 구 철'을 만들어 한 달간 책상 앞에 놓았다. 나이가 많으셨던 선생님은 아이들 이름을 빨리 기억하려고 하셨던 것 같지만 나는 대통령이 꿈이 되었다.

1971년 고등학교 시절 "조선 동포여 힘을 기르소서"를 외친 독립운동가 도산 안창호선생이 설립한 사회계몽단체인 흥사단의 금요개척자 강좌를 1년간 빠짐없이 참석하며 안병욱 교수의 꿈참힘(3ㅁ)에 큰 감명을 받고 625 전쟁 후 아무것도 없는 대한민국이 살길은 108명 영웅을 규합하는 것이라 다짐하며 꾸준히 실천한 것이 지금의 기술독립군 인적이다.

20세 이전에 김병희, 신정철, 안병욱 등 많은 스승님들이 꿈을 가질 수 있도록 가르침을 주신 인연이 현재의 나를 만들었다. 한 인간이 제대로 성장하려면 꿈을 갖는다는 것이 정말로 중요하다. 이후에도 박신명스님, 덕분스쿨 성담스승님의 가르침이 나의 삶을 풍요, 행복과 건강하게 만들었다.

대학에서 인문학인 역사와 사회과학인 법과 행정학을 전공하였지만, 1981년 졸업 이후 40년 이상 자연과학인 기술산업현장에서 자유롭게 무수한 시행착오를 거치면서 다양한 경험을 쌓았다. 한국의 산업발전 역사인 50년대 농업, 60년대 경공업, 70년대 기계공업, 80년대 중화학공업, 90년대 정보산업, 2000년대 지식산업 등 아날로그적 경험과 디지털적 지식이 융합되어 40여년 만에 압축성장한 인류 역사상 유일한 대한민국 세대이다.

항상 인문학적 5W1H 육하원칙 관점에서 산업현장의 기술적 문제점을 파악하면서 인문학과 기술의 융합을 고민하다가 첫 번째 기술관점 Smart Factory(2011), 두 번째 인문학 관점 One Page의 기적(2021), 세 번째 인문학과 기술 융합 관점 K-공철학(2024)을 저술하였다.

만 70세가 넘은 이 시점에서야 비로소 전체가 보이고, 개체의 문제를 해결할 딱맞는 눈높이 서비스가 가능해진 것은 지금껏 살면서 만나 뵙고 가르침을 받은 수많은 스승님과 주변 인연 덕분이었다. C3로 시작해 기술독립군 플랫폼을 주도한 것도 국내외 산업현장의 수많은 분들과의 교류에서 얻은 인적 신뢰 네트워크의 산물이다.

어릴 적 꿈이었던 대통령(大統領)은 이미 이루었다. 대통령은 '크게 통합하여 영도하는 리더'라는 의미다. 경제대통령, 과학대통령 인맥대통령 등 자기 분야를 앞장서서 이끌면 누구나 가능하다. 남한강과 북한강이 만나는 양수리가 있었기에 통합해서 도도히 흐르는 한강의 기적이 있었다.

인문학과 기술이 통합되는 기술독립군의 선봉적 역할이 있기에 사회혁신을 통한 4차 산업혁명의 금자탑을 이룰 것이다. 국가 환란 시에는 관군이 아니라 의병이 나라를 지킨 것이 우리 민족의 역사이다. 사회혁신은 자기혁신이 전제되어야 조직혁신을 거쳐 이루어진다. 자기가 먼저 혁신의 불을 밝히면 주위가 밝아지고 그 불빛이 자기를 더욱 빛나게 할 수 있다. 이 책은 자기혁신을 이루도록 구성되었다.

1960년대 살던 마포구 아현동 지역 이름인 굴레방다리는 굴레를 해방시킨다는 의미다. 굴레방(放) 소사이어티는 영국 1차 산업혁명의 진원지였던 Lunar Society를 벤치마킹하였다. 산업혁명은 기본으로 혁신 생태계를 기반으로 한다. 시절인연이 도래하여 4차 산업혁명 횃불을 높이 들려는 전문가들이 1천여 명 이상 규합되었다.

지금까지 건강하게 살았던 것을 엄밀하게 분석하면 나자신 본인의 노력은 1% 미만에 불과했다. 공기, 물, 음식, 특히 어머니의 무조건적 사랑 등 99% 이상인 주위의 도움으로 살았다. 지금까지 '덕분에' 살았기에, 앞으로도 덕분에 살 수 밖에 없다. 재단법인 원융덕분의 덕분스쿨 성담스승님의 '덕분입니다'를 세포에까지 새기는 이유이다. 영혼육 삼중구조 제품사용설명서를 잘 읽고 실천하며 수없이 받은 주위의 은혜에 보답하는 삶을 하고자 2030년까지 1만일 기도 정진하고 있다.

저는 불쏘시개와 마중물 역할로 소중하게 맺어진 각자의 인연들을 빛나게 하려고 한다. 천동설에서 지동설로 바뀌며 과학기술의 대전환이 일어났던 것처럼 영혼육 삼위일체 관점이동 발상의 대전환이 일어날 시점이다. 불생불멸, 전지전능, 온전완전한 특징을 가진 영혼육 삼위일체의 삶이 다가온다.

원래 인간은 변하지 않는다. 습관도 잘 바뀌지 않는다. 하지만 새 습관을 제대로 올바르게 만들면 변화한다. 새로운 습관은 모든 게 100% 내 책임이고, 만사에 기뻐하고 감사하며, 무의식 조차도 긍정화를 하는 것이다. 새 습관을 만드는 게 영혼육 3중구조 제품사용설명서이다.

치매로 누워만 계시는 92세 어머니를 24시간 돌봄하고 있다. 태어나면서 10개월 방값과 1년간 먹은 젖값을 이제야 갚고 있다. 2번째 저서 'One Page의 기적' 첫 장에 있는 항산항심 솔소사(솔선수범, 소통, 사랑) 프로세스 자기혁신을 직접 실천하며 몸은 힘들지만, 행복한 나날을 보내고 있다.

다함께 잘사는 세상 만들기(꿈/비전/목표)

무심으로 영감받아 보답행(영혼육 삼위일체 행동강령)

K-공(空)철학: 인문학+기술의 통합+최적화